华为狼性管理丛书

# 华为奋斗者驱动力

郭楚凡 著

SPM
南方出版传媒
广东经济出版社
·广州·

**图书在版编目（CIP）数据**

华为奋斗者驱动力／郭楚凡著．—广州：广东经济出版社，2020.5
（华为狼性管理丛书）
ISBN 978－7－5454－6640－9

Ⅰ．①华…　Ⅱ．①郭…　Ⅲ．①通信企业—企业管理—人力资源管理—经验—深圳　Ⅳ．①F632.765.3

中国版本图书馆CIP数据核字（2018）第298776号

责任编辑：郑秋瑛
责任技编：陆俊帆

**华为奋斗者驱动力**
HUAWEI FENDOUZHE QUDONGLI

| 出版人 | 李　鹏 |
|---|---|
| 出　版<br>发　行 | 广东经济出版社（广州市环市东路水荫路11号11～12楼） |
| 经　销 | 全国新华书店 |
| 印　刷 | 佛山市迎高彩印有限公司<br>（佛山市顺德区陈村镇广隆工业区兴业七路9号） |
| 开　本 | 730毫米×1020毫米　1/16 |
| 印　张 | 16.25 |
| 字　数 | 250千字 |
| 版　次 | 2020年5月第1版 |
| 印　次 | 2020年5月第1次 |
| 书　号 | ISBN 978－7－5454－6640－9 |
| 定　价 | 53.80元 |

图书营销中心地址：广州市环市东路水荫路11号11楼
电话：（020）87393830　邮政编码：510075
如发现印装质量问题，影响阅读，请与本社联系
广东经济出版社常年法律顾问：胡志海律师

# 前言

作为一名前华为人，我经常被问到华为的“以奋斗者为本”究竟是什么意思，以及是如何做到的。以我在华为多年的工作经验以及长期对华为管理模式的研究，对此我有着深刻的体会。事实上，“以奋斗者为本”既是华为的核心价值观，也是华为的核心竞争力。

我们都知道，华为的发展壮大，得益于18万华为人艰苦卓绝的努力，一批批知识分子像狼一样团结一心，在客户需求导向下忘我地工作。外界无法想象的是，华为是如何使这些文弱书生具有狼一样的意志力和行动力的。在我看来，这正是华为“以奋斗者为本”驱动体系激发出的创造力，也正是我写作本书的目的所在。

组织中既有勤奋者、奋斗者，他们是创造价值的人，也有偷懒者、搭便车者，或者占着位子不作为、假作为，不创造价值的人。华为的办法是，将他们区分出来，给予不同的待遇和平台，将资源和回报向奋斗者倾斜。为此，华为建立了“以奋斗者为本”的人才机制，将懒人、庸人、不创造价值的人淘汰出局，让奋斗者和价值创造者脱颖而出，这正是华为高速发展的动力所在。

我曾在华为、中兴等企业从事过管理工作，也曾为数百家企业提供过咨询培训服务，但从未有任何一家企业能够像华为一样将“奋斗者文化”落实得如此彻底。从华为创业之初的“先生产，后生活”的“床垫文化”，到如今的“以奋斗者为本，长期艰苦奋斗”，无一不表明华为对奋斗者的重视。华为人从入职之初签订“奋斗者协议”，到响应公司号召奔赴“上甘岭”，一以贯之地践行着奋斗者精神。这也是华为在30年间迅速成长起来，成为世界通信设备行业领先企业的根本原因。

关注华为数十年的成长历程，就会发现华为的各项工作都紧紧围绕并聚焦在奋斗者群体上，华为的许多人力资源管理制度都以奋斗者来定位。华为之所以能够驱动这18万奋斗者，是由于华为上下始终贯彻“以奋斗者为本”的理念，实际上，华为花费数十年的努力，才真正做到这简简单单的几个字所包含的内容。“以奋斗者为本”，不仅要做到多方面考虑奋斗者的利益，将资源向奋斗者倾斜，还要对奋斗者的行为规范有所要求，并多方面考察员工是否符合奋斗者的标准，激励员工通过学习和努力加入奋斗者的队伍之中。

寥寥几句无法详述华为的“奋斗者文化”以及华为的奋斗者驱动机制，关于华为究竟是如何做到“以奋斗者为本”，并且驱动18万奋斗者上下一心建设华为公司，相信读者们对此还有许多疑问。为了更好地为读者解惑答疑，本书从华为的“奋斗者文化”、奋斗者的激励机制、责任体系以及对奋斗者的价值评价、行为约束等方面详细解答华为是如何“以奋斗者为本”，又是如何驱动奋斗者前行的。本书是基于华为公司的实际情况，以及我所了解的或参与过的华为发展过程中的案例、华为人的经验等内容为大家详细讲述华为的“奋斗者文化”。同时在写作过程中，也尽量做到贴近企业当下的现实情况，注重将知识理论与真实事件相结合，以便于读者更好地理解华为的企业文化和管理模式。

最后，衷心希望本书能够给想要构建“奋斗者文化”体系的管理者，或是希望通过奋斗实现个人事业理想的工作者提供切实有效的帮助。本书的论述难免有不足之处，希望广大读者能提出宝贵的意见和建议。

郭楚凡

2019年9月

# 目录

# 第1章 华为奋斗者特质

任正非强调：『只有奋斗才会有未来，我们奋斗可能会不成功，但不奋斗肯定是不成功的。』华为认为有成效的奋斗者是华为事业的中坚力量，因此华为自创业以来一直强调员工的奋斗者精神。

## 1. 持续的艰苦奋斗精神

华为轮值 CEO 郭平说：“华为的文化是一种普世的文化，华为所做的和所坚持的，就是简单的三句话：以客户为中心，以奋斗者为本，长期艰苦奋斗。”

为什么华为达到如今的成就，仍然反复强调这三条“老生常谈”的内容？在大多数企业的初创时期，不管是领导者还是基层员工都能清晰地认识到艰苦奋斗的精神对一个企业的重要性，并以此为支撑克服重重困难。但当一个企业发展到鼎盛时期，很多人逐渐安于现状，不再以饱满的精神面貌去奋斗，长此以往会损害企业的元气，导致企业走下披路。

### 1.1 “先生产，后生活”的“床垫文化”

华为创业之初的“床垫文化”强调的是华为人“先生产，后生活”的艰苦奋斗精神。当时华为没有任何基础，一切都要从零开始。为了能够在市场上有立足之地，任正非带领华为人夜以继日地钻研技术方案。最忙碌的几个月，他们甚至没有迈出过公司的办公大楼。每个人的办公桌下放着一张床垫，中午稍作休息就又开始忙手头的工作，晚上经常不回宿舍睡觉，累了就在床垫上睡一会，醒了爬起来再干。就是这样的一张床垫成了华为人的半个家，成为华为人奋斗的标志，慢慢地形成了华为独有的“床垫文化”。

在华为最初的那段时间里，所有的华为员工都生活在深圳宝安县蚝业村工业大厦三楼。一层楼分隔为单板、电源、总测、准备四个工作区，同层楼还设有宿舍、厨房等生活区。

当时华为的宿舍只有挨着墙顺序排开的十几张床，此外还在泡沫板上加床垫临时搭了几张“床”。在炎热的南方，工作区和生活区都没有空调，只有几个吊扇，华为员工大多数时间都是汗流浃背。交货时期异常紧张，很多华为人足不出户，在工作区里面待几个月，累了就趴在桌上休息一会儿，或是在地上找张泡沫板席地而卧，醒了就接着干。由于长时间忙于工作，待在公司里，他们对公司周围的交通、环境没有什么概念。甚至到了1999年，很多华为高层还居住在郊区的民房里。

“先生产，后生活”是在国内经济严重困难、环境十分严峻的形势下，由大庆人提出来用于处理生产和生活关系的原则，也是大庆人艰苦奋斗精神的重要组成部分。大庆人始终相信先“苦”才能后“甜”，因此，他们宁可在生活上吃大苦，也要高速度、高水平地拿下油田为国家分担困难。

华为将大庆人这种“先生产，后生活”的艰苦奋斗精神视为华为文化的主旋律，铸就华为文化的灵魂，形成华为独有的“床垫文化”，并最终引领华为走向通往成功的道路。

1997年王海杰即将硕士毕业，由于专业与无线相关，当时他最想去的公司是摩托罗拉。但这个二十出头的小伙最终选择了华为，成为最早加入华为上海研究所（简称上研所）的研发人员之一。他没有料到一心想加入摩托罗拉的他会在十五年后执掌华为在全球最大的研发中心，管理着上万人的研发团队。

1997年，正值中国移动通信从第一代模拟系统向第二代数字系统（GSM）转换之际，华为正筹备在上海建立研究所，利用上海人才优势从事GSM研发。但华为起步之初只有杨刚华、张洁敏、胡信跃等七八个研发人员，急需扩充队伍，于是华为将目光瞄准了复旦大学、上海交通大学等高校通信专业的优秀人才。

王海杰称，几个自称华为研发总工的人钻到上海交通大学宿舍，跟上海交通大学的学生一顿海侃：“要搞核心技术，去外企干什么？到华为来!”杨刚华继续鼓动大家说：“电话发明一百多年了，我们国家还没有建立自己的通信产业，我们这一代通信人，一定要做出中国自己的GSM。”王海杰学了多年的通信，希望能在这个行业干出一番事业，抱着这样的想法他加入了华为，这一决定也改变了他的人生轨迹。

王海杰回忆刚到华为上研所报到的情形：“办公室在一个厂房的三楼，里面真黑、真破，分了我一台二手电脑，也没人管我，既兴奋又迷茫，旁边的材料堆积如山，很多新技术，学也学不完。”而杨刚华、张洁敏一行正好从深圳总部“学艺”归来，于是上研所汇集了深圳、上海几地的研发骨干，开始了艰难的GSM之旅，虽然环境困苦，但所有人都意气风发，聚在一起看GSM通信原理、啃协议、做测试、四处取经……最开始办公室没什么女员工，夏季炎热时，所有人都光着膀子在实验室废寝忘食地调试，直到早上才有时间去洗手间冲个凉。当时他们也没有时间在办公室和宿舍之间来回折腾，累了就铺个床垫子往地上一躺，经常听到楼里的保安议论：“这是一家什么公司，怎么老有一群民工在地上睡觉?”

对于华为早期创业者的这段经历，任正非在《华为的红旗到底能打多久》中这样说道：“公司发展这么多年，员工绝大多数没有房子住，我们发扬的是大庆精神，先生产，后生活。”

华为人的这种“先生产，后生活”的艰苦奋斗精神，激励了一代又一代的华为人，让他们拥有敢于面对困难的勇气和突破重围的决心，让华为在不到十年的时间里，渡过了一个又一个难关，取得了一次又一次的突破。

## 1.2 天道酬勤，一分耕耘，一分收获

古人云：“一勤天下无难事。”这可以说是从古至今几乎所有的成功者都在践行的真理。华为在最初的“床垫文化”的影响下逐渐形成了长期艰苦奋斗的精神，华为人相信一分耕耘，一分收获，一个人所获得的报酬和成果，与他所付出的努力有极大的关系。而一个企业的成功，是千千万万奋斗者夜以继日的努力造就的。

华为终于在市场上找到立足之地后，并未自我松懈，而是坚持不懈地努力，坚持不懈地奋斗，这也让华为走上通往成功的康庄大道。

2004年11月15日，时任华为系统部部长的彭博为华为拿下了香港SUNDAY的3G扩容合同，还没来得及庆祝成功签约，彭博就接到公司电话：“我们在沃达丰那里可能会有一些机会，你要尽快赶过去。”

第二天，彭博就登上了飞往欧洲的航班。在彭博到达沃达丰之前，华为从未和沃达丰有过生意来往，当时整个团队只有彭博一人，他只能单枪匹马去开拓华为和沃达丰的业务。

彭博曾自嘲道："当时沃达丰有24张子网，我以为挨个给代表处打电话，总会找到一两个代表处和沃达丰业务做过生意或者起码认识一些客户，但最后没有找到一个认识的人。华为拓展沃达丰业务的故事，是从零开始的。"

初期的业务拓展十分艰难，为了建立和沃达丰集团的合作关系，彭博在西班牙和德国之间来回飞了六次，只为能够和沃达丰的客户进行面谈，好不容易在机场见到了客户，原计划约见30分钟，谈到15分钟时，客户就不耐烦地说："你们可以走了，在我主管的这块领域，未来3～5年都是不可能选择华为的。"

在欧洲度过一个寒冷的冬天之后，沃达丰的业务毫无进展，于是华为高层专程赴欧洲拜访了客户，并向客户表示："华为的无线产品经得起任何考验！"面对名不见经传的一个东方企业，沃达丰集团CTO将信将疑："那就把华为的产品放到最严格的德国来进行测试。"

在彭博组织团队全面进行了几个月的准备之后，得知德国子网因为各种各样的原因坚决抵制华为在德国测试，但华为没有轻易放弃，而是辗转努力，争取到在西班牙测试的机会，当地客户表示："你们在这里做测试可以，但不可能有真正进入沃达丰西班牙子网的机会。"

局面几乎是毫无希望的，但华为的团队却像抓住救命稻草一样，奋力拼搏，像做商业网那样做实验局，积极响应客户的每一个要求。当时客户提出了一个西班牙高铁的覆盖方案，表示希望能看看华为的解决方案，但华为直接将方案落实到位，三个月内在上海的磁悬浮沿线搭建了覆盖网络，请客户到上海现场体验。

从2005年盛夏到次年阳春，华为完成了实验局。在后续的招标中，客户出人意料地选择华为进入沃达丰最大的四个子网之一的沃达丰西班牙子网，这也是沃达丰全球子网中增长速度最快的一个。

客户说："是你们9个月来的坚持和努力打动了我们，你们做事的严谨、规范、响应速度，以及团队成员，我们都非常认可。"

当时的华为在国内已经小有成就，但在欧洲还是一个没有名气也没有客户基础的企业，要取得和沃达丰的合作机会几乎是不可能的事情，但华为人的勤奋与努力打动了客户，也为华为开拓欧洲市场奠定了坚实的基础。

《尚书》中说“天道酬勤”，意思是勤奋坚持的人最终会有相应的回报。所有的奋斗都离不开脚踏实地勤奋地工作，只有坚持努力才能离目标越来越近，最终实现目标。

西班牙项目的成功，让沃达丰这家世界级的运营商认识了华为。从那时开始，华为逐步获得了沃达丰客户群的多个项目，并连续获得沃达丰颁发的杰出供应商奖，但华为还是没能成功扣响与沃达丰德国子网合作的大门。

2005 年，华为被沃达丰德国子网拒绝测试，2008 年，德国子网再次发出 3G 招标，华为在激烈的竞争中突出重围，挤进了最后三家采购名单。

经过几年坚持不懈的奋斗，华为已经在沃达丰客户群建起了品牌与良好的口碑。彭博和他的团队再次面对德国子网的招标时充满了渴望，但最后的结果还是不如人意。在技术、商务都占优势的情况下，客户拒绝了华为，选择了另外两家公司帮助其建设 3G 网络。

即使投标失败，彭博仍然去拜访了沃达丰德国子网的 CTO，诚恳地说：“中国人有一项非常优秀的品质，就是我们有足够的耐力和毅力，无论项目得失。”

2010 年初，金融危机带来的影响还未能完全消失，德国率先启动 LTE 建设，希望通过国家宽带拉动经济增长，沃达丰德国子网承担起了这一历史使命。华为敏锐地捕捉到机会，凭借对客户网络的深刻理解，开创性地向客户提出 2G/3G/LTE 三网合一的解决方案。华为一直以来的坚持和努力终于被客户认可。2010 年 7 月，华为与客户成功牵手。

华为人总是为了万分之一的可能，做一万分的努力，这也就是华为最终成功与沃达丰牵手的决定性原因。

佛典中有一种说法叫“福不唐捐”，意思是福分不会白白丢失。在职场上，也有一个说法叫“功不唐捐”，没有努力会白费，花费的功夫总会在某一天有相应的成果回报给你，但在那之前，要坚决不动摇地奋斗。

## 1.3　把别人喝咖啡的时间用来工作

华为 GTS 总裁梁华说：“并不是只有华为提倡艰苦奋斗，看看硅谷的公司，我觉得他们比我们更有奋斗精神。如果想保证我们公司还能走得更远，能够存活下来，除了管理体系的改进、服务客户意识的提升外，员工群体的长期艰苦奋斗也是非常重要的。如果我们哪天没有了艰苦奋斗，那我们离死亡也就不远了。”

华为不管完成了哪些目标，取得了哪些成绩，从未有过放弃奋斗的念头。一个人如果不能保持奋斗的状态，工作时的精神也会随即垮掉，迟早会被企业淘汰。而一个企业，如果没有艰苦奋斗的文化，迟早会被瞬息万变的市场淘汰。

2012 年春节，大年初四的早晨，还在睡梦中的高嵩被电话铃声叫醒，他被通知要马上返回阿布扎比接待重要客户。这是高嵩外派三年之后第一次回国休假，原以为可以与妻儿欢度新年的他当天晚上就拉着行李箱离开了家，进入了为事业奋斗的状态。

2007 年初，怀抱着对华为的向往的高嵩，按捺不住想要出去闯荡一番的激情和梦想，毅然决然地从银行管理者的位置上辞职，加入了华为，从一名普通员工做起。当时他身边的亲朋好友都疑惑不解：“为什么放着安逸的日子不过，要去华为吃苦?”

高嵩加入华为财经组织的信用管理部，2008 年第一次的东非地区部出差。刚到东非，地区部领导给他分配了两个任务：其一是组织中层以上领导进行信用管理研讨，其二是通过信用管理工具计算地区部的风险资产。

他把地区部领导交代的任务当作进入华为的第一次大考，紧张地备考，并提取东非所有客户的应收账款，建立风险资产评估模型，进行测算。

两周后，高嵩向地区部提交了报告，地区部对评估模型和计算结果进行评审，认为其与业务角度和对客户的理解相吻合，并向部门发出了表扬信，这意味着他顺利通过了在华为公司的第一次考试。他所提出的风险运营资产测算模型后来被公司采用，作为应收账款计提标准沿用至今，而高嵩也凭借自己的艰苦奋斗在华为有了立足之地。

高嵩原来的职业生活顺风顺水，但他仍满怀激情想干出一番大事业，就是他饱满的奋斗精神成就了他在华为的一番事业。

“天行健，君子以自强不息。”说的就是自然的运动刚强劲健，相应地，君子处世，也应像天一样，自我力求进步，刚毅坚卓，发愤图强，永不停息。人如果没有奋斗精神，就容易变得不思进取，而在不断变化进步的职场中，这样的人就会被社会淘汰掉。

为了贯彻华为的艰苦奋斗精神，所有华为的新员工在华为上的第一堂课就是“艰苦奋斗”。而华为的奋斗者总结多年的工作心得之时，也经常说道：“奋斗是华为的主旋律，也将是华为人在华为工作永远的伴奏。”

华为的员工罗潇曾笑称：“酒店只是个存包的地方。”

罗潇参加广东省的CDMA项目时，从广州坐了五个小时的车到湛江割接，一早出发的他到酒店放下包就直奔割接现场，一直到次日凌晨五点割接才结束，随后立即回到酒店拿包赶往下一个战场，根本连酒店的床都没时间碰。

直到如今，华为人很少再谈“床垫文化”，但那一股从创业之初形成的奋斗精神却永远是华为的主题。到新阶段，任正非谈到华为的成功时说：“我们为什么做到今天？我们就是把别人喝咖啡的时间用来工作了。”

从困了搬出工作桌下的床垫到现在把别人喝咖啡的时间用来工作，华为人的勤劳与奋斗精神一路伴随着华为前进。

## 2. 积极参与群体奋斗

一根筷子能够轻易被折断，但把很多根筷子放在一起集成一把，想要折断是很困难的事。华为坚持做不易折断的“一把筷子”，而不认同做独自前行的“一根筷子”。

华为深知一个团队的力量远大于一个人的力量，所以坚持鼓励华为人艰苦奋斗的同时也不忘强调群体协同作战，一同奋斗前行。在华为，不仅强调个人的工作成果，更强调团队的整体业绩。

## 2.1 协同作战的“狼”文化

要懂得团队合作，就要先理解“团队”的含义，IBM 公司曾对团队下过这样的定义：“一小群有互补技能，为了一个共同目标而互相支持的人。”

华为的朱毅玮在一次突然的工作调整中发现唯有团结协作的力量才足以应对工作中的各项事务。

当时华为代表处无线部门和能源部门的两位产品经理、支持系统部的技术顾问和系统部主任都分别回国培训或休假。一时之间，整个系统部售前“铁三角”只剩下交付经理、临时出差支持的产品经理和朱毅玮。

作为客户界面唯一的接口人，在工作调整后的半个月内，朱毅玮接到的电话数量成倍增加，经常忙到凌晨三四点才能回复完客户邮件。工作任务接踵而来，为了争取更多与客户见面的机会，他常常一大早就出门，中午饿着肚子和客户“交锋”，傍晚才回到办公室。那时他经常夜里只睡三个小时。

事后朱毅玮回忆起那段时光，多次感慨：“如果没有交付经理陪我一起工作到凌晨，系统部主任远程给我出谋划策，代表、副代表陪我一起去见高层客户，我不可能顺利完成各项工作。在那时我体会到了团队的执行力，在我需要炮火的时候，八方支援!”

正是这许多来自不同部门的团队成员的持续奋斗与协同合作，朱毅玮才为客户带来了成功，也给自己带来了成功。

一个人的力量是有限的，不可能独立完成一个庞大的项目，正如华为的消费者 BG 总裁余承东所说：“要在华为获得成功，必须能随机应变，将自己变成一头饿狼。老虎只会单打独斗，狼却必须与团队同甘共苦。”

## 2.2 分担压力，共同成长

心理学中提到，每个人都害怕孤军奋战，希望自己归属于某个群体，能够在群体的协助下战斗。职场奋斗者也同样需要在团队中分担彼此的压力，激发彼此的工作热情，并在奋斗过程中共同成长。

团队精神中最重要的一条是：成果应该共享，困难也应该共同承担。职场上的每一个人都是在团队中工作的，所以在业务上遇到困难时，所有人要将这看成是集体的困难，共同面对。

2006 年，某客户向华为提出要进行实验室远程定位，突如其来的任务让华为研发部门的员工措手不及，接到通知的当晚部门全体成员只能通宵进行定位。研发部门的老员工都习以为常，但这对新员工来说却是不小的挑战，要在短时间内通过远程链接客户的网络进行定位，技术难度之大可想而知，许多新员工都有不小的压力。客户要求的远程定位对新员工来说是个很好的学习机会，可一旦定位失败，会引发后续的麻烦，甚至会有成员被开除。

关键时候，研发部门的主管李华（化名）鼓励全体员工做好充分的准备工作，并计划由自己与一名新员工一起定位。但在项目组分析问题的时候，团队的所有人都希望留下来观摩学习，并在能够帮忙的时候贡献自己的力量，共同分担压力，使得研发部门的新员工很快进入状态，迅速成长为合格的研发技术人员。

每个人成为工作团队中的一员之后，就要有为他人分担的团队意识，要知道团队中所有人的利益和目标都是一致的，不能因为自己不是主要负责人就觉得不用承担任何压力。只有团队整体建设好了，团队成员才能得到更好的发展。

任正非曾对华为人与华为这个大团队的关系发表过这样的言论：“我们今天是利益共同体，明天是命运共同体，当我们建成内耗小、活力大的群体的时候，当我们跨过这个时机形成团结如一人的数万人群体的时候，我们抗御风寒的能力就增强了，可以在国际市场的大风暴中去搏击。”

其实同样的道理适用于企业的每一个小团队，只有共同分担团队的压力，才能抵御暴风的袭击，才能成长为更有能力的集体，集体中每个成员才能成为更有能力的人。

2010年，华为研发部的汪凯被分派到波分1800项目组，和研发部门的成员一起完成1800第一块数据单板的开发。那时汪凯心中的科研“大神”独自一人就能解决所有问题，不需要任何人的提点，为了早日成为科研牛人，他希望在这次工作中能依靠自己解决所有的问题。

但结果可想而知，他常常花费一两天的时间定位出一个问题，正要着手解决就发现有同事已经遇见过同样的问题并早已解决了。如果所有人遇见问题都不及时共享，其他人在遇见类似问题的时候，依然要费力气去解决，汪凯觉得这样的工作效率实在太低了。

汪凯意识到自己的想法有偏差之后，主管又正好提到了“团队的贡献者”，他立即转变了工作方式，决心成为团队中的贡献者。之后有新同事加入团队，新同事对全新的代码架构不够熟悉导致分析起来进展不快，汪凯就静下心来和他一起分析，一起排查代码的错误，也顺利解决了很多操作上出现的问题。

汪凯成了团队的贡献者，分担了团队其他成员的压力，也在团队协作中和其他成员共同成长，他的能力也和自己向往的科研“大神”越来越接近。

职场奋斗者想要作为完全独立的个体干成一番大事业的概率几乎为零，所谓的“职场大神”都是在团队中磨砺出来的，要想独当一面，必须在团队合作中摸索出解决问题的方案，逐步形成自己的一套成熟的工作体系。但在此之前，唯一的途径就是承担团队的共同任务，与所有团队成员互帮互助、共同成长。

## 2.3　没有个人的英雄，只有团队的成功

一个团队并不以团队中某个成员的成就为荣，而是为整个团队的成功而骄傲。工作中，每个团队成员共同协作，解决困难，朝着共同的方向一起奋

斗，并达成工作目标，才能最终建设出一个出色的团队。在这个过程中，需要有一个善于将团队成员紧密凝聚在一起的管理者，在其带领下，团队才更容易做出成绩。

2001年7月，华为的GTS资深项目管理专家王海瞰被公司派到沙特阿拉伯主持STC研发TEP450项目的交付。该项目是华为在中东的第一个项目，所以华为十分重视这个项目，时任片区总裁的丁少华表示必须拿下华为在中东的第一城。

虽然王海瞰是颇有经验的项目经理，但当时的华为自成立以来从未有过TK项目的交付经验，而且当时华为也没有多少海外交付的经验，在人员和技能储备上还远达不到交付项目的要求。

由于责任重大，且上级下达了“使命必达”的通知，王海瞰经常在客户所在地和工作地之间忙碌奔波，回到公司就立即带领团队梳理要点，逐渐摸清了土建、光网铺设等工作的思路。但这段时间王海瞰匆忙应付饮食，甚至将休息时间分出大半来忙工作。

在高强度的压力下，王海瞰的团队里开始出现了一些不和谐的声音，这让王海瞰始料未及。项目组一位老员工提醒他：“海瞰，你自己要当拼命三郎，你自己不吃饭，你想过别人吃饭不？你有没有想过别人的感受。项目管理不是一个人的事，是整个团队的事！”

王海瞰如梦初醒：“以前我老强调‘我是公司最棒的项目经理’，但在这个行当里时间长了，我发现项目管理的精髓还是在于发挥团队合力！需要强调‘我们是最棒的团队’。”在后续的工作中，王海瞰开始有意识关注团队能力的建设。他组织全体成员开会，在会议上赋予了团队使命感：“我们承担的是公司第一个TK项目，公司把这样一个项目交给了我们，说明我们是公司最棒的团队！”与此同时加强了对项目成员的培训、培养和对他们的关怀。

2001年底，项目组在沙特阿拉伯胡赖斯的机房成功呼叫，这是华为在沙特阿拉伯这个国家接通的第一个电话。2002年10月，第一期项目成功交付，并获得客户高度评价。至此，华为彻底打开了沙特阿拉伯市场的大门！而完成项目交付的过程中，王海瞰培养出了一个出色的团队，完成了从“我最棒”到“我们最棒”的团队建设。

要想将团队建设好，必须有良好的沟通，团队的管理者要把团队的价值、方向、改进点以及目标给团队成员讲清楚，大家才能心向一致，形成合力。

任正非曾说：“没有个人的英雄，只有团队的成功。”如果团队管理者能及时树立标杆，同时也让团队其他成员充满信心，团队的力量以及智慧才会最大限度地持续输出。

2003年圣诞节之际，华为高价拿下了阿联酋ETISALAT和中国香港SUNDAY的3G商用网络，但当市场需要真刀真枪地交付商用局的时候，华为GTS规划优化六级专家谢智斌发现没有一套系统的资料能够指导UMTS网规网优的交付。于是谢智斌和团队成员在交付香港SUNDAY项目的同时，把交付流程和遇到的问题总结整理成指导书，并在项目上进行验证和优化，形成了UMTS第一版网规网优指导书，为后续的批量交付打下了初步基础。

2010年谢智斌进入挪威项目时，多年来逐渐形成的及时总结的习惯又帮助谢智斌带领团队快速通过项目。进入项目后，谢智斌主动寻找能够降低出错概率的流程、方法和工具，将其纳入技术方案，并以技术方案为载体不断总结经验，形成问题处理的标准动作，这样一来，整个团队的交付效率得到了极大的提升。

谢智斌在这之后意识到团队中几个成员总结出来的经验只有转化为团队和组织的资产，才能真正被复制和传承下去，而其中建立的流程模式如果在团队中推广下去，能极大提升团队的工作效率，也使得工作的质量大幅提升。为了更好地建设团队和组织，2011年6月，谢智斌在3MS社区创建了“Radio Planning and Optimization Technical”团队，分享GU搬迁和LTE新建等项目交付的技术经验。与此同时，他建立了3个espace技术交流群，实时解决网规网优工程师关于技术、工具、资料、流程等方面的问题。团队中的成员通过技术交流分享经验、获取帮助、提升能力。

团队建设讲究在磨合中解决问题，谢智斌非常注重与团队成员的交流和分享，并在这个过程中实现最佳组合，保证团队运营不会出现由于团队内部的摩擦导致的缝隙和差错。

任正非说："团队建设不是一蹴而就的事情，每一个成员的个体差异都是不同的，只有在良好的沟通基础上取长补短、相互扶持、互相帮助，团队才能日趋完善。"而在实践过程中不断累积更好的团队的工作方式，并且与全体团队成员进行良好的沟通，双管齐下的团队建设方式，无疑是比只服从团队管理者一人指导更好的方式。

## 3. 具有服务意识，成全他人

企业奋斗者应该要有为他人服务的意识，要在与一切同企业利益相关的人或企业的交往中提供热情、周到、主动的服务。

企业的经营靠的是每一个成员为集体贡献的力量，如果团队中的每个成员都不具备服务意识，他们就很容易陷入"以自我为中心"的价值倾向之中，导致在工作中每个人都只顾着完成自己的任务，不能集中力量完成企业目标。所以不管是管理层干部，还是基层员工，都要培养自己的服务意识。

### 3.1 想要人才，首先要培养人才

任正非常说："想要人才，首先要培养人才。"而职场上的奋斗往往不是一个人单打独斗，更好的办法是组建一支强大的队伍共同奋进，所以奋斗者也要有培养人才的意识，只有将有潜力的新员工培养成专家，自己所在的团队才能成为专家团队，在企业中发挥更大的作用，取得更大的成就。

毛国峰是华为企业通信设计部5级专家，这位耕耘多年的技术大牛把产品竞争力提到业界一流，在版本设计、项目拓展、客户交流、PoC（Proof of Concept）、项目交付等领域都有出色的表现，也因为勤恳付出，他在产品线上逐步形成了自己的技术影响力，在客户面前赢得了良好的口碑。

毛国峰不仅会“打仗”，更善于“带兵”。他深信，要成为“常胜将军”就要有一支素质过硬、敢打敢拼的队伍。他常说：“我想把自己的团队打造成一个‘埋雷者’为零，而个个都是‘扫雷’和‘拆雷’突击手的团队。”

因此，他对人才格外重视，尤其注重对新成员的培养。每当有新员工加入，毛国峰都会尽量多组织大家研讨交流，顺势给新员工推荐学习资料，并鼓励他们多发言表达自己，激励他们做事要从小处着手。在毛国峰的团队里，不过两个月，新员工就能比较自如地发表自己的见解并就技术细节参与方案探讨。

在毛国峰的培养下，新员工快速转换角色，逐步熟悉公司的事务，适应工作流程，之后也能顺利展开自己的工作，所以毛国峰的团队关系一直以来十分和谐，大家都称呼这位业界大牛为“老毛”。刚进华为没多久的新员工沈东在毛国峰的带领下很快融入团队，他多次说道：“老毛为人和蔼，技术精湛，工作勤奋，大牛都这么努力，自己工作和学习的动力也更足了。与他交流更是受益匪浅，他对问题的见解及思考问题的方式常常让我茅塞顿开，与老毛共事是一种幸运和福分。”

松下幸之助说：“一个天才的企业家总是不失时机地把对职员的培养和训练摆上重要的议事日程。”

一个智慧的职场奋斗者也应该把培养新人当成自己奋斗过程中的一部分，在壮大自己团队的同时，也在教学培养新人的过程中发现自己可能存在的问题。

## 3.2　做职场“雷锋”，帮助同事

组织内部的所有人都是业务线上的一部分，一个人不可能完成一项重大的工作，必须多人、多部门齐心协力，才能提高工作效率，顺利完成工作。所以当组织内部有人出现问题的时候，作为组织的一员应及时伸出援手。

王红军是华为EMUI设计部的高级UI设计专家，几乎部门的所有成员见了他都称他为“王导”，他也的的确确担得起这一称号，因为这里的许多优秀设计师都曾经是这位热心肠的导师的“徒弟”。作为一名设计师，他每天工作都很繁忙，但只要哪里需要帮助，总能看见他的身影。

王红军平日负责制定 EMUI 平台的规范，对每个模块的评审把关。大到 EMUI 版本的 UI 规范，小到交付页面上的像素点，王红军都严格把控，尽管评审无数次，他依然一丝不苟地对待每一次工作。

EMUI 设计部总是能听见这样的声音：“UI 有问题？去问王导呀！没有哪个模块是他不熟悉的，没有哪个版本是他没参与的。”可见，除了对工作认真负责之外，他也尽可能地服务部门同事，帮助他们克服工作中的困难。

在 EMUI 设计部一声又一声的“王导”的呼唤之中，可以窥见一位温暖有爱的“华为好导师”！

职场上，经常会有突发事件，当某个同事无法独立应对的时候，作为团队中的一员应该及时伸出援手，否则很有可能影响整个工作项目的顺利进行。如果怀抱一种“各人自扫门前雪，休管他人瓦上霜”的心态，过于计较个人利害得失，那么损害的不仅是旁人的利益，自己的利益也会被波及。相应地，及时解决同事的麻烦，保证项目的顺利进行，自己的利益才能得到保障。

2006 年，华为地区部年中会议第一次在哈萨克斯坦召开，代表处要筹备 50 多人的会议，而且来的大多是片区和地区部的领导，这也是刚进入华为半年的客户经理李凤（化名）头一次负责安排大型会议。

会议筹备期间，时任代表处负责人因意外事故住进了医院，恰在这时，代表处一名被解雇的本地员工四处滋事，李凤毅然扛下所有责任，除了照顾受伤的代表处负责人，她还负责联系律师，并协助处理本地员工离职事件。在琐事缠身的情况下，李凤没有忽略马上要召开的会议，将地区部会议的接待工作安排得井井有条。

在李凤看来，她有义务竭尽所能去解决这些问题。在哈萨克斯坦三年多的时间里，李凤总是主动地协助代表处的同事处理各个方面的工作，让他们安心为客户服务。她的服务精神好像是与生俱来的，她总是能够自动自发地出现在需要的地方。

2008 年底，华为与法电集团的一个合作项目需在亚美尼亚开展。但当地还没有华为的办事机构，代表处决定派李凤前往，她欣然接受了平台搭建和项目运作的任务。由于李凤具有优秀的服务能力，2009 年 4 月，她被调至格鲁吉亚代表处主持工作。

李凤在关键时候帮助同事解决了会议期间出现的种种问题，保证了代表处的工作能够顺利完成。这种服务同事、帮助同事的“雷锋”精神正是华为所提倡的，李凤也因为努力地工作和不计回报地帮助他人得到了华为的重用。

华为将员工的奉献和对员工的回报紧紧地联系起来，使员工看得着，也就是不让“雷锋”吃亏，让奉献者能够得到回报。所有企业在管理中应该培养奋斗者的互相帮助的精神，避免个人主义，鼓励发扬集体主义精神，这样不仅有利于奋斗者的个人发展，还有利于企业的整体利益。

### 3.3 以诺践行，成就客户

任正非曾对华为人说过，华为的魂就是客户，客户是永远存在的。华为要琢磨客户想要什么，做什么东西卖给他们，怎么才能使客户的利益最大化。任正非作为一个企业家，深知只有证明华为的产品和服务能够帮助客户实现目标，让客户获得成功，才能吸引更多的客户选择华为。

同理，一个职场奋斗者在职场中构建的最重要的关系之一，就是和客户的关系。一方面，成功为客户解决问题，证明企业实力的同时也能证明自己的实力，得到企业的重用；另一方面，在与客户沟通解决问题的同时，建立起彼此信任的友好关系，在未来的奋斗道路上赢取更多的合作关系。

2012 年 9 月，香港成为全球首批发售 iPhone 5 的地区，但新手机仅支持 1800M 频段的 LTE 网络。当时拥有最多的 iPhone 合约用户的和记香港子网（以下简称和记）却没开通 LTE1800M 的网络。如果和记不能在最短时间内完成 LTE1800M 网络部署并通过认证，不仅无法针对新手机进行商业拓展，而且将面临合约用户流失的风险。

华为与和记经过谈判，确定了 LTE1800M 全网 Refarming 的合同条款，按照客户要求，华为要在 2012 年底完成 500 个站点商用。

但新手机的发布让和记突然面临了极大的商业压力，交付时间被一再提前，最后客户竟然要求在10月底完成500个站点的交付。由于市场的压力过大，到后来，和记从CTO、CEO到集团副主席再到集团主席，每个人都在问："华为最快1个月能做多少站点？"因为和记要求华为在10月中旬交付500个站点，10月底再交付500个站点！

而当时香港最高的交付记录是单月200站点，这个记录是华为不久前在和记创造的。但眼下这个项目没有爬坡期，却要求在一个半月的时间内提速4倍，华为的一线项目组、系统部和代表处面对这个几乎不可能完成的任务感到了极大的压力，但没有任何人以最初与和记签订的合同条款来找借口。华为的全体员工都在与客户同步思考如何达到目标。当和记最后的目标变成单月完成1000个站点的时候，华为正式承诺客户在10月底的时候做到800个站点，但在华为内部，项目负责人一直鼓励项目成员："不管怎样，希望大家化不可能为可能，创造华为香港的交付奇迹。"华为的多个高层领导也先后到香港与和记客户互动，承诺一切以和记的商业成功为导向，全力支持和记的网络商用目标。

为完成任务，华为把一天24小时分成了3个时间段，按8小时的实施周期排班，按照高峰期每天40～50个站点的目标进行计划倒排。华为的辛苦最终没有白费，凭借前期与和记合作积累的经验和对网络的熟悉程度，根据梳理出来的关键路径，在最短的时间内完成了1000个站点的交付，新建了一张基本覆盖香港所有核心区域的LTE1800M网络。

客户感慨道："不敢相信能够完成目标，不敢相信华为团队能创造这个奇迹。"10月底，香港和记通过认证，并抢占了11月的机会窗，在后来两个月内4G用户增长100倍，这意味着华为帮助客户达到了预期的商业目标。

任正非说："华为就是要建立一个利益共同体，这个共同体不仅仅包括我们全体员工，也包括供应商和华为的用户。"华为之所以建立起这样一个利益集团，是想构建互惠互利的关系，彼此利益相互关联，只有成就了对方，才能成就自己。所以华为也着重培养奋斗者的服务意识，在利益驱动机制下，服务好客户，自身也能获取更多利益。

## 4. 愿为组织利益牺牲个人利益

任何人想实现自己的理想，都必须组建或者加入一个优秀的团队，通过集体的智慧来实现，而团队的特点决定了团队成员必须在某些方面放弃一些东西。为了团队的纪律，成员有时候要牺牲一点自由；为了团队的利益，个别成员有时候要牺牲一点个人利益。甘于做出自我牺牲的精神是团队时代优秀员工所必须具有的。

### 4.1　主动发扬奉献精神

车尼尔雪夫斯基曾说："一个没有受到献身的热情所鼓舞的人，永远不会做出什么伟大的事情来。"他这番话中的献身热情显然指的就是奉献精神。不热爱岗位的员工不是好员工，没有奉献精神的员工就不是真正的主人翁。没有奉献精神，工作就没有积极性、主动性和创造性；没有奉献精神，就不能真正服务好客户。

2011 年 4 月，科特迪瓦内战爆发，华为在当地的员工宿舍也爆发了大规模枪战，流弹击碎了客厅的玻璃门。

在危难之时，华为立即撤离当地的工作人员。但技服员工却纷纷主动要求留在当地，以保障客户网络的稳定。甚至不在科特迪瓦代表处的华为人也写邮件申请前往科特迪瓦，一位 TSD 负责人在邮件中写道："我在科特迪瓦工作 3 年时间，对代表处业务、客户关系，以及周围环境比较了解。当前状况下，尽管一些客户已离开阿比让，但其网络还在，运营商对华为的感受还在。无论其管理人员在哪里，改变的只是其管理方式，对包括我司在内的各个合作伙伴的诉求仍然存在。在这样的情况下，我们还是要体现我们的价值，实现我们对客户的承诺。所以留下的人，不管来自中方还是本地，就要承担这样的职责，想客户之所想，急客户之所急，在此危难时刻，送上我们温暖的关怀。"在后文中他表示自己曾经就危机情况下客户网络的保障做过研讨，并制订了预案，申请前去协助当地的业务。

在当时战乱的环境下，华为仍将客户网络保障看作最重要的任务，为了集体的利益，华为的员工愿意牺牲个人利益，贡献自己的全部力量，表现出了华为人甘于奉献的精神。

一个具有奉献精神的员工必是一个忠诚并热爱企业，以企业成功为荣的员工，这样的员工对工作有很强的使命感和责任感。就像上文中主动请命奔赴战场为华为的事业奋斗的华为人，愿意为华为的利益牺牲自己的利益，是真正的奉献者。

华为的《致新员工书》中写道："我们呼唤英雄，不让雷锋吃亏，本身就是创造让各路英雄脱颖而出的条件。雷锋精神与英雄行为的核心本质就是奋斗和奉献。在华为，一丝不苟地做好本职工作就是奉献，就是英雄行为，就是雷锋精神。"

2005 年，华为维护部门的员工在凌晨 1 点完成了某局点的升级，但是升级后电话却打不通，现场人员立刻紧急求助了华为的维护专家柴文波。当时外面下着瓢泼大雨，因为夜深，柴文波所在的小区大门紧锁，为了及时疏通通信问题，避免客户对华为工作的不满，他只好翻墙出去，一路狂奔赶到升级现场。

柴文波在现场监测分析后找到了解决方案，此时天已微亮，但项目组必须在 6 点之前打上紧急补丁，否则业务会被回退，将对客户造成不可估量的影响。眼见规定时间越来越接近，华为的编码人员面对巨大的压力敲代码的手紧张得直发抖，柴文波见状立即上前亲自输入代码，和现场人员一起顺利完成了升级。

项目进行到关键时刻，华为维护部门上下一致，维护专家也深夜赶至现场疏通业务，为了项目能够成功，为了集体的胜利，所有华为人都通宵工作。

任正非说："公司只有一个目的，就是实现公司的价值，员工的价值只有通过在为公司价值奋斗的过程与结果产生的贡献来评价。"在商业社会的环境下，没有无私奉献的员工，企业如何能实现奋斗目标？奋斗者在事业上的付出才能使企业的利益最大化，最终也将得到回报，实现自己的目标与理想。

### 4.2 为有牺牲多壮志

一个奋斗者光有奉献精神是远远不够的，如果不能将为集体做的贡献落到实处，不能实现集体的目标，那么这样白费力气的奉献毫无意义。所以有心成就大业者必须要有牺牲精神，不仅要主动承担困难的工作任务，也要愿意为此付出自己的一切精力，达成企业制订的目标。

2006年6月，巴西最大的移动运营商VIVO面向全球运营商和设备商表示要建设拉美最大规模的GSM，并向全球8家GSM设备厂商正式发出标书。华为作为增长最快的GSM设备商，被邀请成为参与者之一。

6月24日，VIVO投标开始后，客户常常晚上八点做好标书，并要求参标公司在第二天早上八点交标。为了在白天及时回答需要向客户澄清的问题，并对客户更改的标书进行商务计算并合成标书，来自华为产品线、Turnkey部、客户线、采购部、技术服务部、财务部、投标办、Marketing等各个部门的人聚集在圣保罗的办公室里。

由于VIVO是西班牙Telefonica和葡萄牙电信的合资公司，华为项目组需要跟西班牙Telefonica、葡萄牙电信以及巴西VIVO 3处的技术团队和采购团队沟通。同时，要能够随时参加在葡萄牙、西班牙、巴西的现场澄清会议，及时向公司总部进行汇报和沟通。这就要求华为的全体项目人必须保持24小时工作状态。

持续半个月的多轮投标期间，不断有供应商因为不满足标书要求而被淘汰。7月18日，华为项目组交出了最后一份标书并守在办公室焦急等待，终于等来了客户方的好消息，华为中标了。

但挑战才刚刚开始，客户要求在6个月内完成近3000个站点的建设和开通，为此华为研发部门不分昼夜地开发、测试，确保新一代基站在巴西应用的质量标准。华为采购部紧锣密鼓地找到规模厂商，将每个月100台的室外机柜生产量提升到了每个月1000台。数万块巴西专用的载频板按时生产了出来，物流部门统筹发货，制订了海空连运方式。

10 月初，合作方资源基本落实，总部的货物也陆续到货。按照计划排下来，11 月和 12 月将是安装高峰期，必须要有当月安装超过 1000 个站点的能力，才有机会完成任务。但恰恰在这时，巴西雨季来临，下雨的时候，只能搭起雨布来完成地面设备的安装。合作方每天守在站点，雨一停就爬塔安装，有时天气转好但已经夜深，合作方只能开着车灯爬塔安装，不管站点多晚装好，都要赶到现场激活。

而且由于天气恶劣，路况不好，设备的运输也不是很顺利。有些山上的站点，只能晴天才能开车上去安装；狭窄的道路需要使用小型卡车、吊车；临街站点，要向警察局申请之后才能使用卡车。SC 州的一个站点建设在 10 米高的平台上，通往平台的楼道只能勉强两人并行。基站周围的空中电线密布，无法使用吊车。经过考察，华为项目组提前准备了工具、物料，到达站点后，先将基站门拆下，然后在台阶上铺滑板，在滑板上铺毛毯保护设备，通过滑轮，借助汽车的动力，将近千斤的设备运上了高台。

华为在项目期间每周安装、激活 300 个站点，数周之后一个奇迹般的数字诞生了。这是当时的华为万万没有想到的，甚至在世界电信发展史上，也是一个耀眼的数字。

2007 年 1 月 15 日，ES 州率先完成任务；1 月 22 日，5 个州相继商用放号；1 月 31 日，2546 个站点完成安装，达到了项目组与客户结合实际制订的目标，标志着华为 VIVOGSM 项目一期顺利完成。

华为人在完成 VIVOGSM 项目的过程中日夜不停地修改标书，为建成站点克服种种恶劣的天气因素和运输上的不便，牺牲了自己的休息时间，最终达成了目标，得到了客户的认可，付出的辛劳最终也得到了回报。

正如同毛泽东的诗中那一句：“为有牺牲多壮志，敢教日月换新天。”只要奋斗者有这么一种勇于奋斗、敢于牺牲的无畏精神和献身意气，就能够跨越工作中的重重难关，最终取得胜利，换取事业的新天地。

## 4.3 要有大局观念，以集体利益为重

企业的集体利益与个人利益是相辅相成的，员工通过企业提供的平台为企业盈利，自己获取相应薪酬的同时实现了自己的价值，从而得到更大的发展。而为了个人小利耽误了企业的整体发展，会殃及自身，最终得不偿失。

2009年7月3日，长沙、株洲、湘潭三地并网升位项目顺利完成，湖南省政府向所有参与湖南NGN项目的单位发出了感谢信。湖南NGN项目对于长沙、株洲、湘潭当地的人来说，是一个可能会使生活轨迹发生变化的举措，通信的改进，大大方便了湖南人的生活。华为作为参与这个项目的主力军，为了这个项目的成功，付出了无数辛劳和汗水。在这期间，无数华为人以及他们的家人为了这个项目能够顺利完成都有所牺牲。

杨强是华为长沙办事处核心网的经理，在这个项目的任务下达之际，他放弃了策划了几个月的家庭新成员增添计划，结婚多年的他本预备和妻子要一个孩子，但为了项目能够顺利进行，他不得不推后了家庭计划。华为的同事笑称他为了长沙的NGN升位，推迟了自己的NGN（下一代）工程交付。

而另一位华为人易金华，是华为为数不多的负责服务部门的女主管，她离开家乡在长沙工作的时候常谈到项目中员工的奋斗和努力，谈到在这个项目中客户的付出和艰辛。易金华说："有一个女客户，在项目某个阶段的一个月内，天天加班。虽然每天也都回家，但基本是深夜回家，黎明离开。有人问她孩子：'你妈呢？'孩子回答：'我妈在割接。'"她从不提自己的付出和奉献。易金华作为一个母亲，为了华为在湖南的NGN项目，只能在忙碌的工作之余思念着自己在异地的孩子。

在实施湖南NGN项目的一百多个日日夜夜，参与这个项目的众多华为的通信建设者无疑是为了实现集体利益，而放弃了自己的利益，牺牲了自己的某一部分换取了项目的成功。

在集体力量支撑产业实体的市场经济时代，个人英雄主义已经不再符合时代的发展潮流，所有的职场奋斗者都应该服从集体，以集体的利益为重。

提倡奉献精神，并不是无视员工的个人利益，不尊重个人合法权益，也不是要求奋斗者完全放弃和无谓地牺牲个人利益，而是强调个人利益服从公司集体利益，要求员工自觉地把集体利益放在首位，把个人利益融于集体利益之中，努力为集体利益多做奉献，只有保障集体利益最大化，才能创造更大的个人利益。

每年的春节、五一、十一等长假对于华为维护部门的员工来说都是普通的工作日，为了支撑海外业务以及国内海量话务量，这些员工必须在现场值守，对他们来说，半夜接到工作电话都是家常便饭，他们要处理随时可能出现的网络故障，确保现网正常运行。核心网维护部5级维护专家夏琳回忆起某个值守的春节，大年三十凌晨4点，她独自一人走在回家的路上，街边挂满了红色的灯笼，大年夜晚上的烟火不断，但她只能匆忙瞥一眼就回家睡觉，准备迎接隔日的工作任务。

2008年的汶川大地震，当时夏琳负责国内片区G9的维护工作，收到消息之后她立即赶往成都。夏琳回忆当时的情景还心有余悸："那是我第一次知道多打通一个电话可能多救一条生命。"在现场分析网络情况时，为了将设备的流控机制调整到最佳状态，夏琳牺牲了自己的睡眠时间把流控参数调到最好，保障未来几天呼叫最大量接通。面对满是废墟的灾后现场和等待救援的灾区人民，夏琳感慨道："通信业务不仅是业务，更关系到国计民生。"

作为集体中的一员，要多从集体的角度考虑，不要经常问集体能带给自己什么利益，而要常问自己能为集体做出什么贡献。真正与集体成为命运共同体，有大局观念，这是华为"奋斗者"的重要内涵。

奋斗者要在奋斗过程中强化大局观念，正确对待利益关系调整，做到个人利益服从集体利益、局部利益服从全局利益，自觉在大局下行动。

## 5. 不断清零，持续创造价值

一个杯子只有清空以后才能装下更多水，这个道理在心理学中形成了一个著名的概念——空杯概念，其象征意义在于，做事的前提是要有好的心态。现代职场，一个人想要学到更多职场技能以及知识，就要先把自己想象成一个“空着的杯子”以获取更大空间贮备知识，而不因为过去累积的知识与经验而自满。

每个奋斗者都像是一个杯子，在有了一定的积累之后必须要懂得清空杯子，才能容纳更多新内容，创造更多的价值。

## 5.1　“我自己58岁还在学英语”

在工作中，职场奋斗者要保持不断发展的状态，就要有空杯心态，面对岗位的变化能从容面对，清空自己以往工作中形成的固有工作模式和工作内容，接纳新的工作知识和工作内容。

截至2014年，华为马来西亚账务共享中心的CA（chief account，总会计师）周缨，进入华为已经16年，他先后就职于成本管理部、ERP项目管理组、总账核算部、会计政策管理中心、阿根廷ERP推行组等多个部门，在一次华为内部的采访中，他被问道：“从1998年到现在，你从一个刚毕业的学生，在这么多岗位任职之后，一步步走到现在的专家角色，有没有什么经验可分享？”

周缨强调：“首要的就是空杯心态，无论在哪个岗位，一定要从头学习，每个岗位都有自己不清楚的地方，不要抱着自己什么都懂的固有心态。华为是不断发展的，不学习就会被淘汰。其次就是要静心，不要受太多外界因素的干扰，不要过多地去考虑薪酬、职级等。我个人理解，在华为，短期内可能你的付出与收获有些不匹配，有时甚至会倒挂，但长期来看一定会是匹配的，公司对每位员工的评价还是基本客观公正的。”

任正非一直强调不管是基层职员还是高层管理者都要常怀空杯心态，善于学习接纳新事物，他在2003年的时候便在董事会上对华为高管们强调：“你们还放不下面子，不愿意去学习吗？看看你们现在的属下有多厉害，这些大学生所掌握的知识量大到让我都感觉到恐怖，如果你们不学习、不进步，被他们所取代是早晚的事情……将来董事会的官方语言是英语，我自己58岁还在学英语，你们这些常务副总裁就自己看着办吧。”

在华为，调换岗位是常有的事情，任正非认为只有在多个岗位历练过，学会放平心态接受工作上的调整，并从头学习新的工作模式和更多的职业知识，才能成为华为的栋梁之材。

华为海洋网络有限公司COO毛生江在一次与新员工的座谈会上也被问到类似的问题：“您是如何从研发转身到市场的？”

毛生江认为要接受工作的转变，放平心态去学习：“一定要善于学习。我们来公司时没有新员工培训，也没有比较系统的入职和岗位培训。那时每个市场人员都非常珍惜季度例会等各种业务会，大家相互交流，互相学习。学习不仅是拿着书本去读，而且要多学、多干、多总结。就算是有老师来教你，也不可能把做市场会遇到的所有情况全都告诉你，更多的是自己在做的过程中不断学习和总结。”

一个企业奋斗者想要实现自己在职场上的理想，就要像华为人一样保持思想的开放性，坚持放空式学习。尤其是对于想成为公司管理层的奋斗者，拒绝再学习就等同于放弃职业晋升机会，不能坚持学习与进步的奋斗者又怎么可能得到公司的重用呢？

## 5.2 将转身视为职业发展的机会

《礼记·学记》：“是故学然后知不足，教然后知困。知不足，然后能自反也；知困，然后能自强也。”意思是学习以后知道自己的不足，教他人之后发现自己困惑的地方。知道不足，然后才能自我反省；知道困惑，然后才能改正并使自己变强大。

很多时候职场上固有的工作模式导致奋斗者一直盘桓在原地，不能学习到新的知识，也不能挑战更有发展机会的工作，无法像《礼记》中所说的那样不断在学习实践中充实自己，所以职场奋斗者要主动争取岗位的调换，在新的环境中锻炼自己，清零之后从头学习，完善自己。

2011 年，华为决定外派部分国内有经验的代表到海外工作，42 岁的国内老客户经理杨文池退缩了，他甚至萌生了辞职的念头。要在一个完全陌生的国度中，从语言、文化、环境、习惯、思维模式再到业务运作完全从头开始摸索，面对这样的转变，杨文池有着不可言喻的恐惧与害怕。但最终他决定带着对未知的恐惧，挑战工作的转变。

初到埃及，杨文池就被阿拉伯口音的英语包围，还未好好感受异域文化，杨文池就被工作上的困难压倒了，全英文的工作资料，陌生而烦琐的工作流程，让他不知从何下手。

冷静之后，杨文池觉得要适应新工作环境必须先解决语言问题，于是他一边工作，一边逼迫自己越过语言的障碍。除了每时每刻都挂着耳机听英语录音，查阅英文字典、翻看英语材料之外，他还不停地与当地的员工用英语交流。

在几个月的努力之后，他发现自己渐渐可以听懂旁人的交流，并且学会说些简单的句子了。就这样，杨文池在之后的两年内不间断地学习英语，最终以全英文主导客户谈判成功的时候，他切实感受到勤奋带来的快乐。

2013 年 7 月，在杨文池完全适应了埃及的工作之后，再一次面临工作的调整，这一次他欣然接受。当他到了 A7 当代表时，他遇到了业务上的困难，由于对各业务流程不熟悉，很多事情他无法高效率地完成，为了快速了解业务，每到下班或周末，他的办公室总是聚集着各业务各流程的相关人员，他从零开始学习了行政、HR、借贷、回款、存货周转、交付、经营指标等每个业务领域的相关内容。他放下架子，向下属虚心求教，把每个子业务一点一滴地“吃透”。

天道酬勤，杨文池带领团队获取了 2013 年 A7 业绩地区部排名第一以及 2014 年地区部综合排名第一的成绩。2015 年 4 月到杨文池离开 A7 时，已经提前完成了全年的销售任务。他用实际行动证明了通过不断地探索，不断地清零和学习，就能收获持续的成长。

杨文池最开始抗拒职位的调整，是因为他习惯于同一种工作模式，不想打破自己长年适应的最舒适的工作状态，但“人生在勤，不索何获”。人如果不能一辈子刻苦勤奋，积极地探索研究，哪会有收获和成就呢？更何况在职场之上，如果一个职员长期保持最舒适的状态，没有任何变化，对于不断发展中的企业，他就是一直退步的员工，很容易被企业淘汰。

因此，职场奋斗者要相信自己，常怀空杯心态应对岗位变化，不要陷于手中的操作和具体的事务，要善于发现工作的价值，促使自己更加积极地投入新的工作之中。

2005 年，秦志国（化名）加入华为，刚大学毕业的他就像一张白纸，不断接受新事物。他拼命学习全新的业务知识和财务实践方面的内容，但很快他开始怀疑自己在学校学习的知识在职场上完全起不到作用，会计方面的工作内容更是变成了简单的加减乘除。为了能适应工作岗位，他决定一切从零开始，抛开在大学累积形成的定向思维，重新思考会计工作背后的逻辑关系并投入学习之中。而就是“从零开始学习”这一尝试，让他此后在面对新事物和新问题的时候，总是坦然接受并从头开始学习，在这个过程中不断成长。

当 2008 年秦志国被调去 IFS 项目组时，他带着“从零开始学习”的态度，一方面努力学习 IBM 的实践，另一方面认真向 IBM 的顾问与专家请教经验。在顾问的引导以及系统的变革方法论的指导下，他很快发现不管是分析问题、做解决方案还是写项目总结，项目组都有一套成体系的方法论指导。

在 IFS 项目的阶段，秦志国快速成长，并在短时间内成为新部门的领军人物，并在之后成为账务 5 级专家。

当然，“清零”并不是一味地否定过去的一切，而是像秦志国一样抛弃过去在学习中形成的不良的固化思维，保持一种积极态度去对待新的知识和事物，并将以往的知识和新的工作内容结合起来，更快速地解决工作上的问题。

对于企业而言，不断创新变革适应市场的变化才是企业的生存之道；对于职场奋斗者而言，要抓住企业方向，不断清零，不断学习完善自己，如果不能保持开放的心态去学习新知识，是无法适应不断变化的职场能力要求的，最终将面临被企业摒弃的局面。

## 5.3 “还能再改进吗?”

“能改进吗？到底能改进吗？还能再改进吗?”这是每个华为人在工作的时候常问自己的一句话，持续改进已成华为人工作中必不可少的环节。任正非也多次说到自己之所以能成为华为的领头人，就是因为他对每一件事情，都能比普通工作者多思考改进之处，工作时讲究精益求精，能把手头的每一件事都做好，水平自然就提高了，在职场上也能快速而顺利地前进。

一个职业人，按质按量完成工作是必须要做的事情，职场奋斗者如果想在职场上有所作为，势必要在此基础上追求更好的成果。如果能为企业创造出更大价值，奋斗者自身在职场上的价值也会相应提升。

2016年，华为第二季度考评谈话时，周文来（化名）的主管对他说：“你的SDH结构件计划工作虽然在不断地进步，但没有取得突破。”此后周文来全面总结SDH组织的要货特性，开始了SDH组织结构件计划的改进工作，希望在SDH计划与到货控制方面取得突破。

刚开始着手改进工作的时候，周文来毫无头绪，直到某天他无意中翻到了《生产计划人员工作理念与准则》，根据这本书中的内容对照自己的工作之后，周文来终于找到了自己工作中的不足之处以及工作突破口。

周文来首先通过与传输调度处、中试结构计划处、结构计划处同事的紧密协作，不断检讨控制到货系统的填报原则与规范，不断改进控制到货系统的填报技巧，并在三周内使SDH结构件的库存周转率从6月初的15次/年上升到19次/年。

接着周文来提取、处理当前库存、后期需求等数据，终于匹配成功了两个报表：一是“需紧急到货的结构件报表”，二是“需推迟到货的结构件报表”，并以此指导供应商生产，解决了拉手条与五金件缺料或库存大等问题。

工作取得进步的周文来觉得应该有一个标准化的模式来解决问题。所以周文来将“SDH组织控制到货结构件需求预测”“需紧急到货的结构件报表”

“需推迟到货的结构件报表”做成 Word 文件的“到货指导”，以方便采购人员发传真用。9 月底，SDH 组织的库存周转率已上升到 25 次/年。

周文来拜访调度、中试计划、采购等环节的同事，并一同对供应商访谈之后，找到了缩短采购、计划、调度、供应商之间的欠料与到货信息的传递渠道的方式，改善了以往 SDH 组织采购、计划、调度、供应商之间的欠料与到货信息的传递流程长、环节多、效率低等问题。

周文来不断问自己：“还能改进吗?”他发现如果供应商有库存，结构件供货就能做得更好，如果管理好供应商的库存，结构件计划就能做得更好。于是周文来制订了下一个改进目标：要将结构件的计划做到供应商那里去，这一想法与周文来的主管规划的方向很接近，并得到了主管的鼓励与支持。

经过对已完成的和没有完成的工作改进，周文来的 SDH 计划工作得到了许多领导的好评，SDH 组织结构件的库存周转率也从原来的 15 次/年上升到 25 次/年，周文来为自己的工作创造了更大价值。

一旦全身心投入工作之中，开始改进手头的工作，你会发现这个过程是一环扣一环的，当你把这个环节调整到更好的状态，下一个环节需要改进的地方就很容易暴露出来。

正如任正非所说：“现在给你一把丝线，你是不能把鱼给抓住的。你一定要将这把丝线结成网，这种网就有一个个网点。人生就是通过不断地总结，形成一个一个的网点，进而结成一张大网。”不要妄想能一眼看到整个工作需要弥补的地方，一步完成改进，而要在不断的回顾与总结中，一步一步完成工作改进，创造出更大的价值。

## 6. 勇于自我批判，实现自我超越

任正非说：“自我批判，是思想、品德、素质、技能创新的优良工具，照镜子、观自己、转心智、出绝活、往返求，一个奋斗者保鲜为客户创造价值的激情和专注，是必须勇于自我批判的。”

华为一直以来推行以自我批判为中心的组织改造和优化活动，华为的自我批判不是为批判而批判，也不是为全面否定而批判，而是为优化和建设公司而批判，总的目标是要提升华为的整体核心竞争力。而正是因为长期坚持培养华为人的“自我批判”的能力，华为才能在反思和改善中稳步前进。

## 6.1　自我批判与自我否定

“思想运用以及思想本身能够将地狱变成天堂，抑或将天堂变成地狱。”这一真理形象地说明了快乐还是痛苦，取决于自己的心境，取决于自己对待事物的态度。而在职场上，能否顺利完成自己的工作任务，在事业上有所成就，就更是取决于是否有一个良好的心态。

现在的企业往往要求员工能进行自我批判，对自己工作中出现的问题进行自我检讨，以期望在之后的工作中能够避免同类问题再次发生。但很多人无法掌控自我批判的度，容易陷入极端消极的情绪之中，觉得自己无法胜任任何工作，而这种自卑情绪会极大地影响工作者完成工作的质量和效率。

自卑感是一种不能自我控制的心理情感。其表现通常为对自己缺乏正确的认识，在交往中缺乏自信，办事畏首畏尾，随声附和，没有自己的主见，遇到批评或做错事就认为是自己不好。

心理学家阿德勒对自卑感有着独特的见解，他将其称为自卑情结。他指出：“第一，自卑情结是个体认为自己的能力或自己所处的环境和天赋不如别人，这种观念上的自卑，糅合了个体潜意识欲望以及情感的复杂心理；第二，自卑是一种驱使个体追求卓越的力量，但在短暂的喜悦过后，又重新陷入自卑，是反复失败的结果。”

如果陷入了阿德勒所说的职场自卑情结，就很容易在潜意识里觉得自己无法成功地完成工作计划，久而久之这种自卑情绪会体现在实际行动上，导致工作者无法放开手脚，大胆完成自己的工作。

法国伟人拿破仑曾经说过，默认自己无能，无疑是给失败创造机会，所以，自我批评实际上是要认识到自己的错误，并且改正错误，而不是过分地自我贬低，将自己推入“无能者”的行列。

《庄子》中记载了一个耐人寻味的故事。子舆天生浑身缺陷，驼背，隆肩，颈脖朝天。有人不无恻隐地问：“你一定为你的形象很头痛，很苦恼吧?”子舆昂首回答说：“我为什么要苦恼呢？如果老天把我的左臂变成一只公鸡，我就让它高亢地鸣叫为人们报晓；如果老天把我的右臂变成一只弹弓，我就用它打下斑鸠烧着吃；如果老天把我的脊椎变成一辆马车，我就用精神的骏马拉起它驰骋天下。我为什么要埋怨、讨厌、苦恼呢?”

职场奋斗者要学会从另一个角度去思考自己的不足，要善于发现自己能利用自己身上的特点做些什么，而不是困顿于自己身上的某些局限而一事无成。这一点，华为人就做得很好，他们养成了一个习惯，那就是“厚脸皮”，这让他们在接受批评时有着很强大的抗打击能力。

华为人虽然坚持不断的自我批判，却从不死搬硬套，而是形成华为独特风格的“厚脸皮”模式接受批评。

当初郑宝用只是华为的一个技术专家，任正非带着他到邮电系统去跑业务，结果郑宝用在邮电系统“胡说八道”，引得在场的人群起而攻之。任正非得知之后，想看看郑宝用会有什么反应，结果他笑嘻嘻地说：“明白啦，就是一个小问题。”郑宝用被众人围攻批评，但他厚着脸皮与他们周旋，情绪并未受到影响，并且在后来的工作中改正了别人指出的错误。

任正非认为只有厚脸皮的人才能当干部，那些敏感脆弱，不能接受别人批评的人，会逐渐地故步自封，各方面都会落后。他要求华为人一定要能接受批评，不能自卑。

自我批判是一种手段，是一种方法，更是一种动力。自我批判的发展观是一种以自我批判为动力的社会进化思想。自我批判的内涵是承认自己的不足。承认自己的不足，是一种勇敢也是一种智慧。华为绝不推崇自卑，自我批判使得企业开创新局面，但自卑往往会让一个企业一蹶不振。

## 6.2　从自我批判中成长

任正非说："我们要不断地自我批判，不论进步有多大，都要自我批判，世界是在永恒的否定中发展的。"

任正非说的自我批判是一种扬弃，不能为了批判而批判，而是通过自我反省走出工作中的疲劳和病态，重新激发出工作中的活力。所有的自我批判不是针对个人，而是针对做事的方式和方法。

2009年5月，张明（化名）被任命为华为沙特代表处合同管理及履行支持组织CSO的主管。

由于当时华为开出的发票会影响客户第二年的预算，如果不能准确开出发票，客户第二年的市场拓展就会受到影响。张明到岗没多久就接到了客户的投诉，客户方因华为开不出合格的发票而感到不满。张明了解情况后发现华为开具的发票在客户那里的被拒率高达20%，客户对华为的满意度极低。

为了解决开票问题，客户经理拜访了客户的合同部主管，但当时华为没能提供解决问题的方案，客户方十分愤怒，要求华为在一周内开出1亿美元的发票，否则合作可能要中止。

这件事促使华为代表处进行了深度的自我批判，张明组织代表处全体成员一起思考开不出符合客户要求的发票的原因。找到根源问题之后代表处组织人员优化开票业务，团队每天都工作到凌晨。一周后，代表处终于开出了1亿美元的发票，让客户的合同部主管赞叹不已。

截至2009年底，CSO为代表处开出可支撑回款的票据超过5亿美元。代表处也清醒地认识到，如果没有自我批判，就不可能找出解决问题的方法。

如果不是张明组织团队对工作进行批判，就不可能解决工作上的问题，也不可能得到客户的理解。职场奋斗者要勇于自我批判，才能保持为客户创造价值的激情和专注度，真正解决客户的问题，满足客户的需求。

华为的轮值CEO郭平曾说："一个组织，无论现在多么优秀，如果没有自我批评的纠偏机制，也注定是没有希望的。"

而企业的自我批判可以分成两个层面：一是公司职员的自我批判，二是集体组织的自我批判。职员自我批判须坚持“吾日三省吾身”，在工作中多反思，意识到自己的不足，从而彻底地改进工作，自身也得到进步。组织上的自我批判并不容易，与个人自我批判的随时反思随地改进不同，因为可能涉及对领导或团队决策的部分或全部否定，所以实施比较困难，但华为在这一点上做得非常出色，甚至专门建立了组织上的自我批判机制——“华为蓝军”。

华为的战略中不能不提及的是华为的两支队伍——“华为红军”和“华为蓝军”，“华为红军”代表着华为现行的战略发展模式，“华为蓝军”代表华为的主要竞争对手或创新型的战略发展模式。“华为蓝军”的主要任务是“唱反调”，模拟各种华为主战略可能遇见的困难，找出“华为红军”的种种漏洞。华为希望通过建立这样的自我批判模式，保证企业一直走在正确的道路上。

按照华为顾问田涛和吴春波在其著作《下一个倒下的会不会是华为》中的介绍，“蓝军参谋部”主要职责包括：从不同的视角观察公司的战略与技术发展，进行逆向思维，审视、论证“红军”战略/产品/解决方案的漏洞或问题；模拟对手的策略，指出“红军”的漏洞或问题；建立“红蓝军”的对抗体制和运作平台，在公司高层团队的组织下，采用辩论、模拟实践、战术推演等方式，对当前的战略思想进行反向分析和批判性辩论，在技术层面寻求差异化的颠覆性技术和产品。

2008 年，华为原本计划将子公司华为终端出售给贝恩资本，“华为蓝军”发现终端的重要性，并提出了云计算结合终端的“云管端”战略，打消了华为出售终端的念头。在“华为蓝军”自我批判的模式下，华为及时发现了主航道上的偏误，调整了作战模式。根据市场分析的 Strategy Analytics 2015 年第三季度数据显示，华为终端成为全球第三大手机厂商，仅次于苹果和三星。

如果企业不进行自我批判，就无法检测出战略方向是否正确，很容易故步自封，甚至走进死局。只有通过建立完善的自我批判机制来保证公司内部的自我批判与自我纠偏，才能推动企业的进步。

### 6.3 具有自我批判能力是成为合格干部的关键

任正非说："只有有牺牲精神的人才有可能最终成长为将军，只有长期坚持自我批判的人，才会有广阔的胸怀。"将军是从自我批评中成长起来的。一个将军如果不知道自己错在哪里，就不可能成为真正的领袖。一个人只有知道自己过去做错了什么，具体是哪一次做错了什么，怎么错的，并不断从错误中总结经验，才能在职场上积累最宝贵的财富。

2009年，陈珠芳在《华为人》报刊登了一篇文章，回顾了她成为华为干部这一路上的坎坷，她提到自我批判是干部必须具备的能力，并称："提高自我批判能力是尽快成为合格干部的必由之路"。

陈珠芳曾任华为第一任人力资源部部长，这位有将近四十年教龄的大学教师对华为人力资源的一条政策——"末位淘汰"制度感到不适，在她原有的观念中是不能让任何阶级兄弟掉队的，但在企业中，这条原则显然是不现实的。最开始的时候陈珠芳对自己的固有观念有所坚持，并不能很好地做好"末位淘汰"这部分的工作，也导致了自己在职场上的不顺心。

于是陈珠芳作为一个职场人开始自我批判："商场每一天都如严酷的战场，负责任的管理者必须极力保持企业的高绩效，如果我作为人力资源的管理者不能组织公司'吐故'，会导致冗员过多，最后造成工作的低绩效，甚至导致企业崩溃，这是对全体员工最大的不负责任。一个人在企业中干一项工作的时间太长，又不能自我学习和自我激励，如果没有激情只是干耗着，是对生命的浪费，也是对企业、对社会资源的浪费。还不如离开，重新找个单位或创业，重新找回自我，唤起工作热情，对个人、对企业、对社会都是好事，是一种负责任的态度。"经过长时间的反思，她终于在自己的观念和华为的制度之间找到了平衡，并很快展开了她在华为的工作。

显然，陈珠芳能成为华为干部的重要原因之一是她能够及时反省自己的工作，并在自我批判之后对工作进行调整。管理者良性的自我批判，为工作团队的和谐做出了巨大贡献。

华为一直把品德与自我批判能力作为选拔干部的关键条件。任正非说："一个企业长治久安的基础是接班人承认公司的核心价值观，并且有自我批判能力，要世世代代传下去的就是这种自我批判的能力。"

# 第2章 奋斗者的文化牵引

任正非说：『资源是会枯竭的，唯有文化才会生生不息。』企业文化是企业的灵魂，是推动企业发展的不竭动力。华为构建的『奋斗者文化』，旨在引导奋斗者的行为，牵引他们将艰苦奋斗的企业文化转化为生产力，转化为经济和社会效益。

## 1. 清晰地描述组织愿景

组织愿景即组织的共同愿景，是建立在组织员工共同价值观基础之上的，对组织发展的共同愿望。所以设定组织愿景目标以及让全体组织成员对共同的愿景高度认同，是一个企业在安排员工工作之前的核心任务。组织愿景目标应该是组织凝聚的旗帜。

要实现组织愿景，不仅要让组织成员认同组织的价值观，还要使组织愿景深植于每一个成员的心中。这就要求企业能够清晰地描述组织愿景，使全体员工能够将组织理念融入自己心里，在组织中为实现共同的愿望而努力。

### 1.1 管理者要能清晰地描述组织愿景

高瞻远瞩的企业要经常审视自身存在是为了什么、存在的价值是什么以及如何存在。而企业的组织愿景就是在回答“企业是什么”这个问题，通过描述组织愿景，告诉员工企业将做成什么样子，还要让员工明白企业未来的发展需要靠共同努力完成。

管理者要能够清晰地描述企业的愿景，企业的奋斗者才能对企业有更为清晰的认识。如果管理者能将企业美好的愿景清晰地传达给组织成员，就能够激发他们发自内心的奋斗欲望，激发出强大的凝聚力和向心力。

华为技术支援部的老员工在华为创业之初开发和制造的产品曾经辉煌一时，但随着时代变化，技术不断进步，曾经风头无二的产品成为无人问津的滞销品，技术支援部的员工从主角变成了配角，心理落差导致他们产生了消极情绪，加上产品更新换代的速度极快，他们逐渐找不到努力的方向。于是1998年8月，华为成立了负责管理生命后周期产品的维护事业部，并于1999年底启动了以构筑部门愿景为切入点的组织气氛建设工作。

为了使这些老员工对华为高度认同，使他们更好地适应公司的新战略，维护事业部的主管提炼了部门愿景，清晰地向全体员工描述了部门愿景，并以此为基础规划员工发展通道。

维护事业部根据公司的愿景规划和发展战略以及部门的实际情况，构建了部门愿景并向全体员工传达到位：维护事业部的首要目标是成为世界一流的生命后周期电子信息设备的维护者。要以此为方向在公司内部逐渐成为核心竞争力的重要组成部分，在这个过程中部门主管为员工发展指明了方向：维护事业部的人员将成为公司管理团队的“后备军团”。

另外，维护事业部致力于营造学习气氛，创建学习型组织。部门将从工作需要出发，选定项目管理、财务知识和管理基础知识的培训作为营造学习气氛的切入点，倡导员工自主学习、自我培训，以榜样激发员工的学习积极性，鼓励员工结合工作实践学习。

由于当时维护事业部很多例行工作还没有操作规范，于是部门主管强调在工作中要逐步规范起来，并整理出管理决策、维护事业部独立核算、品类管理接收、代理服务商等流程和操作指导书。

在明确组织愿景之后，这些老员工开启了自己事业的新篇章，坚定了自己前进的步伐，重新成为新时代的探索者。

管理者在组织内推广组织愿景时，应真实、简单地描绘组织愿景，必须使员工清楚地认识到他们在追求什么，弄清为何追求，知道如何追求，才能减少工作实施中可能出现的误解，顺利地实现共同目标。

### 1.2　组织愿景与员工个人目标结合

彼得·圣吉在阐述组织愿景与个人愿景的关系时说：“个人愿景的力量源自一个人对愿景的深度关切，而组织愿景的力量源自共同的关切。”

建立组织愿景是为了提高企业的向心力和创造力，这就要求全体员工为组织愿景奋斗，为之奉献，而不是简单地服从或投入。愿景的驱动使他们展开行动，若只是简单地服从或投入会使效果大打折扣。要使员工能为共同愿景奉献，必须使组织愿景深植于每一个员工的心中，也必须考虑每个员工的个人愿景是否与企业愿景一致或有部分重叠，要把个人愿景和组织愿景相结合才能激发出员工的热情。

华为内部曾经探讨过如何让公司的每一个组织有效地将广大员工的内心之火点燃、精神之光点亮，经过长时间的整理，归纳出了以下几点：

第一，通过层层分解，将组织的愿景和目标化成许许多多可以操作、可以实现的小目标。这每一个小目标，也许能点燃拥有不同想法的员工的内心之火：也许这一个目标能点燃煤油灯，那一个目标能点燃蜂窝煤，另一个目标能点亮柴油灯。

第二，组织要去了解员工个体的心理和想法，拥抱员工，要知道员工的内心是煤油灯芯、柴油灯芯，还是电灯丝。也许员工自己都不知道自己的内在是什么灯芯，组织要帮助和鼓励员工认清自己的愿景和真正的想法。要鼓励他们实现自己的愿景，提供实现其愿景的机会，只要员工愿景的实现是能够支撑组织的目标，就应该受到鼓励。

第三，各级管理者要善于分析员工个人愿景与组织愿景的关系，帮助实现员工个人愿景与组织愿景相交叉的部分（有针对性地帮助员工找到做好组织工作的方法，战胜实现愿景过程中的困难）。

一个企业之所以能吸引人才，除了实力雄厚，更在于其为人才提供了实现个人职业愿景的发展平台，而当个人愿景与组织愿景方向一致或有部分交叉，那么实现组织愿景的同时就实现了员工自身的愿景和梦想。企业将组织愿景与个人愿景相结合，员工才会不遗余力地在这个企业提供的平台下实现企业目标，同时实现自身的理想。

如果所有企业都像华为一样通过不断鼓励和帮助员工实现自己的愿景，来牵引员工与公司的愿景更多地交叉和重叠，就能够更好地实现企业的组织愿景，并满足员工的需求，使他们实现个人目标。

想要实现企业的高效率，关键就在于将组织愿景与员工的个人目标相结合。当个人发展目标与整体目标一致时，才更容易产生更高的效率和双赢结果。

## 1.3 愿景驱动，拥抱变化

企业开展变革成功与失败的比率大约是8%，其余企业的变革都介于成功与失败之间，并偏向失败。华为轮值 CEO 郭平说：“华为的变革要由愿景来驱动，否则只能是一堆杂乱无章、互不相容的项目，不可能成为一个整体。”后来，华为重组变革指导委员会（ESC）后，做的第一件事就是确定变革愿景。在华为看来，愿景是驱动变革，甚至是所有运营活动展开的必要条件。

企业愿景要能够切实落实到具体的经营活动以及员工个体行为之中。所有的企业都有自己的愿景，但是能够把它落地，并有成效的寥寥无几。这是因为他们没有做到像华为公司那样大志小行、知行合一。

华为面向未来确定了“让 HUAWEI 成为 ICT 行业高质量的代名词”的质量目标和“以质取胜”的质量方针。这成为所有华为人的共同奋斗愿景，尤其是在华为的制造部，他们将质量视为企业的生存之本。制造部总裁李建国说：“质量与交付发生冲突，质量优先；交付与成本发生冲突，交付优先。”“质量第一”的愿景是激励他们行动的重要方向。

早在 1999 年，华为制造部就与德国 FhG 合作进行厂房布局和自动化设计；2002 年，在西门子公司的指导下推行六西格玛及全面质量管理；2006 年，邀请丰田退休董事担任精益生产顾问；2012 年，引入杜邦的安全生产先进实践。经过一系列的改进，华为的产品直通率达到了 97.89%。

正是在“质量第一”的愿景驱动下，华为和世界上最好的公司合作，打造了最好的质量体系和文化，这在生产活动中处处可见。在生产现场，员工们知行合一，践行“小改进、大奖励”理念，让持续改善成为一种习惯。

在松山湖基地，巨大的厂房，已看不到小推车运送物料的场景。原来需要 80 多人的手机生产线，现在只需 28 人，两台手机产出间隔 28.5 秒。参观的人能够看到每个生产车间都有一面“英雄墙”，上面贴满因改进而获奖的员工照片和获奖事迹。这些事迹里有许多诸如“节约 6600 秒/线”“每班次减少 200 次弯腰”的改善内容。

李建国说，原来华为的生产是批量生产模式，生产过程中等待多、浪费多、周期长。制造部通过全员改善、自主改善，如今已取得生产周期、质量和效率的同步改善。

华为在确立了质量愿景之后，迅速行动。从战略层面引入国际先进公司管理体系，从执行层面确立了“小改进、大奖励”的全员改善理念，最终让质量愿景成为驱动奋斗者做好质量工作的良方。

如今市场环境快速变化，企业要将组织愿景作为企业前行的方向标，并将企业员工对实现组织愿景的美好期望内化为企业奋斗者的力量，并以此来应对市场的变化。

## 2. 强化对文化与价值观的学习

华为的新员工入职培训主要是围绕企业文化展开的，华为将出台的政策和制度中反映出的华为文化和华为的价值观传递给新员工。华为还将任正非在华为创业之初写的《致新员工书》也分发给新员工，把华为的文化和对新员工的要求全部融入其中。

值得一提的是华为新员工必看的一部影片《那山 那狗 那人》，电影讲述的是一个山区邮递员的故事，而其中倡导的艰苦奋斗以及敬业精神，正是华为追求的价值观。

为什么华为坚持向员工传递其企业文化以及企业的价值观呢？这是因为华为深知强化对企业文化与价值观的学习能够激发员工的使命感、加强员工的责任感并且使得每个员工都对企业有归属感。

### 2.1 宣传加实践，内化成员认识

要加强企业员工对企业文化和企业价值观传递体系的学习，就要采取多种手段来实现这个过程。很多企业在新员工入职之时会让他们背诵企业文化，但在后续阶段没能继续强化员工对企业文化的认识，甚至不再有意识地深化员工对企业文化的理解，导致很多员工只是机械地工作。

在这一方面华为就做得很好，从创业之初华为逐步建立了华为企业文化开始，就不断在培训中、实践中渗透企业文化。

新员工一进入大队训练营，就开始学习和了解华为的价值观和理念。华为的目的在于让其成为新员工的行动指南针。

华为员工朱晓明回忆了自己刚进入华为时的培训经历。他说，大队培训的主要内容有介绍企业文化，包括六大核心价值观：成就客户、艰苦奋斗、自我批判、开放进取、至诚守信、团队合作。若干年后，朱晓明仍十分认同华为的这些价值观，并做得到。

接下来是高层领导集训。每天早上集合跑步，晚上看各种励志电影，比如《放牛班的春天》《光辉岁月》《阿甘正传》等，还要参加军训。

就朱晓明而言，华为的入职培训对企业和员工非常重要，一开始就为员工注入了华为基因。通过培训也加深了员工之间、企业和员工之间的相互理解和认同，不论新员工原来是怎样的，来到华为必须融入这个大家庭，必须适应和做出改变。在培训中，大队训练营会准备六篇文章，分别是《致新员工的一封信》《天道酬勤》《把信送给加西亚》《华为核心价值观》《商业行为准则》《公司介绍》给员工看。

培训中，诸如"决不让'雷锋'们、'焦裕禄'们吃亏，奉献者定当得到合理的回报。""您想做专家吗？一律从基层做起。""博士、硕士、学士以及在原工作单位取得的地位均消失，一切凭实际能力与责任心定位，对您个人的评价以及应得到的回报主要取决于您实干中体现出来的贡献度。"对朱晓明和众多的新员工而言，他们都十分喜欢和认同这些价值观。朱晓明说："知道了公司的这个指导思想之后，我是非常喜欢华为这种公平、公正、公开的绩效评价环境的。"

单向传递文化并不能让员工彻底理解和认同企业文化的精髓，文化的传承不只在于说了什么，更在于做了什么。很多公司强化企业文化的时候只讲不做，但实际上要做好文化的传承仅仅传递理念是不够的，文化的传承还在于践行。

华为一直以文化引导奋斗者在实践中体会华为精神，领会华为文化及华为的价值观。

2015年3月，接到一纸调令，刘鹏（化名）来到了南非负责某项目群之一的NSB模块。这个项目群是华为当时所有交付项目中最复杂的全TK项目。华为人在南非没有类似交付经验，而竞争对手却深耕这片土地，交付形势严峻。

在项目交付初期，客户对UPG站点要求迫切，因而项目组将所有资源聚焦在UPG上。而NSB这边，只有刘鹏一人，勘测设计、电力引入、分包资源，全靠自己。由于没有任何经验借鉴，刘鹏一开始就犯了一个错误，选择了交付周期最长的站点，而友商E直接选择利用客户现有资源交付，不耗费任何精力。

3月到7月，友商交付新建站点37个，而华为只交付了7个。来自时任客户总经理S的指责和投诉不断。

由于项目重要，客户的每次例会，地区部以及代表处的交付VP都在现场，这让刘鹏压力倍增，一度只要接近客户会议室，便全身冒汗。最难的7月和8月，刘鹏每天只休息4个小时，有时候做梦都还在排计划过站点。

来自四面八方的压力让他一度想离开。但他冷静下来考虑：就这样走掉吗？不甘心，要为自己争口气，活下来！经过反复的思考，刘鹏开始求助，集结资源，获得了地区部和代表处领导的支持，仅用1个月，便组建了一支团队。通过所有人的努力，2015年底，项目组的新建站交付在3个区域同时起量。最让他难忘的是2015年圣诞节，整个办公室只有刘鹏和他的团队在加班，一直奋战到深夜。

此后的6年里，刘鹏一直坚守在非洲。后来，家人问他，这些年这么苦，值得吗？刘鹏觉得真的很苦，但是这丝毫没有影响他对这段时光的怀念和热爱。他用米开朗基罗的一句话来形容："我在大理石中看见天使，于是我不停地雕刻，直至使他自由。"

刘鹏在实践中体会到了什么是艰苦奋斗，这也让他不断成长和成熟。正是这种身体力行，让华为的价值观深深地烙印在每个人的内心。

## 2.2 组织员工自律宣言，让员工自我约束

除了通过企业的宣传以及奋斗者在工作中自己领会，华为还通过让员工

制订自律宣言来约束自己，让每一个华为人更好地将华为文化落实到工作中。自律宣言虽然只是一种形式，但的确是积极向上的，华为通过制订自律宣言在企业中营造了一种良好的工作氛围，起到了潜移默化的良性作用。

2013 年 3 月，华为东南亚地区部在年初市场大会举行了各层干部自律宣言宣誓，下辖各代表处 AT、各级干部等都参与了宣誓。

东南亚各级干部宣誓：“贯彻公司要求，正人先正己，严于律己，大胆管理，杜绝腐败，做全体员工楷模；通过全体员工监督，在组织内部传递正向信息，建设廉洁止气、奋发向上、简单高效的工作氛围。

“2013 年，在更加严峻的市场形势下，东南亚地区部要众志成城，万众一心，把所有的力量都聚焦在业务发展上，克服重重困难，给公司提交一份满意的答卷。”

除了基层的员工，华为的管理层干部也纷纷在宣誓大会上郑重发表了自己的自律宣言。

2014 年 8 月 25 日下午，华为欧洲供应中心 OEC 组织了全员自律宣誓大会。

欧洲供应中心管理团队成员郑重宣誓承诺：“聚焦工作，持续艰苦奋斗，坚持自我批判；干部要有自我约束能力，管好自身，管好下属，管好业务内控；把所有的力量都聚焦在公司的业务发展上，接受公司审计和全体员工的监督。”

欧洲供应中心全体员工宣誓：“恪守诚信，不私费公报；不窃取、不泄露公司商业机密，不侵犯其他公司的商业机密；不怠惰、不贪腐，敢当责，用心尽力做好本职工作。”

实际上自律宣言是由华为的最高管理团队开始的，任正非、孙亚芳等人在宣誓大会上表明了高层领导从自身做起，严格自律，把所有力量都聚焦在公司的业务发展上的决心。

华为人在高层领导的奋力牵引下，也纷纷制订了自己的自律宣言，决心坚持在工作中贯彻华为的奋斗者文化，将华为建设成为更好的国际化大企业。

## 2.3 用“鸡毛掸子”拂去思想“灰尘”

在经济全球化的大背景下，世界市场变化迅速且巨大，如果企业的员工死守着过去的经验和成就不能够开放进取，企业很难顺应变化存活下去。因此，企业经营者必须在宣扬企业文化和企业价值观的同时，鼓励员工勇敢地拿起“鸡毛掸子”，主动拂去自身思想上的“灰尘”，保持进步性，保住企业的活力。

多年来，华为始终坚持引入“鸡毛掸子”，帮助华为人摆脱陈腐观念和旧思维的束缚，任正非不止一次强调：“当外部环境发生变化的时候，当新的机遇来临的时候，谁固守《华为基本法》的教条，谁就是傻瓜。”

为研究出更好的产品应对市场的变化，华为集中了中国 IT 领域近万名优秀人才，他们在华为工作多年，在华为文化的熏陶下建立了自己的管理理念，所以当华为在新时代的冲击下接受了新文化和新的价值观后决定要进行变革，这些 IT 人才因为固有的价值观和理念对变革充满了质疑。

当年任正非从美国 IBM 公司引进了先进的管理技术，许多华为人表示：“要根据中国国情，根据实际情况，进行改造，有选择地应用。”他们不认为“美国鞋”穿起来就合脚，甚至有人认为华为当下的管理流程优于 IBM 的管理流程，华为公司只需凭借以往成功的经验发展下去，无须改革。

华为人的自负以及不能开阔思维接受新文化让任正非很担心。在任正非看来，传统积累下的精华理念固然重要，但不能故步自封，对一切新事物表现出抗拒。最后，任正非对那些安于现状的“聪明人”做出了严厉的批评，并多次在会议上推行新文化以及新的价值观，让所有华为人都能从心底里接受新的管理模式。

华为的轮值 CEO 胡厚崑说：“信息产业的发展正在进入一个全新的阶段，信息技术对社会的全方位改造意味着一切旧的都将成为新的，这个过程正向我们展示出无限的机会。”

在新阶段来临之际，胡厚崑表示只有在正确的新文化和新的价值观的引领下，华为才能长久地走在成功的道路上：“华为取得今天的成功，得益于在过去 30 多年中所形成的正确价值观、文化和在奋斗中成长起来的干部队伍；面向未来，华为要实现超越成为行业领袖，也同样需要正确的价值观和强有力的核心团队的引领才能走向长久的成功。”

## 3. 干部以身作则奋斗，感染员工

心理学家发现，企业中的员工总是会不自觉地模仿其上司的习惯。比如，如果一个上司习惯在下班前把办公桌清理一下，那么，即使他没有要求过他的助手和秘书这样做，他们也会在每天下班之后整理完办公桌再走。

而员工之所以会这样做，是因为他们对自己的职场之路缺乏自信。或者说，他们并不那么清楚怎么做对他们最有益。所以，他们希望跟着一个人，通过模仿、学习这个人的言行，来获得成长。当遇到言行与自己期望一致的领导者时，他们就会向他靠近，不自觉地模仿他，以他为奋斗的目标和方向。

言传身教从来都是最直接有效的教育方式。因此，领导者所需要做的，就是努力成为员工所认可的那个模范。

### 3.1　榜样的力量是无穷的

俗话说：“一个榜样胜过书上二十条教诲”，由此可见榜样的力量是无穷的。一个优秀的领导是可以感染员工，并且带动员工行动的。

员工在不知不觉中模仿着领导者的行为，所以领导者要意识到这一点并时刻注意自己的言行是否得体，尽量做到以身作则。

著名企业家李嘉诚一直是事业成功的代表人物，说到他的经营之道，无数人会提起他作为领导者为员工树立的优秀的榜样形象。

李嘉诚每时每刻都以身作则，员工要遵守的规则他自己也一一遵循。李嘉诚一度觉得开长会浪费时间，会议效率也不高，所以他要求高阶主管开会时每次会议时间不能超过 45 分钟，如果超过规定时间就要立即终止会议，没有说完的事情就要自己找时间处理。很多人一开始都无法适应，会议的时间常常超过限制。

有一次，李嘉诚和公司的几名董事开会，一眨眼就过了一个小时。李嘉诚发现后，马上决定散会，但几名董事提醒李嘉诚事情非常紧急，希望破一次例。李嘉诚语重心长地说："大家都是公司的高层人员，公司上下数千双眼睛都盯着我们看，我们要给员工做出一个好的榜样。"

李嘉诚总是第一个到公司上班，最后一个离开公司。当所有人离开公司时，他还要重新检查一下公司的每个地方，以防员工疏忽忘记关紧门窗。李嘉诚的敬业精神让下属非常敬佩，很多年轻员工都说，"李先生年过半百还如此勤奋，我们年轻人有什么理由不努力奋进呢？"

当企业领导者成为榜样时，他的感召力更加强大。李嘉诚就是以自身作为整个企业的标杆，引领整个公司的员工都像他一样奋发工作。

古语有云："人不率，则不从；身不先，则不信"，由此足见榜样力量的重要性。

2009年6月2日，华为正式成立核心工程队筹备组，希望能尽快完善后备干部总队核心工程队伍的核心工程能力，正在组织深圳TD项目交付的霍陈家被任命为筹备组管理团队成员之一。作为筹备组的后备干部，霍陈家一直在苦恼自己应该做什么。

当时的通信行业对成本和效益的要求渐高，以前在海外与世界领先的通信企业有过交付比拼的华为人能切身感受到国内外企业之间确实存在不小的差距。于是华为要求管理团队的干部要像尖刀排一样出现在公司需要的地方，高质量、低成本完成交付，并不断总结和完善核心工程能力，体现出筹备组的干部作为核心工程队成员的价值。

以霍陈家为代表的后备干部总队人员组成的交付管理团队在关键时刻冲锋在前，起到了一锤定音的作用。紧随在他们身后的筹备组成员在他们一行人的带领下快速完成了核心工程能力研究和建设，并快速完成了端到端承接重大工程项目交付。

由于在广东3G战役中，华为团队大获全胜，核心工程队成员在次年获得了海外重大的交付项目，于是他们奔赴海外，迎接新的挑战。

霍陈家对此有一番深刻感受："后备干部总队为筹备组的成员提供了奋斗的方向，干部的勇往直前为筹备组的全体成员树立了榜样，因此项目才能在上下一致的努力之下快速完成了交付。"

领导者怎么"做"，下属也会跟着"看"、跟着"做"，所以主管在平时的工作中处理上下级关系、处理与周边部门的关系时，一定要注意言行一致。"动人以言者，其感不深"，仅仅言语上指导员工的行为是远远不够的，只有领导者将自己所说的话一一践行，才能带动员工处理好一切工作事务。

### 3.2 向员工传递职业化行为和态度

干部作为员工工作时的模板，除了做好自己的工作，树立起榜样的形象，更要有意识地向员工传递职业化行为和正确的职业态度。企业干部首先要做的就是带领团队成员融入企业的文化中，以便于更好地熟悉企业环境，融入团队中。

2010年，华为的万洪被调往华为印度研究所IT服务部（ITG）工作，在IT服务部待了一个月之后，他发现一个现象：几乎每个客户（内部客户）从ITG办公室离开时，脸上都挂着满意的微笑。

万洪觉得有些疑惑，于是他开始留意大家的工作状态，一段时间后他发现IT服务部的所有同事总是面带微笑为客户服务，他发现这些都源于ITG的主管Karthik。当时Karthik已经在华为工作了整整10年。10年来，他每天早上9：00到办公室，晚上8：00左右离开，无论何时，他的脸上总是挂着质朴的笑容。

Karthik作为IT部门的主管，管理着印度研究所2000多名开发人员，他的邮箱常在短时间内就塞满了邮件。但每一封邮件他都会认真回复，即使邮件里面提及的事情不在他的责任范围内，他也会细心解释并指导发件人找到正确的负责人。

ITG 办公室里总是人来人往，业务部门经常需要讨论新的 IT 需求，有时候周边部门也会来讨论 IT 相关的工作，其中很多环节都需要 Karthik 来推动进行。所以每次讨论完后，他总是静下心来认真总结，并字斟句酌地写相关工作联络邮件，希望收到邮件的人能立即看懂。写的时候他还会站在别人的角度去思考方案的可行性，反复考虑周边部门的同事能否完全理解这个方案的全部含义，斟酌一番才会发出邮件。

Karthik 不仅对部门的员工管理工作认真负责，而且始终秉持着华为“以客户为中心”的企业文化，并将“得到客户方满意的答复”作为自己的工作标准。他的手机总是接到客户的电话，而每一次和客户交谈，他总会在确认客户得到了满意的答复之后才会结束。即使是他当天无法完成任务，他也会诚恳地告诉客户他的计划。

每次客户见到 Karthik 都非常热情。万洪问他原因，他笑着说：“因为他们只要找到了我们，需求总能实现。”万洪突然意识到 Karthik 或许不知道“以客户为中心”这个华为词典的高频词汇的中文发音，但他却十年如一日坚持以“不能影响客户的业务”作为对 ITG 团队和对自己的基本要求。

Karthik 还将他的团队直接安排到每个业务部门中，为各项业务活动提供全方位的 IT 支持。如果有哪个业务部门需要加班赶版本或者测试，ITG 总是提前加班为业务搭建基础 IT 设施。正是因为这样长期支撑各部门业务运作，Karthik 和各级业务主管建立了很好的关系。在 Karthik 的影响下，ITG 部门的全体员工也和其他业务部门的员工建立了友好的合作关系。

有一次万洪问 Karthik：“为何你的团队跟了你这么久，还能保持这么旺盛的战斗力？”他很认真地告诉万洪：“IT 人员只要看到给业务创造的价值，自然就会有成就感，也就能长期保持愉悦的心情。”但万洪觉得更重要的原因是 Karthik 自己的工作态度影响了他的团队，Karthik 在工作中一丝不苟的工作态度以及认真的工作行为都是 ITG 部门全体员工的工作模板。

万洪提道：“在印度纯英文的工作环境下，本地员工没有办法经常看到公司关于华为文化的解读，但他们却把华为文化，实实在在地落实到了工作中。这都是因为他们的主管 Karthik 十年如一日地坚持把华为文化落实到位的行为和踏实肯干的工作态度影响了他们。”

要将自己的团队建设为一个职业化的团队，作为团队的领导，就要首先抛弃自己的一些行为习惯，融入企业主流文化的行为习惯中，不要游离于企业之外。华为的 Karthik 首先自己做到了融入企业文化，在工作中践行华为的职业精神，自然而然就成了一个职业化的领导者。而他十年如一日的坚持，更是影响了无数员工，引导他们也成了职业化的员工。

### 3.3　各级主管在危机中，应该承担起责任

2011 年，任正非在座谈会上说道："主管在团队面对危难时个人的勇气、沉着与周全安排，对于业务的稳定与人员的安全关系重要。"

在完成企业的各项任务的过程中，经常会有突发事件，甚至会出现许多危机事件，企业干部要知道如何妥善处理突如其来的变故，在危急关头承担起责任，带领团队共渡难关。

2005—2011 年，是周飞（化名）最难忘的一段时光。当时，伊拉克战乱不断，环境恶劣。作为主管的周飞尽可能地为团队成员营造好一个小环境。那时，巴格达一天只有一两个小时供电，中间还会断电很多次。没有电时，周飞和他的团队就用油机供电。有一次，油机坏了，他们在附近找了一个小酒店栖身，11 个人挤在一个十几平方米的房间里，3 个人一张床，地上睡 2 个。

为了安全，周飞不允许成员外出，除了见客户，出去时需要提前申请。为了缓解大家的压力，周飞和大家一起将酒店二楼废弃的网球场改装成了篮球场，地下一层建起了健身房，到了夏天，还有游泳池。他还从国内带了一套 DVD 和卡拉 OK。大家苦中作乐。

酒店的篮球场，其实只是一个简易的篮板和篮筐，但也能让他们在工作之余欢欣雀跃。那段时间经常会有炮弹打过来，炮弹一旦进入当地的防空范围，警报声就会响起，警报一响，他们就躲起来。周飞和他的同伴们在硝烟中坚守阵地。

华为一直倡导并选拔那些有使命感和职业责任感的人，并让他们作为团队的负责人，这也是为了让他们在危急关头能够承担起责任，以团队的荣誉以及安全为重。更重要的是，各级主管在危急关头树立起有担当的形象，会极大地影响下面的员工，使团队上下一心，共渡难关。

## 4. 弘扬和表彰奋斗者精神

华为一直告诉所有华为的奋斗者，在华为，奋斗者一定会获得属于自己的荣耀和辉煌。为此华为多次召开奋斗者表彰大会，并在表彰大会上颁发“奋斗贡献奖”“同心奋斗奖”等多个奖项弘扬并表彰华为人的奋斗者精神。

### 4.1 奋斗是为了让他们站上成功的领奖台

任正非说：“华为能依靠的，只有华为员工，所以，华为一定要对得起每一个在华为奉献青春与汗水的工作者，让每一个人都分享公司的成功。”

华为深知企业与奋斗者的关系是一荣俱荣的，只有将每一个有成效的奋斗者都送上领奖台，让更多为华为创造出价值的奋斗者获得成功，华为才能在这些奋斗者的付出中稳步前行，所以华为一直向奋斗者们强调：“奋斗是为了让你们站上成功的领奖台。”

华为最早拓展的海外市场有中亚地区部乌兹别克斯坦、哈萨克斯坦等，这些地方在多年的本地运营之后，员工本地化率越来越高。到2013年，员工本地化率已超过60%。在物质激励各项政策逐渐规范清晰的情况下，华为开始考虑加大非物质激励，传承好华为核心价值观，让更多人成为华为“同路人”。

2013年8月，中亚地区部AT会议通过决议，对在华为当地子公司、办事处工作10年及10年以上的本地员工颁发“华为奋斗奖”（Fen Dou Award）并授予银牌，奖牌上还刻有本地员工的姓名。决议通过后，华为将此奖项设为常规奖项，并决定从2013年起，每年颁发一次。

2013年，中亚地区部给27名本地员工颁发了年度“华为奋斗奖”。2013年12月21日，在乌兹别克斯坦代表处2014年新年晚会上，中亚地区部总裁孙铭为乌兹别克斯坦代表处工作的14名获奖本地员工颁奖。

华为颁发“华为奋斗奖”这一行为极大地激励了华为的奋斗者们，一位获奖者在领奖之后激动地说：“很意外能获得‘华为奋斗奖’，这是对我工作的认可，也给了我信心！面对新挑战和新目标，我会继续努力取得更好的成绩，为华为成为世界上最棒的企业而努力奋斗！我很喜欢我的工作，非常感谢公司看到了我的努力！”

任正非曾说：“十五万华为人利出一孔，公司上下才能力出一孔，才能团结一致所向披靡。”任正非坚信，利出一孔，能让华为人克己复礼，团结一心，始终朝着正确的方向奋斗，所以他十分坚持在华为推行“利出一孔”及“力出一孔”的激励原则，让所有华为奋斗者都能享受华为的成功。

2012年，*Connect*杂志组织了第三方网络比拼测试——P3比拼，这是一套完善的用户体验模拟测试，按同样标准对运营商网络打分排名，并公开发布比拼结果。由于杂志影响力巨大，比拼结果对运营商口碑、市场品牌有极大影响，对用户选网以及管理层评价有巨大参考作用，被所有参加比拼的运营商视为大考，因此也自然成为对其供应商的大考。

作为瑞士S网络的供应商，华为接受了这个巨大的考验，但瑞士S网络基础条件极其落后，在2012年的时候P3排名在3国10网中垫底。但在所有华为奋斗者的努力下，华为项目组于2013年12月5日发出首次挑战成功的喜报，客户网络在华为第一阶段的努力下，终于迈上了一个新台阶。

2014年12月3日，项目组发出再次挑战成功喜报，帮助客户网络达到了最高等级，实现了从“绝望到希望的重生”。

2014年12月3日，欧洲最具影响力的通信权威杂志*Connect*发布2014年P3比拼结果，瑞士S网络的P3排名从2012年的在3国10网中垫底提升到了语音部分排名第1，总体排名第3，网络等级达到最高级。

客户CTO在第一时间给华为项目组核心成员打电话告知了喜讯，客户方十分激动，接到电话的交付副代表 Simon 也当场泪流满面，这意味着两年以来肩挑手扛的艰难与痛苦终于换取了项目的圆满成功。

连续两年挑战成功，深受项目组拼搏精神感动的管理团队都做出了同样的决定：所有项目奖励全部给真正攻山头的将士，最高级别奖励全部给最关键的专家。并且对在最困难的日子里不离不弃、并肩作战的保障与支持团队颁奖，与所有奋斗者共享项目成果。

这也印证了华为曾多次向华为人表示的那句话："所有奋斗的目的，其实就是为了能让你们站在成功的领奖台上。"华为会为奋斗者们准备成功的奖励，这从 P3 比拼成功后，华为决定将所有奖金奖励给奋斗者的行为就可见一斑，这也印证了华为高管陈黎芳曾经说过的一句话："奋斗越久越划算，工资变成零花钱。"

哈佛大学的斯金纳教授认为，如果某种行为产生了一种积极的后果，个体就可能有重复它的动机，这被称为"积极强化"。而企业如果能利用这种"积极强化"心理，就能影响员工的行为，从而生成良性循环，使更多奋斗者重复奋斗过程，而在他们获取自己的积极成果的同时，企业也能获得业务的积极成果。所以让奋斗者站上成功的领奖台，实际上能让他们产生重复站上领奖台的动机。

## 4.2　在作出贡献的第一刻，给予及时奖励

哈佛大学的威廉·詹姆士教授研究发现，按时计酬的职工仅能发挥其能力的 20%～30%，而如果受到充分的激励，职工的能力可以发挥到 80%～90%，甚至更高。奖励发放的及时性则能极大调动员工心理上的工作动力，会大大增加激励的效果。

华为作为一个愿意与奋斗者共享成功的企业，在激发员工工作热情方面也是下足了功夫，华为建立了多个诸如"金网络奖"的及时激励奖项，在员工圆满完成任务之后及时给员工奖励。

陈林是华为综合平台领域的代表。在 2014 年波分 R9C00 版本迭代三项目中，测试人员发现 T16 网元出现问题，产品和平台评估后如果该问题在现网发生，将会引起非常严重的事故。为了尽快解决项目中的问题，陈林在之后的一个月里持续配合产品定位计划进行了定位，配合产品实实在在地提高了版本质量。在项目成功完成时，他获得了来自波分产品相关部门的高度认可和“金网络奖”。

“金网络奖”是华为独有的奖励，奖项覆盖固网产品线，是小额及时激励的一种形式。华为的员工这样描述“金网络奖”：“一种及时的肯定，一种小小的激励，让每个获奖者心里暖暖的，在做出贡献的第一刻，给予及时的奖励。”

“金网络奖”赋予基层主管更多的激励资源，只要主管认可员工的工作，便可直接给其发放奖券，员工可凭借奖券随时兑换礼品或现金。简单、便捷的操作深受大家的欢迎，也使得激励更为及时、有效。

奖项的激励效果是与发放奖励的时长成反比的，所以管理学中有一个说法是“奖励不及时，不如不发放”。虽然这个说法不一定完全正确，但实际上是有一定道理的，奋斗者刚完成工作时，是最需要得到肯定的时候，及时的奖励能让其在心理上得到极大满足，从而影响其工作状态和对公司的信赖度。

2014 年初，华为与 AM 集团最大子网 Telcel 签订了无线搬迁项目合同，这是华为在客户 Telcel 子网的首次现网搬迁，当时客户对华为的能力还存有疑问，而且项目涉及 7200 多个站点的 2/3G 搬迁、3/4G 新建扩容、网络性能提升、电源改造和核心网的搬迁扩容等，是当时区域内最具挑战、最大规模的项目，而且项目交付的结果将直接影响接下来几年里通信市场的格局。

项目前期由于客户不信任华为，所以客户方的流程和决策链较长，华为项目组依据客户方给的决策开启项目，半年之后仅建成六七个站点，导致第一个城市现网搬迁迟迟无法完成。华为项目组的负责人成华（化名）为了能尽快实现无线搬迁，直接向客户提出由华为全权负责方案制订以及实施，让他意外的是，客户方立即同意了他的提议。

由于时间紧迫且任务艰巨，为了确保首城的成功交付，成华急赴交付现场指挥。但他到了现场整个人都傻眼了：项目组员工毫无压力地干着活，施工现场合作方的作业人员也边听音乐边慢悠悠地工作。成华意识到项目组的成员没有考虑到项目的重要性以及完成之后项目组能得到的奖励，由于缺乏前进的动力，团队没有形成合力，缺乏激情和战斗力。

成华苦思之后决定通过发放奖金及时奖励员工的贡献，以此快速调动项目组的工作积极性。于是他立即组织了项目组召开目标解读会，同时正式公布及时奖励标准：每天第一个完成或多完成一个搬迁/勘测等任务的站点队伍和工程师，每人可额外获得几百元的及时奖励，相当于他们月薪的3%。

就在成华宣布奖励政策的当天，华为的外籍工程师E主动找到他，表示自己有能力负责两个站点的搬迁，并提出如果顺利完成任务，希望能获得后续更多工作机会。成华立即让计划负责人给工程师E增加了一个站点。搬迁开始后，在项目的WhatsApp进展群里，E的消息不断在刷新：进站、上塔、拧开天线端口、传输测试、测试……作战室里的大屏幕上，每个小区的图标一个个地变绿，一个半小时后E第一个完成搬迁和测试，接下来他也快速地完成了第二个站点的搬迁和测试。

于是当天项目组就对获奖的E进行了奖励，并在内部通过邮件、WhatsApp群大力表扬表现优秀者。项目组的全体成员受到鼓舞，接下来的几天大家都干得热火朝天。成华也及时向客户CEO汇报了工作进展，客户方表示了认可，决定马上启动整体项目的搬迁，并督促华为尽快下发相关的PO。

实际上，企业给员工发放奖励的目的是使员工能够按照公司的需要去完成工作，由于员工工作时的动力来自理智上的因素以及心理因素，所以给员工及时兑现工作取得的成果会让他们从理智上和情感上都能得到激励，从而更有动力投入工作之中。

## 4.3 蒙尘的英雄也是英雄

任正非说："完美，就抑制了许多英雄的成长。英雄不问出处。现在看，什么是英雄？一段时间内做出了突出贡献，就是英雄。"大企业要有容忍失败的胸襟，要重新看待成功与失败，失败的经验是宝贵财富。失败也是一种学问，而且是最宝贵的学问。正如田涛在《不完美的英雄也是英雄》中写道：

“华为的英雄是多种多样的，在最佳时间段以最佳角色做出最佳贡献的人，他们都是华为编年史上的英雄。也许他们中的少数人是‘冲动’驱使下的‘瞬间英雄’，过往与往后都不再光彩夺目，那有什么关系呢？我们不能因此而淡忘英雄们曾经的功绩，并进而否定英雄。

“容忍个性，褒奖英雄，是任何一个成功组织持续扩张的前提。当组织中到处晃动着高倍数的显微镜时，图灵式的天才将会被湮灭，有缺陷的英雄们将会弃甲而去。组织领袖们的责任就是构建跑道，确定规则与秩序，让乔伊娜们奋不顾身地在无障碍的空间与时间去竞跑，去冲刺冠军。”

2016年，华为公司推出的一组广告，其中一张的主题是美国已故短跑运动员弗洛伦斯·格里菲斯·乔伊娜。但由于乔伊娜曾有“服禁药”传闻，广告引发了人们的争议。对此，华为公司解释道，没有证据表明乔伊娜服用过禁药。任正非则说“为什么要把煤洗得白白的”。

任正非意在强调华为要承认英雄，蒙尘的英雄也是英雄。在阿波罗登月计划中，阿波罗13号因故障中止登月，三名宇航员只能返回地面。虽然没有完成登月使命，但这三名宇航员也是英雄。对任正非而言，华为有太多这样的奋斗者，失败并不妨碍他们成为英雄。

2001年，华为拿出新一代综合交换机iNET时，中国电信客户劈头盖脸地指出“华为根本不懂新一代电信网络”。从此，不允许华为的产品入网，几乎断送了华为的核心网，C&C08机带来的巨大成功辉煌不复存在。华为凭什么重新开始？又如何奋起直追？

究其原因，隐患早已埋下。在2000年，受当时互联网和IP业务的影响，下一代电信网络的发展有两种演进策略：ATM（基于电信的实时高可靠性传输技术）和IP（基于互联网的简单传输技术）。

核心网研发团队在C&C08机128模块的成功和惯性思维模式的影响下，坚持认为前一个策略才是客户真正需要的，而后者只是IT厂商的玩具。在整个开发过程中，也没有及时了解客户的需求，还不断批判软交换的演进方案，甚至在与客户交流时也是如此，导致客户彻底失望。

由于偏离客户需求、盲目自信，产品不被客户接受，两年的巨额投入打了水漂，研发团队也面临被解散的局面。那时，姚弋宇刚进公司5个月，怎么也没想到，自己参与的第一个产品就要被终止，非常沮丧。就在整个研发团队彷徨和绝望时，公司重新调整战略方向，选择IP技术，重做平台。解散边缘的研发团队重新组建，成立了新的软交换平台团队。

"要想正名，唯有胜利。"虽然一切都要从头开始，但团队成员们全力投入，项目经理承担了最复杂、最具挑战性的开发模块，既要主导平台和产品的联调，还要四处奔忙，哪里有问题，就扑到哪里。姚弋宇也成了一名IOS问题专家。2003年，软交换平台渐渐成型，在关键技术和性能竞争力上，大幅超越了友商，并最终得到了中国电信的宽容和认可。

华为高层没有因为核心网团队的第一次失败就否定他们，反而及时调整策略，让他们再接再厉，最终让产品重新在市场中站了起来。

任正非要求华为的干部不能随便使用"失败"这个词，要使用"探索"这个词。他在一位主管的检讨邮件上批示："我们要像美国当年宽容麦克阿瑟在菲律宾的失败那样宽容基层主管。没有常胜将军，没有失败就没有胜利。失败是成功之母。"

## 5. 建立奋斗者文化落地系统

企业文化无声无息，没有形状却独立地存在着，循环而不停地运转着。文化支撑了企业的发展，是企业的潜规则。企业文化的落地，在于帮助员工认知、认同企业文化，并将企业文化落实到工作中。

文化的落地是一个长期的过程，必须运用系统论的方法，搞好整体设计，分步推进，分层次落实。所以推行企业文化的落地必须有一套完整的机制把企业文化建设的任务落实到实际工作中去。

## 5.1　以奋斗者为本的“三高”机制

华为靠什么让华为的奋斗者冲锋不止，奋斗不息呢？最基本的要素是以奋斗者为本的文化价值导向，并通过高压力、高绩效、高工资这“三高”机制驱动知识型奋斗者因为高压力而为工作艰苦奋斗，也因为高绩效带来的高回报而有动力为事业拼搏。通过这些奋斗者的付出不断创造出高绩效，也不断创造出华为的奇迹。

一是高压力。1996年，华为就以市场部集体辞职为契机，引入末位淘汰机制，通过“干部能上能下，工作能左能右，人员能进能出，待遇能升能降”四能机制，将外部市场竞争压力转化为内部竞争压力，使员工始终处于内部人才竞争压力之下，不敢懈怠。任正非指出，让管理层有危机感，如果因为吃饱了懈怠，有饿狼在惦记你的职位，职位随时有人替代，有可能马上不保，可谓危机四伏；让基层有饥饿感，基层员工还没“吃饱”，财富积累还没达到一定程度，只有不断提升能力，不断拼命干，才能获得更多报酬。

二是高绩效。华为将绩效目标定为“正常”“持平”“挑战”三种，刺激员工“跳起来够目标”。对于任何企业来说，高绩效是在残酷的市场竞争中获胜的重要筹码。所以，“三高”政策中，高绩效是目的，高工资和高压力是实现高绩效的手段。

三是高工资。在任正非看来，高工资的背后是高压力和高绩效，他希望通过高工资催生高绩效，让华为人持续奋斗。华为2017年3月31日发布的华为2016年年报显示，华为2016年员工平均薪酬为58万元。

通常本科和硕士毕业生进入华为职级是13级，两年升一级；17、18级是基层和中层管理人员，21、22级则是总裁、副总裁级别。

在2014年提升工资基线后，每级工资差距在4000元左右。13级工资基线是9000～13000元，越往上工资薪酬差距越大。华为的薪酬一般包括三部分：工资、股票分红和奖金。如果被外派到国外，还有外派补助和艰苦补助。

华为公司董事、高级副总裁陈黎芳在北京大学发表“校招”宣讲时说道：“在华为，工资只是零花钱。”股票分红才是大头。每年华为利润的大部分都会以分红的形式返还给员工。

以 2015 年为例，如果是 17—18 级员工，2003—2004 年进入华为，配股普遍为几十万股，税前分红为 60 万～70 万元。如果是 2000 年前进入华为，分红超过 100 万元。另外，华为年终奖也很高。

虽然华为员工收入令人羡慕，但考核也十分严格。正因为如此，华为员工是非常努力的。

在华为，“以奋斗者为本，持续艰苦奋斗”不是一句空话，而是由华为的“三高”机制在支撑和驱动的。一方面高压力杜绝了员工的怠惰，另一方面让员工的高投入换来高回报。

任正非是个会给员工画“大饼”的领导者，但这些“大饼”最终都变成了现实，华为做到了不断兑现对奋斗者的承诺。华为通过建立客观公正的评价体系使员工的绩效转化成回报：高工资、高分红、高奖金。让员工能够真正去共创、共享公司的价值，从而驱动员工不断创造高绩效。

## 5.2 部门调研可持续、可例行化

华为有“干部部”，网络干部部、组织干部部、研发干部部、生产干部部、无线干部部……这些部门的职能就是关注各个领域的干部的成长，对各部门的干部进行例行调查，检查他们的工作情况。

2003 年 3 月，华为刚在网上公布了研发某部门的干部任命公示，研发干部部就收到了员工的反馈，一名员工称研发部门的某干部乘车时态度不好。研发干部部立即派人对该干部的周边同事、下属进行访谈和调查，经过调查发现这名干部在日常工作中十分敬业负责、关心员工，在班车上的行为是偶然冲突。

根据研发干部部的调查结果，华为给出了以下的处理意见：①该干部与在班车上发生冲突的员工主动沟通并向其致歉；②研发部部门内要对该干部进行内部批评；③该事件作为这名干部的任职改进点之一，观察改进。

提出反馈意见的员工对处理结果表示满意，那名干部也表示认可处理意见，并表示是对他任职的一个提醒。

任正非在干部工作会议上提道："我们要加强在思想道德品质上对干部的考核，对干部严要求。当干部就要有献身精神，就要有严格约束自己、宽以待人的品质。"

然而一个人的品德如何既无法量化，也没办法测试，即使长时间相处，也有可能"知人知面不知心"，那么，如何将思想道德品质纳入干部考核的范畴呢？华为为此专门开发了"干部部"，希望能随时听取各个方面的意见，包括干部工作作风及业余生活的一些细节，调查证实后作为干部考核任命的参考，同时，将这些意见反馈给当事人，促使其改进。

2003年6月，研发干部部收到了一名员工的投诉，该名员工称研发部某干部管理下属时态度粗暴，导致部门内部气氛不好。研发干部部即刻对这名干部的下属、周边同事以及上级主管进行了调查，得出如下结论：这名干部的个人技术能力很强，平时工作十分投入，但是不善于与人沟通，管理方法过于简单。因为专注技术而疏忽了团队管理，导致整个团队气氛不好。

研发干部部与部门进行沟通后，给出了以下处理意见：这名干部属于技术专家型人才，不适合担任管理职务，建议调整他到技术岗位上去，充分发挥其技术能力。研发部门根据研发干部部的处理意见，调整了这名干部的岗位安排。

实际上，华为的干部部的工作能够促进全面客观地评价干部，加强干部的自律性，更重要的是，通过调研可以部分地反映出干部在责任心、使命感、工作能力、思想道德品质方面存在的不足或问题，供考核干部时参考，当然，调研的最主要目的还是促使干部认识到自己的问题并不断改进，最终落实到组织绩效的提升上。

## 5.3 进入资源池统一调动和赋能

2013 年，任正非在年度干部总结会上提到“项目管理资源池”，他说：“要用项目管理资源池促进在项目运行中进行组织、人才、技术、管理方法及经验……的循环流动。从项目的实现中寻找更多的优秀干部、专家，来带领公司的循环进步。”且提到通过项目管理资源池推动项目经理、技术专家、采购、供应链、项目财务、合同经理、项目 HR、质量专家等现时的交付项目八大员的循环进步。

2014 年，任正非在海外子公司董事会召开会议，并在会议上提到了“将军资源池”一说：“子公司董事会其实是‘将军’资源池，是子公司治理的战略预备队。目前我们大量干部都是技术、销售出身，不懂公司治理，是土干部，我们要把他们转变过来，放到子公司董事会去学习经营管理，学习如何治理公司。”

2009 年 2 月，霍陈家从华为刚果代表处调回深圳工作，在回国之前，他已经在刚果代表处网络规划的岗位上工作了三年，三年里他的表现十分出色，业绩非常优秀，多次考评等级都是优，且组织和客户对他的评价也很好。恰好当时华为后备干部总队成立，本以为能直接通过考核成为一名干部的霍陈家却发现自己与其他从海外调回国内的华为人一样，需要进入资源池统一调动，然后重新竞聘上岗。

带着一些失落的情绪，霍陈家进入了资源池，一段时间之后他适应了后备干部总队紧张而丰富的生活。在这期间他参观了黄埔军校，锻炼身体，参加辩论赛……并在这个过程中边学习边重新考虑了自己的事业。

思想教育学习阶段结束后，霍陈家挣扎的心情平静了下来：“在海外待了些时间，很难有机会有这么多时间潜心地反思和学习。现在释然了很多，情绪不像以前那样容易波动。这里是梦想重新启航的地方。”

因为以往的工作成绩十分出色，在后备干部总队学习期间的表现也十分优秀，霍陈家虽然没有 PM 经验，却被破例委任为深圳移动 TD 项目的项目经理，全面负责交付深圳移动 TD 项目。

虽然项目开启之初出现了台风、暴雨等各种意外，但在霍陈家的组织下项目顺利开展，并于2009年6月30日成功交付1447个基站。移动集团领导特地发来信息道贺，对华为公司深圳TD交付团队做出的成绩给予高度赞扬和评价。霍陈家收到这条信息后，眼睛湿润了。他说："一切都值了！我们这支全部由后备干部总队队员组成的项目组没有让人失望！"

华为所谓的"资源池"实际上是通过训战结合、人员循环流动的方式，对华为的人才进行重新赋能培训，向进入资源池中的人才传递先进的方法、高效的能力，提升他们的项目管理与经营能力。这些人才进入资源池学习后，重新进入公司开始竞聘上岗，奋斗者在此被赋能后就能够在更加适合他的土壤上生根发芽。

## 6. 构建奋斗者文化价值观传递系统

要更好地传递企业文化，让企业文化能够全方位地推广和扩散，让企业的员工了解企业文化的全面内涵和组成要素，除了开展文化宣讲会、干部以身作则让员工能认同并支持企业文化之外，还要通过干部在人事管理中深化对企业文化的理解，并引导企业的员工发散思维，吸收更多新的知识来补充企业文化的内容。

### 6.1　直线干部要管人事

任正非认为，"经理人管人事，干部有责任去评价、考核和指导下属。"在华为，直线干部有义务帮助下属进步，而这种帮助除了对其进行严格的绩效约束和鼓励外，还应该体现在绩效考核后的沟通与教育上，也就是任正非所说的，干部管人事。

这种关系类似于在学校里，班主任与学生之间的连带责任。班主任和学生存在连带责任，班主任才有权利并有责任对学生进行考核与评价。其实，企业干部和员工之间的关系也是这样，任何干部都不能把评价自己下属的大权抛给别人，然后自己对此不闻不问。

2000 年，邹勇成为华为的一员，刚毕业的他个性鲜明、固执己见，不太善于处理人际关系，在工作过程中常与领导或其他同事发生争执，甚至出现过当面与主管拍桌子的状况。

有一年，邹勇因事连续推了几项重要的工作，个性过于耿直，得罪了不少同事的他原以为当年的考核会因此而受到比较大的影响，但后来他的直接主管不但没有计较这些，还为他申报了当年的华为金牌奖。当时邹勇的主管对他说：“你虽然个性过于耿直，但优点也突出，不计较一时得失，主动、执着，不挑任务，一旦认定目标，就一定要做到。这种品质值得欣赏。”这件事情让邹勇印象深刻并心存感激。

邹勇的主管的这种人事管理办法深深地影响了邹勇，后来成为华为干部的邹勇也沿用了这位主管的人事管理办法，他同样认为每个员工都有自己的特点，有能力的人往往个性也很鲜明。邹勇在管理他的下属的时候学会去挖掘他们的优点，欣赏他们的个性，并通过引导让那些个性鲜明的奋斗者创造出巨大的价值。

在邹勇成为主管之后也遇到了一位性格独特的员工，该员工是某个网元的架构师，性格极其敏感，容易在工作中引发情绪问题，几乎无法与下游部门沟通，被认为性格极差，与其合作十分困难。联系到自己的经历，邹勇下意识地觉得需要先深入了解一下这位员工后再做安排。

经过观察，邹勇发现这名员工是名牌大学本硕毕业，基础不错且非常愿意在开发技术方面投入精力去钻研。恰好当时邹勇部门正在开发的一件产品没有太明显的上市压力，于是他就把这项工作全权交给了这个员工，并让他担任开发组的组长，让他对小组成员的工作以及成长担起责任。接受了这个极富挑战的任务后，这名员工边工作边学习，经常是办公室最晚离开的一个。后来这名员工研发的产品十分出色，几年来连续推出多个演进版本，在网上大量使用，运行稳定，服务全球 20 亿用户。而他也在奋斗中不断改善自己的性格，逐渐能够与公司的其他员工友好相处。

一定要通过经理人管人事，直线干部不能只是关注员工的绩效，重视考核工作而不重视后续的处理，干部要参与沟通，以此来解决员工绩效评价和考核的问题。

华为在落实绩效沟通反馈这件事情上，一共用了三年时间，最后每个经理人都能够承担起沟通责任，负责一部分的人事管理工作，并通过管理指导、约束、激励下属，来解决考核与评价问题。

## 6.2　给奋斗者松松土，浇浇水

沙漠里能种出郁金香吗？不可能做到。松软的黑土地才能种出郁金香，但黑土地是要经过几千年才形成的。同样，在企业中，板结的土壤不可能营造出一个好的成长环境，让所有华为奋斗者能更好地成长，为华为创造出更多的价值。所以华为曾多次组织内部学习哲学，目的就是给板结的“土壤”松土。

2003 年，华为邀请了中国社科院的庞朴教授、余敦康教授以及北京大学哲学系的张世英教授、韩水法教授等多名学者为华为总监以上的干部做哲学培训，培训过程中这些干部学习了“西方现代哲学论和谐相处”“新教伦理与资本主义精神”“周易与思维方式”“无用之用——老庄的智慧”“说无谈玄”等课程。

任正非本人也在现场学习并和这些学者进行互动，课程结束之后华为把培训录像制作成光碟在公司内下发给员工学习，并向华为的客户赠送。中国社科院年逾古稀的庞朴教授在培训课上问任正非：“为什么邀请这些高校学者给华为干部讲授和企业经营管理没有多少关系的哲学课程？”任正非回答说：“要给华为干部的头脑‘松松土，浇浇水’。”其实任正非意在提高管理干部的哲学素养，开阔视野，重塑思维模式以接受新的挑战。

2013 年，任正非在接受法国媒体采访时提出华为未来要建立三个研究所，第一个就是美学研究所。

2015 年 1 月 18 日，在华为市场工作会议之后进行了文史哲讲座，北京大学哲学系教授同时也是中国文化书院院长的王守常先生给华为的干部做了一场题为“中国的智慧”的讲座，充分体现了任正非在企业哲学思想方面的境界与干部培养方面的良苦用心。

任正非是个注重培养华为人学习意识的领导者，他认为固有的华为文化起到的引导作用还需靠华为人及时地学习和补充新知识才能发挥最大效用。

华为十分注重放松奋斗者的思维，并不断输入新内容，使他们能更好地成长，这也就是华为内部常说的“要给奋斗者‘松松土，浇浇水’”。

## 6.3 一杯咖啡吸收宇宙能量

法国作家巴尔扎克曾言：“咖啡从到达胃囊的那一刻便开始拨动你的思绪。你会不断生出新的点子，想出好的比喻，思如泉涌。咖啡是文学创作的伙伴，它让写作变得不再挣扎。”

任正非也说：“给我一杯咖啡，我就可以统治世界。”并不是说喝了咖啡就真的能立马创造出惊世巨作，或是马上成就一番大业，而是意在让所有奋斗者能保持清醒的头脑，去创造出一个更好的未来。

2014 年 4 月 23 日，任正非在与上研所专家的座谈会上提到要“一杯咖啡吸收宇宙能量”。

他让华为的那些科学家们喝咖啡，说：“一杯咖啡吸收宇宙能量，你们这些 fellow 的技术思想为什么不能传播到博士和准博士这些未来的‘种子’里面去？你们和大师喝咖啡，现在为什么不能也和‘种子’喝咖啡？喝咖啡是可以报销的。别怕说白培养了，不来华为，他总要为人类服务的吧？把能量输入到‘种子’阶段，这样就能形成庞大的思想群。就像一块石头丢到水里面引起波浪一样，一波一波影响世界。你们一个 fellow 能交 5 个这样的朋友，一个人几百个的粉丝，一算就知道影响了多少人。交流也是在提升我们自己，因为我们真的想不清楚未来是什么。

“华为公司的圈子还太小，你们这些 fellow 都不出去喝咖啡，只守在土围子里面，守碉堡最终也守不住的嘛。你们这些科学家受打卡的影响被锁死了，在上研所这个堡垒里面怎么去航海？去开放？航海的时候怎么打卡？发现新大陆怎么打卡？沉到海底怎么打卡？从欧洲通向亚洲的海底有350万艘沉船，那些沉到海底的人怎么打卡？所以，我们的管理要采用开放模式。

“我在干部大会上讲，‘反对高级骨干埋头苦干’，要多参加业界会议，与业界人士交谈；‘一杯咖啡吸取宇宙能量’，敢于与世界名流喝咖啡，听听人家的想法，也会给我们启发，少走弯路。”

其实，“喝咖啡”在任正非那里只是个由头，只是个仪式，目的还是为了吸收宇宙正能量。任正非认为，华为要能继续发展，必须将技术专家都培养成为思想家，只有那些搞科研的都能够多“喝咖啡”吸收外界的讯息，找准华为的发展方向，华为才能更好地走向未来。

2014年，任正非在接受新华社记者的集体采访时，再一次提到了要靠“喝咖啡”来吸收能量，打破对未来的迷茫：“即使有‘黑天鹅’，也是在我们的咖啡杯中飞。我们可以及时把‘黑天鹅’转化成‘白天鹅’。我们内部的思想氛围是很开放自由的，‘黑天鹅’只会出现在我们的咖啡杯中，而不是在外面。我们这里已经汇集了世界主要的技术潮流。”

任正非在谈话中提到的“黑天鹅”寓意着不可预测的重大事件，但任正非认为华为已经汇集了世界的主要技术，而华为的实力就是华为把握在手中的那个咖啡杯，能够通过杯中咖啡将“黑天鹅”转化成代表明晰未来的“白天鹅”。

2014年，华为行政中心人工湖已正式命名为“天鹅湖”，湖中放养着从北欧引进的8只黑天鹅。这也是华为在不断提醒所有华为人，要多“喝咖啡”掌握局势，打破不确定性，将代表迷茫的“黑天鹅”转化成代表确定性的“白天鹅”。

“咖啡”一词源自希腊语“Kaweh”，意思是“力量与热情”。任正非口中的喝咖啡，无疑是提倡华为人借助咖啡这一媒介，来吸收外部的正能量，避免熵增、保持熵减；保持兴奋与激情、消除怠惰；促进新陈代谢、消除疲劳，持续地提升组织、个人的力量与热情。

# 第3章 奋斗者的激励机制

在竞争激烈的现代社会中，有效的激励机制是企业高效率的保证，也是企业生存之道。华为一直坚持按价值贡献和责任结果，在价值评价和价值分配上向优秀的奋斗者倾斜，干部提拔也向优秀的奋斗者倾斜，来激励华为的奋斗者。

# 1. 以奋斗者为本的分配导向

任正非曾说："有成效的奋斗者是公司事业的中坚，是我们前进路上的火车头、千里马。我们要让火车头、千里马跑起来，促进对后面队伍的影响；我们要使公司15万优秀员工组成的队伍生机勃勃，英姿风发，你追我赶。"

华为公司通过公平的、以结果为导向的激励机制，并强调按价值分配为导向，很大程度上激励了华为人努力工作，并因此大幅度地提高了整体的工作效率。

## 1.1 给奋斗者"加满油"

华为深知要让奋斗者有动力投入建设华为的工作中去，必须在各方面都给他们"加满油"，其中最直接有效的就是短期激励。短期激励使得奋斗者一直处于激活状态，持续努力地工作。

当然，短期激励也要注重分配的公平性，这样才能使激励的效果呈现最佳状态。因此，华为根据奋斗者的实际贡献来调整他们的短期回报，用项目奖金等进攻式的激励方式来为所有奋斗者"加满油"。

2014年，华为无线搬迁项目组首城成功搬迁，但紧接着就是海量的交付，项目组被要求在18个月内完成7000多个站点的搬迁、扩容和改造，项目负责人王城（化名）十分头疼，不知道如何维持项目组成员的战斗力。

王城决定结合公司的激励政策，改变过去依据员工职级和岗位来分配项目奖的模式，而是根据成员的实际贡献及时评定奖金，并在项目进行中就向全项目组公示后统一发放。王城将项目奖金作为有效的激励手段之一，鼓励员工到项目中去挣奖金，营造了良好的工作氛围。

王城要求所有作业人员基于华为当时的ISDP交付平台的激励模块，根据关键任务来制订有效的工时。并且每完成一项任务就要上传交付件，依据任务完成情况计算个人的有效工时。每个月项目组都会规定作业人员的工作有效时间，并以此为基线，超过基线的部分按照规定的激励方式发放项目奖。每个季度，项目组还会对每个员工的实际贡献进行评议，公平公正地发放项目奖。

项目组中有一名对项目贡献极大的员工李杰（化名），他全年的项目激励相当于8个月的基本工资，激励幅度高达普通贡献者的10倍。由于李杰在年度绩效考评里拿了A，所以公司根据他在项目中的实际贡献和得到的项目奖比例，在年终奖的评定中再次调整了他的年终奖金额。但也有不少员工由于未能做出明显贡献没有拿到项目激励。

项目组使用了公平公正的激励手段，给所有成员“加满油”，团队成员士气大增，营造出你追我赶、积极工作的良好氛围。在年度的任职评定里，绩效好的员工，职级都升了一级。收入增加、职级提升，项目型组织的推行给了项目组更多权力，也给了员工更多发展的机会。

因为采取了有效的激励政策，华为项目组的全体成员力往一处使，帮助客户的新网络在激烈的市场竞争中赢得一席之地，从多厂家管理到单一化运营，节省了大量的人力、物力和电力，降低了网络运营成本。客户在多个场合都极力肯定华为交付团队的作战能力，并给了华为精品网等一批新项目机会。

此后该项目组一直采取各种激励政策为员工“加满油”，使得这个团队的交付氛围更加活跃，交付效率持续提升。经过两年的努力，这个项目组的整体交付量上升30%，客户网络质量平均提升20%，并且向华为的其他项目组以及其他岗位输出了很多骨干员工，接受更大的挑战。

任正非曾经提到短期激励能大大激活奋斗者的战斗力，他曾在会议上说道：“要进一步提高短期分配的激励性，短期分配的激励性要加强柔性的、弹性的部分，而减弱刚性这个部分。”但同时他也强调“分配”的重要性，要根据奋斗者的贡献来分配激励的多少，不能干多干少一个样。

因此，华为在短期激励时强调循环评价，动态地把握奋斗者在工作中的成绩，把项目的奖金有弹性地分配给员工。

## 1.2 设计合理的薪酬机制

除了短期激励，华为也重视给奋斗者更合适的长期激励，短期激励是刺激性激励，而长期激励就是维持稳定的激励。

要把奋斗者都留在华为，就要让他们的生活得到保障，而且要让他们能因为在华为工作而有更好的生活。所以华为除了随时为员工“加满油”，还为了员工能长期稳定为华为工作设计了合理的薪酬机制。

首先华为基于企业的发展战略设计了薪酬激励制度，保证“对外具有竞争性，对内具有竞争性”，以此为华为吸引了众多人才。华为薪酬激励机制不仅仅在于高薪，相较于其他企业的薪酬机制，华为薪酬体系的精髓在于“公平”二字。它主张既不能让“雷锋”吃亏，也不能让懒人、庸人占便宜。任正非说：“我们公司的薪酬制度不能导向福利制度。如果公司的钱多，应捐献给社会。公司的薪酬要使公司员工在退休之前必须依靠奋斗和努力才能得到。如果员工不努力，不奋斗，不管他们多有才能，也只能请他们离开公司。”

但要想留住人才并充分发挥人才的才能，为企业求得最大发展，有竞争力的薪酬还不够。

于是华为设计了年终奖金生成机制，但每个岗位的情况不一致，华为依据每个员工的实际情况来决定员工的年终奖金等福利。

有一次，因为工作调动，原来在无线工作的员工要被调去 LTE 产品线，这些员工担心自己调岗之后福利会受有影响，于是问领导：“我如果从现金流产品线调去做多年后才能见成果的产品，会不会默默奋斗很多年还吃亏?”

面对这样的疑问，华为明确道：“如果 LTE 产品线的 KPI 完成很好，人均奖金可以高于无线的平均年终奖，避免‘3G 持续 10 年奖金低’的问题。同时，考虑实际利润情况，也规定 LTE 产品线的最高奖金不得超过无线最佳盈利产品的最高年终奖。”华为向所有员工明确表示奖金是通过努力工作挣来的，不是必然。绩效结果不同，奖金也不一样。甚至在团队内部，每个人的奖金也会有很大差距，华为称将保证优秀员工得到良好激励。

华为给奋斗者的薪酬让员工能够没有后顾之忧地全身心投入工作之中，也正是合理的薪酬机制让华为吸引了众多人才，给华为创造出巨大的价值。

### 1.3　避免“排排坐，吃果果”

《排排坐，吃果果》是20世纪90年代一部电视剧《亲亲我，老师》的插曲，意思是幼儿园中的老师让小朋友一个接一个坐好，由老师给他们分发水果，一人一个谁也不落下。但这显然不是企业给奋斗者分配价值的方式，任正非也多次反对这种等值分配的方式。

任正非说：“一个人在最佳角色、最佳贡献时间段，要给他最合理的报酬。”除了有激励奋斗者的意识，华为还注重合理分配这些激励。

《华为基本法》中对于华为的价值分配作了非常明确的阐述，首先就说明了华为是按照“按劳分配与按资分配相结合”的原则进行价值分配的，并说明华为是依据才能、责任、贡献、工作态度、风险承诺的标准进行价值分配的。华为分配的价值以“机会、职权、工资、奖金、股权、红利、福利以及其他人事待遇”的形式为参与分配者所拥有。并公布了华为分配形式的确定依据：华为员工的工资采取职能工资制分发，奖金的提取与利润总额挂钩，薪酬奖金的分配与个人或群体的贡献与责任挂钩，并且依据工作态度决定退休金的多少，由对公司的贡献大小决定医疗保险的多少，股金取决于华为员工的贡献、责任与工作时间。

任正非还在一次讲话中提道：“分钱不是排排坐，吃果果。每个部门涨薪的时候都要看看部门中有没有人降薪？如果没有的话我认为涨薪的方案就不要批准……要有降薪的人，不是人人都表现得好。”

2011年底，姜嘉（化名）赴华为蒙古办事处担任主管。当时华为蒙古办事处正式任命的干部较少，华为为了蒙古的一线作战需要，充分给当地产品主管和交付主管授权，包括姜嘉在内的几名主管有权对办事处的员工进行考核并分配奖金和股票，这样做除了激发主管活力之外，还有利于对办事处的员工进行管理。这样一来，办事处主管掌握的职权就能够帮助主管们梳理内部流程。姜嘉决定采取赛马制度分小组管理，将办事处的管理模式从原来的办事处主任一人对全员，变成主任、主管、组长的分层次授权管理，工作决策效率明显提高。

制订了新的管理方案之后，姜嘉及其他办事处主管试行了量化 PBC 考核，分项目分配奖金，多劳多得。跟主管一起制订所有团队成员的 PBC，明确各项任务的比重；在保证基础分大致相当的前提下，给每个人有效的挑战空间，参考同等级别员工的最终得分排名，得出考评结果；利用项目奖及时激励贡献者，不搞大锅饭，多劳多得；项目组长负责建议项目奖金的分配，激励主管和本地员工积极去争取承担更多责任。

奋斗者在各个产品线以及各个领域中的表现是参差不齐的，因此价值的分配也要体现多贡献者多得的原则。所以华为的薪酬以及奖金生成方式，一直是秉持“商业成功是衡量产品成功的唯一标准”来制订的，坚决反对“排排坐，吃果果”的平均主义。

只有合理的价值分配体系，才能最大限度激发员工的战斗力。要让所有奋斗者知道奖金是努力工作挣来的，绩效结果不同，奖金数目也不一样。

## 2. 完善双通道晋升机制

知识型组织要打破官本位，开放职业发展通道，让适合做技术研究的专家，既专注自己的技术之路也能在职场上有所发展，同时也要建立人才能力发展与储备系统，找到真正懂得经营之道的管理者。

华为最早在中国企业中打破官本位，适应其知识型员工职业与能力发展的特点开放职业发展通道，专门设计了华为人才的职业双通道，让技术专家和业务人才都能专注于自己的工作。不管是技术通道还是管理通道，华为都会让华为奋斗者找到最适合自己的发展之道。

## 2.1 融小我于大我，与公司共同成长

每个员工都需要思考如何处理好个人成长与公司成长的关系，没有公司的成长，就没有每个员工个人价值实现的空间。我们追求的是公司富有前途，工作富有成效，员工富有成就。因此，就需要融小我于大我，使个人成长与公司成长合拍，积极适应公司在管理变革的过程中不断衍生出来的新业务、新岗位。

任正非在创办华为之前就是一个勤于学习的人，除了自己的专业之外，他自学了三门外语，以及计算机、数字技术、自动控制等技术，这些知识和技能奠定了任正非的事业基础。

创办华为之后，任正非没有将自己看成是华为的最高领袖，而是作为华为的一分子，把自己融入这个集体中，并在华为成长的数年中不断学习，不断与华为一起成长。任正非和华为的成长之旅可以大概分为四个阶段：

第一个阶段，创业求生存时期。最开始华为为香港一家生产程控交换机（PBX）公司做代理商，尽管任正非在部队上过大学，也是部队的科技创新能手，可华为初期的技术研发人员也不多，所以华为的这一阶段是在曲折中艰难发展，同时任正非深知自己在技术方面还有欠缺，并且作为一个企业的创始人，他对管理一窍不通，所以任正非在华为艰难前进之时，也开始学习企业管理知识。

第二个阶段，再次创业并迈向国际平台。这一阶段，任正非患了抑郁症，华为业绩也严重下滑，但任正非坚持带病研究企业的经营模式，学习管理之道。当时由于华为的干部进入城市市场之后思想观念、能力跟不上变化，任正非决定要引入竞争淘汰机制。孙亚芳主动提出带着市场部所有高管集体辞职，之后由华为专家组对所有人进行测评，让所有干部重新接受组织的挑选。集体大辞职之后华为开始搞职能优化，提高总部的专业化管理能力。那时开始抓人力资源建设，抓财务建设，抓战略管理。于是华为在八年内完成了人力资源系统、管理体系、流程体系等变革。也正是在这一阶段，通过管理变革，华为销售收入成为当时的国内第一，并开始走向海外，真正成为国际化

的公司。

第三个阶段，商业模式变革期。任正非开始更多地学习西方的管理模式，在内部管理上引进了 IBM 的 BLM 模型，华为从公司到各个业务部门都共同使用这一套战略规划方法。对外的运营方面，华为不再是简单地卖通信设备，而是提出要做电信解决方案供应商。华为打破了以往只是与各个通信商之间的竞争模式，开始与他们形成良性的合作关系，竞争转变为竞合，整个组织变革面向客户。

第四个阶段，组织转型期，就是追求云管端一体化。任正非虽然年事已高，但他依然保持着开放的态度和持续思考、持续学习的状态，他的思维非常“互联网”化。此外，他总是产生发人深省的危机意识，伴随着华为的高速成长，他开始为“发展太快，赚得太多”感到焦虑。深谙“过冬理论”的任正非，决意把“多余的钱”花到前瞻性领域。

任正非在华为一步步迈向更高更远的未来的同时，也从一个普通的人成为一个精通管理之道，并且有互联网思维的企业家。

华为公司在三十余年的发展过程中不断成长，创造并积累了丰厚的精神财富和知识财富，形成了令人赞叹的奋斗者队伍和管理模式。而能在华为长期工作的那些奋斗者，个人成长速度也远远超过普通企业的员工，而正是因为华为人融小我于大我，愿意为华为的成长奋斗，也在这个过程中成长为更好的自己，因而在华为找到自己的一席之地，成就华为的同时也成就了自己的事业。

## 2.2 三优先三鼓励政策

三优先三鼓励政策是华为人力资源变革的一项重要内容。随着华为的不断壮大以及市场拓展需求，需要大量的管理人才，华为提出了三优先三鼓励政策，从机制上激活内部竞争，激励员工积极向上。

三优先三鼓励政策又被称为“双三”政策。

(1) 三优先

①优先从优秀的团队中选拔干部。出成绩的团队，要出干部。连续不能

实现管理目标的主管要免职，有免职的部门的副职不能升正职。

②优先选拔责任结果好、在一线及海外艰苦地区工作的员工，进入干部后备队重点培养。

③优先选拔责任结果好、有自我批判精神、有领导气质的干部担任各级“一把手”。

（2）三鼓励

①鼓励机关干部到一线特别是海外一线和海外艰苦地区工作。奖励向一线倾斜，奖励大幅度向海外艰苦地区倾斜。

②鼓励专家型人才进入技术/业务专家职业发展通道。

③鼓励干部向国际化、职业化转变。

在华为，员工改变命运的道路只有两条：一是努力奋斗，二是做出卓越的贡献。这也就意味着技术专家在研发上做出了优秀成绩或是管理团队中有出色的管理成绩的都能优先成为干部，华为给员工的晋升通道以其贡献的大小和任职能力为依据，并且考虑他们吃苦耐劳的能力，不受学历和工作年限的限制。

华为提出的三优先三鼓励政策平衡了华为内部管理问题，同时让所有华为人看到了未来的希望。

## 2.3　奋斗者的职业双通道

三优先三鼓励政策实际上建立了华为员工晋升的职业双通道。对于企业而言，职能职位始终有限，而且技术人员是无法走职能晋升通道的，这在很大程度上制约了员工向上奋斗的动力。

于是华为设计了奋斗者的晋升双渠道，一是向管理者走，二是向技术专家走，同等任职的管理者和技术专家能享受同等待遇。

华为的“职业双通道”模式（图3.1），在为大部分员工提供正常的职业发展路线的同时，也为专业人员设计出一条更合适的职业发展道路。

华为基于管理和专业两类人才，设计了纵向、横向职业的发展双通道，不排资论辈，不参考年龄、工龄，而是按照能力及绩效结果来评议职位的升迁。

新员工进入华为之后从基层开始工作，成为骨干员工之后可以自行选择成为管理人员或者技术专家。在达到高级职称之前，基层管理者和核心骨干，中层管理者与技术专家的工资相同，同时两个职位之间还可以相互转换。而到了高级管理者和资深专家的职位时，管理者的职位和专家的职位不能转换，管理者的发展方向是职业经理人，而资深专家的发展方向是专业技术人员。

华为为员工量身打造的完善的职业发展双通道不仅能有效地帮助员工成长，也在很大程度上降低了优秀员工的离职率。

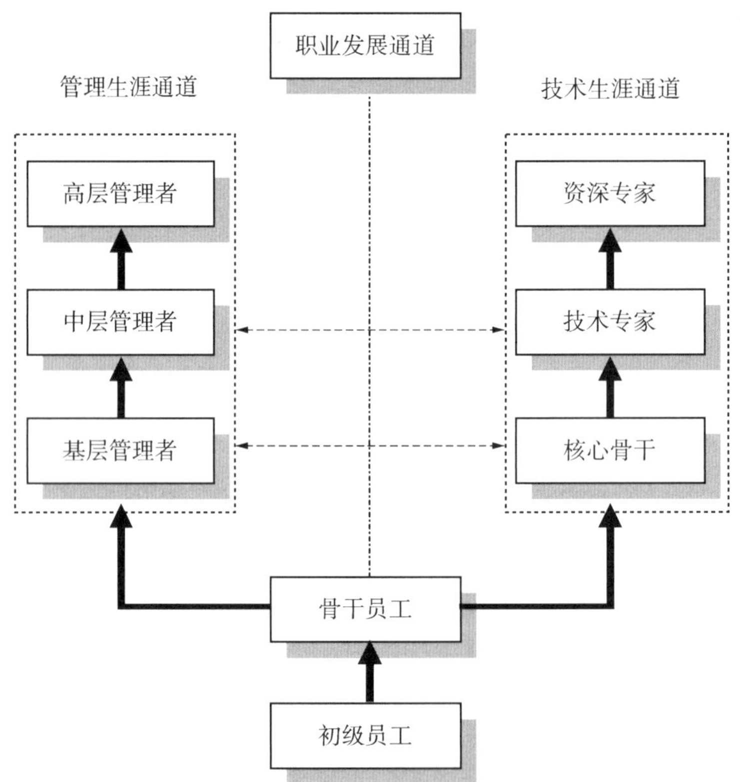


图 3.1　奋斗者的职业双通道

如果企业实施传统单一的管理职业通道，在很大程度上会阻碍走技术路线人员的发展。因此，华为在打开管理生涯通道的同时，也打开了技术生涯通道，结合多种激励性措施，引导技术人员走向技术型专家的道路。在管理生涯通道上，以“能力”而非“职位”定位职业晋升道路，不断压缩编制，实现管理最优化。

## 3. 全员持股，形成利益共同体

华为的员工待遇一直被众人关注，近年来网上更是出现“华为校招开出28万年薪”等热议话题，但实际上，华为的工资和奖金与互联网新贵们相比并没有任何优势。物质回报方面，华为人真正看中的其实是华为的虚拟股权的收益。

华为员工持股的虚拟股权制度蕴含于企业内部的利益调整机制，这种机制帮助华为在资本所有者和劳动者之间建立起一种新型的利益关系。在这一制度下，员工的利益直接和企业的利益挂钩，企业是否盈利，不仅仅关系资本所有者能否盈利，也关系企业中的每一个员工能否盈利。而在共同利益的基础上，员工和企业形成牢固的利益共同体，员工因此对企业的经营发展产生更多的关注，并因此在工作上更加投入。

### 3.1　全员持股激发进取意识

华为的LTE TDD产品线副总裁邱恒原本是日本最大电信商NTT的一员，跳槽来到华为之后坦言道：“没什么不好承认的，我就是被华为的股权制度和公司潜力吸引来的，在这里，你拼命的程度，直接反映在薪水和分红上。公平公正，所有人每天需要思考的不是如何讨好领导，而是如何尽可能地展现自己的能力，为公司创造价值，从而提高自己的收入。”

华为的全员持股制度实际上也是一种获取分享制度，华为的奋斗者要想分享公司的利益，首先就要能够为公司创造利益，并能将眼前的利益投资到长远的利益之中，让公司更加壮大之后，奋斗者才能获取更大利益。正如邱恒所说，千千万万华为人也因为获取分享制而不断奋斗，提高自己的积极性和干劲。

2016 年，美国知名媒体 Business Insider 提供的一份薪酬榜单中显示华为人均薪酬 94.4 万元（人民币，下同）。这也就意味着，华为的 18 万员工的人均年薪近百万元。

由于华为的全员持股制度，每年华为都要在员工身上花费 1000 亿元。据统计，2015 年华为除了工资、薪金、福利、时间单位计划、离职后计划约 1008 亿元的总开支之外，华为当年 369 亿元的净利润绝大部分都用在员工的分红以及股票升值上。总计，2015 年华为花在员工身上的金额高达 1377 亿元。

2015 年，华为的虚拟股票分红，每股分 1.95 元，升值 0.91 元，合计 2.86 元。华为员工的股票数量与其在华为的工作年限相关，2003 年左右进华为的员工配股大约几十万股，税前分红为 60 万～70 万元。工作年限越长，分红越高，2000 年之前就在华为的员工，分红能超过 100 万元。更有 2000～3000 名中高层管理者，2015 年仅分红有 200 万～250 万元，等级更高的管理者税前分红以及股票升值超过 500 万元。

而这些财富都源自华为的成功。2015 年，华为运营商、企业、终端三大业务在往年的基础上持续有效增长，全球销售收入高达 3950 亿元，同比增长 37%；净利润 369 亿元，同比增长 33%。而华为的成功又是无数的华为奋斗者共同努力缔造的。

华为是中国较早实施全员持股的企业之一。全员持股属于股权激励的范畴，即企业以股权的形式给予相关员工一定的经济权利，使他们以股东的身份参与到企业决策中来，同时分享利润、承担风险，从而激发员工工作热情和持久动力。

从上文中就可以看出，华为的全员持股制意味着华为完全与员工共享企业的成就，但这也意味着华为如果失利，所有华为人都要为此承担失败的后果。华为让所有华为人铭记，华为的成败就是每一个华为人的成败。

2009 年，因为遭遇金融海啸，电信业整体环境不佳，华为成长幅度不如以往。时任华为中央研发部总裁的李英涛虽然底薪不变，但分红较前一年缩水了1/4。2010 年，华为的净利润创下历史新高，李英涛的股权分红比2009年翻了1倍还多。李英涛曾经对记者表示："股权就等于是把公司的利益与员工的个人利益紧紧绑在一起，同时也意味着风险的均摊，你不去努力工作，公司效益不好，最后吃亏的还是自己。"

全员持股是股权激励中风险较大的一种，但高风险意味着高收益，其激励效果十分显著。全员持股等于给华为奋斗者描述了一幅美好的蓝图，只要不断进取、不断努力，就能在不久的将来共享华为的成功。由于全员持股，所有员工有了一种主人翁的意识，责任感和归属感也随之而来。华为的员工与一般企业拿固定薪水的员工不同，公司的盈利到了年底会直接作用在股息上，直接影响持股员工所能拿到的分红，这样的制度极大地刺激了华为人的奋斗精神。

华为推动全员持股的行为，可以说是敢为天下先。这个制度也直接成为华为的崛起支柱，时至今日，华为仍以全员持股制度激励着无数华为奋斗者前行。

## 3.2 "合伙"制"绑定"奋斗者

华为的高工资是业界有目共睹的，加入华为不仅能够拿到高薪，甚至可以拿到比薪水更多的股权分红。在华为，员工的工资、奖金、分红比例是相同的，也就是华为的"1+1+1"的薪酬模式。随着员工的年资和绩效增长，分红与奖金的比例将会大幅超过工资。这无疑刺激了人才涌入华为的热情，要"绑定"这些人才，逐年增长的分红与奖金也起到了决定性作用。一旦拿到华为的股权，尝到了巨额分红的甜头，再想放弃就困难了，这便有效地帮助华为实现了人才的捆绑。

也是因为如此，华为每年虽然因为一些原因会淘汰部分员工，也有一些员工主动出走，但真正优秀的人才都被牢牢"绑定"在华为。不得不说，这要归功于全员持股的虚拟股权制度，正是这种制度为华为留住了那些优秀的核心人才。

1998年，华为从外企挖来一位研究专家，并许诺了每月15000元的工资，但专家真正能拿到手的工资不超过许诺的一半，那么另外一半薪水去哪儿了？华为的人力资源管理委员会鼓动这些高薪挖来的人才去购买华为的虚拟股票，以年底红利的吸引力让他们投资华为。

试想一个专家把每个月工资的半数都用来投资自己的公司，会对他工作时的状态产生什么样的影响，几乎所有购买了华为股票的人都会想："这也是我的公司，如果我不努力让它变得更好，怎么能拿到分红呢？"而一旦他共享过华为的成功，即使因为某些原因产生了想要离开华为的念头，第一个想法也会是："放弃那么多的股权和分红，到底值不值得？"这样的股票"合伙制"无异于增加了得到股权的华为人与华为之间的羁绊。

在经济危机时期，很多企业的人才流失并非是因为裁员，而是当员工预期企业未来的业绩不好时，主动选择离职，以便有更多的机会寻找更好的工作。对员工进行股权激励，一方面增强了员工的主人翁意识，另外一方面有利于降低员工的流失率。

股权激励是建立在未来盈利水平上的一种激励模式，公司不仅要实施股权激励，还要积极开拓市场，增加市场份额，以保证公司未来广阔的发展空间和稳定的现金流，并以此为筹码聚集大量人才帮助企业实现更好的未来。

进入21世纪以后，华为发展迅猛，持股员工在华为得到的回报越来越多，还未被纳入合伙人体制中的华为员工加入这一机制的意愿越来越强烈。

2010年，华为内部年报显示当时的内部持股员工已经达到了6万余人；2011年12月，持股人数上升为6.56万人；2012年12月，持股人数上升为7.43万人；2013年12月，持股人数持续上涨到8万人。据统计，华为的持股人数连年上涨，2014年12月华为内部持股人数为8.4万人；而到2015年底华为员工总数18万余人，也就是说发展至今，华为已经成功将公司半数以上的员工发展成了公司的共同事业合伙人。

在这样庞大的事业群体之下，任正非自己所持有的华为虚拟股票不过是总数的1.4%，仅比一些华为的高管高出零点几。在华为的全员持股制度之下，所有员工的主人翁意识都很强，几乎没有人觉得自己是在为任正非打工，曾经有人调侃道："任总也不过就比我多了一点股票而已，他也是华为的打工仔，最大的打工仔……"

为了保证持股员工的权益，华为还在虚拟股权制度下，设立了员工持股工会，华为员工通过"工会"实现持股，绝大多数员工的持股量为数万股到十几万股不等，极少一部分人的持股量甚至达到了数百万股。每个当前受雇于华为的持股员工都有权选举和被选举为股东代表，选举每五年进行一次。持股员工会选出51人作为代表，再从51名代表中选出华为17人董事会的成员以及监事会成员，帮助其监督公司，维护自身权益。

自从华为建立全员持股制度以来，任正非发现有了虚拟股票这一"金手铐"，华为不仅把信息产业最优秀的精英留在了华为，还促使华为人有更足的奋斗动力投身工作之中。这也使得华为坚定不移地走"让利员工，把所有华为人团结成事业合伙人"的成功之道。

华为将股权激励的效能发挥到了极致，不仅仅是充分发挥了股权的激励效果，更是最大化地发挥了股权的约束功能。华为用股权的"金手铐"，牢牢地铐住了支撑企业发展的核心人才，并且最大限度地将员工们团结在一起。用中国人民大学华为咨询顾问的话来说，华为是用股权把所有人都"绑架"了。

## 3.3　动态化调整

中国人民大学的专家曾经这样评价华为的分配系统："华为的分配系统中有几个层次，工资、福利、奖金、股权、职权等。在一般的企业中，分配系统沉淀的成分比较大，用西方的理论来表述是保健因素和激励因素。很多因素出台时动机是激励，出台后就变成保健了，不能变了，只能动增量，存量上就动不了了。但是，华为的价值评价系统因为是在动态地确定人的价值，它的价值分配系统实际上是可以变的。"这种可变性就体现在华为对薪酬和股权的调解上。

2003年，在人才掠夺中屡次处于劣势的中兴突然爆发，在校园招聘中给出了与华为旗鼓相当的高薪，希望在人才引进上扳回一城。任正非得知这一消息之后，随即就问下属："中兴也给员工补助吗?"得到肯定的回答后，任正非又问："多少钱?"下属回答说："餐补加上其他补贴，一共350元。"任正非当即说道："告诉人力资源部，我们的餐补和交通补助，一个月1000元。晚上加班，班车免费。"

长久以来，华为从没有在任何一次薪酬竞争中输过，正是得益于这种"随市场变动"的适时调整，让华为始终在深圳高科技企业中充当一个标杆，国内任何相关专业的优秀人才在面临择业时，都会习惯性地用华为充当参考对象，甚至直接以华为作为最理想的目标。

相较于薪酬，华为在股权激励制度上的调整更能体现出其动态化、适应性的原则。华为内部股权激励始于1990年，华为创造性地提出全员持股的激励措施，但并不采取一成不变的方式去激励员工，而是不断根据外界变化进行调整。至今已进行了4次大的调整，以满足员工物质需求和精神需求为导向，积极发挥员工能动性，从而稳定和不断提高公司的绩效。

10年前给一个程序员5000元的工资，绝对称得上是高薪了，可是，今天如果仍然是这个工资，或许只能招来一个网管。在处理企业效益与员工利益之间的关系时，如果企业不根据变化做出相应的调整和应对，那么，就只有面对被推翻和被淘汰的惨淡结局。

动态化调整是绩效管理过程中企业与员工分享利益时必须存在的一个动作。无论是企业发展环境还是员工自身需求，都是一个动态变化的过程。因此，企业领导者和绩效管理者在与员工分享效益、奖励员工、激发员工的过程中，必须根据市场、员工、效益等客观变化做出相应调整，而后才能取得理想的效果。

## 4. 优先从成功团队中选拔奋斗者

如何能够培养一批优秀干部，使其在历史的关键时刻站到第一线去？为此华为建立了无生命的管理体系，当下的技术会随着时代发展被淘汰，但是无生命的管理体系不会。一个人的工作时间相较于华为的生存年限来说是极为短暂的，为了能尽快选拔出有能力将华为建设得更好的优秀的人才，让其能够承担企业的责任和创造价值，华为一直坚信从已经做出成绩的地方去提拔人才是最有效且快速的办法。

华为坚持从成功的团队选拔干部，任正非一直强调："只从成功的团队选拔干部，而不是从失败的团队选拔。"

### 4.1　猛将必取于卒伍，宰相必起于州郡

华为的 CFO 孟晚舟在清华大学的演讲中说道："华为在实战中选拔人才，通过训战结合培养人才。华为的英雄都是在泥坑中摸爬滚打出来的。华为不论资排辈，所以华为的英雄'倍'出不是一辈子的辈，而是加倍的倍!"

2000 年 9 月，李一凡（化名）正式成为华为的员工，就被分配到无线技术支持部的第一线，从事 GMSC35 新产品的技术支持工作。李一凡每天的工作就是现场开局，现场割接支持、远程支持问题处理等。

一年以后，华为开始实施中国移动 GSM 目标网全网升级项目，李一凡则负责组织全网项目实施以及做好远程支持工作。工作任务很多，李一凡几乎每个月有 20 天都在公司过夜。在两年时间内，他现场支持了 40 多个重大工程项目的割接，个人也积累了扎实的专业知识和一线工作经验。

第三年，李一凡就成了无线产品二线技术支持工程师、国内 GSMNSS 产品责任人。第四年，李一凡就被调入北京分部，作为移动软交换长途汇接网项目的技术总负责人。就这样，不到四年的时间里，李一凡从一名普通的一线技术员，成长为华为的骨干专家。

任正非说："我们的任何素质是在贡献中发挥出作用，才能被认知的。你不通过贡献表现出来，无论你内心怎么伟大，品德如何高尚，技能怎么优秀，别人都无法给你正确评价。"

华为内部常说："猛将必取于卒伍，宰相必起于州郡。"而在华为，猛将就是行业专家，宰相就是管理干部，不管是技术专家还是管理干部都要在一线奋战过，做出成绩，才能被华为重用。

## 4.2 出成绩的地方也要出人才

任正非在一次会议上说："项目成功了，出成果就要出干部。打下这个山头的人里面，终究有一个人可以做连长，不能说打下这个山头的人全部都不行，我们不能老是空投一个连长过去。"

华为在选拔人才方面，十分重视奋斗者的实际能力，华为认为一个优秀的团队必是一个能够做出成绩的团队，这支队伍中也必有能够承担更大责任的管理人才。

2012 年，对于李国玉的团队而言，是丰收的一年。李国玉的团队负责新疆电力行业市场，并于当年将华为数通产品的份额从 5% 提升到 80%。李国玉的团队负责的电力软交换项目整体贡献上千万，他们团队在电力行业培养认证了有实力的渠道，部分项目渠道销售占比高达 100%……

2011 年，李国玉的团队经过一段时间的了解之后，拜访了客户 C 的负责人，想与客户 C 建立合作关系，让客户使用华为的视频系统，但一开始的接触并不顺利，客户 C 婉拒了李国玉的团队。从负责人办公室出来后，李国玉的团队客气地请秘书帮忙分发一下华为的宣传册。C 公司的员工知道这次来谈合作的是华为的团队之后，都很好奇并纷纷凑上去和他们聊天。就在李国玉的团队不经意地问询之后，华为搜集到了项目的决策机制和渠道商等信息。华为团队了解到负责该项目的渠道商共有 12 家，分布在全国各地。于是李国玉组织全体成员玩起了"拼图游戏"，他们依次联系了遍布全国的全部渠道商，从零开始介绍华为的视讯产品和解决方案。由于李国玉的团队对市场非常敏感以及奋力争取，加上华为有成熟的解决方案和应用案例，很快李国玉的团队就抢占了先机，和渠道伙伴一起拿到了订单。

李国玉及其团队非常注重与渠道伙伴的合作，合作之初就向他们传递一种理念：“企业业务正在成长阶段，希望经销商尽最大努力去做，但在结果上不强求，有产出最好。”而且李国玉主导团队公平、公正地对待每一家经销商，在利益上不偏不倚，于是合作顺利完成，李国玉的团队因此业绩十分突出。

接连两年李国玉的团队多次获得公司嘉奖，并在 2012 年被评为金牌团队，李国玉也因为优秀的领导能力被评会金牌个人，走上了管理岗位。

任正非说：“时势造英雄，大时代一定会产生大英雄。我们一定要让公司 50%～60% 的人是优秀分子，然后在优秀的种子里再选更优秀的苗，中间分子 20%～30%，让优秀分子来挤压稍微后进的人，这样他们可能也会产生改变。”

从任正非选拔人才的方式也可以看出，华为倾向于在出成绩的地方甄选管理人才，优先从成绩优秀的团队中选拔奋斗者，并以此挤压稍微落后的团队和奋斗者。实际上，这也是一种十分有效果的激励方式，要让所有人看到在一个团队里有机会，就像鲤鱼跳龙门，被提拔、输送的干部多了，这个优秀的团队就成了“龙门”。

## 5. 机会和资源向奋斗者倾斜

社会学及企业管理学领域有一个著名的“二八定律”，又名“帕累托法则”，也叫“巴莱特定律”“最省力的法则”等。这个定律来源于 1897 年的一次调查，意大利经济学家帕累托偶然注意到 19 世纪英国人的财富和收益模式有一定的规律，于是他开始做调查研究，在对大众取样调查后再对数据进行分析。他发现社会大部分财富掌握在少数人的手里，同时，他发现这个规律并不仅仅出现在英国，其他国家也出现了这样的情况，而且在数学上呈现出一种稳定的关系。帕累托经过长时间具体的研究分析，发现了“二八定律”，即社会中20%的人掌握了社会80%的财富。

“二八定律”在一个企业中体现为：企业中80%的利润通常来自20%的关键项目，而部门中80%的业绩大多是20%左右的优秀员工所创造的，等等。所以要建设一个更成功的企业，管理者应重点激励那20%的业绩创造者，即20%的优秀员工应该直接得到加薪、晋升，获得更好的优待，以鼓励他们创造更多效益。

## 5.1 把机会留给抢滩的勇士

华为作为一个成功的国际化企业，早已意识到要创造更大的财富，就要以“二八定律”为基础，建立一个完善的激励机制。早在华为创立之初，就有拼尽全力为华为开拓市场的八大“土匪主任”，他们以前线为家，才在艰难的市场中突出重围，在与中兴、大唐、巨龙等对手的竞争中迅速地脱颖而出。于是2006年，任正非就在《改变对干部的考核机制，以适应行业转型的困难发展时期》的文件中强调，“我们要优先从愿意艰苦奋斗的优秀员工中选拔卓有贡献的人进行培养”。

华为从那时就强调把机会留给“敢于抢滩的勇士”，具体体现为物质激励以及晋升机会向有卓越绩效的奋斗者倾斜。

2015年4月25日，尼泊尔发生里氏8.1级地震，给当地人民的生命财产带来了重大损失，受灾地区通信基础设施遭受了极大破坏。

地震发生后不到20分钟，华为驻尼泊尔代表处就组建了一支一线工程师队伍对灾区通信设施进行抢修。当时灾区余震不断，随时都有可能出现意外，但这支华为的队伍自发跑步抵达运营商中心机房，协同客户开展通信保障工作。华为发现当时有竞争关系的友商无法组织起有效的救灾力量对自己的设备进行修缮，华为的工程小组还协助客户抢通了非华为设备的站点260个，确保了灾区通信的畅通，为抗震救灾提供了强有力的通信支持。

救灾结束后，华为立即对这些勇士进行了嘉奖，那支抢修队伍中有4位华为工程师得到职级晋升，11位华为员工得到不同程度的物质激励以及荣誉奖励。

2008年，任正非在《让青春的火花，点燃无愧无悔的人生》一文中指出，“我们要培养起一大群敢于抢滩登陆的勇士，这些人会不断激活我们的组织与干部体制。尽管抢滩的队伍不担负纵深发展的任务，但干部成长后，也会成为纵深发展的战役家。”

华为一直认为，这些抢滩的勇士不仅是业绩的贡献者，还将是华为管理团队的中坚力量。

日本经营之神松下幸之助在经营企业的过程中坚持“企业即人，成也在人，败也在人”的最基本的以人为本的理念。所以，在他的松下电器公司里，对公司有突出贡献的工作者一定能得到优厚的回报。

松下幸之助亲自总结了自己一生的管理实践，总结出松下电器公司管理员工的21点技巧。其中，第二条就是给予员工应有的物质奖赏和机会奖励。除此之外，松下幸之助还要求松下管理层要有破格用人的勇气，尤其是对于那些肯为公司利益在市场上拼搏的销售人员，要看到他们的潜质，并大胆任用。松下公司的津贺一宏还是一名小职员的时候，为了挽回公司的客户，连续两天两夜都留在客户的企业进行谈判，最终成功完成了任务。松下幸之助得知后立即将他破格提拔为当时的社长。

同松下幸之助一样，华为在管理上十分重视这些抢滩的勇士，但并不盲目地将一切资源向他们倾倒。华为在“EMT纪要”文件中公开阐明：“抢滩登陆就是勇士，但是勇士能不能纵深发展成为将军，这就要对选拔出来的勇士进行培训，培训后进行筛选，筛选出来的1/3的精英人员会被推荐到干部后备队，给他们实践的机会。而那些经过素质训练还达不到标准的人，也是我们的英雄，我们要给予他们‘黄继光’的称号，但英雄不一定是将军。”

虽然每一个企业都会有“成功抢滩”的勇士，但他们未必具备晋升的基本素质。所以，华为虽然擅用绩效管理来引导员工行为，并且充分尊重那些能够创造优秀绩效成果的人，但绝不盲从于绩效成果，而是坚持以客观公正的心态去对待奋斗者的晋升问题。

## 5.2 不让奋斗者吃亏

任正非曾经是一名军人，所以在企业管理上难免会套用军队中的管理模式，他常说“带兵打仗，哪能不给士兵二两土钱?”事实上，为了鼓励员工持续奋斗并让他们觉得一切都是值得的，华为从来不会吝啬于利益的回馈。

2015 年，华为招聘了一批应届毕业生加入华为，当时华为就开出了每月 9000～17000 元的薪酬，而其中优秀的博士生是依据自己的能力单独与华为谈工资的。华为不仅“舍得花钱”，更重要的是“懂得分钱”。华为作为一家非上市公司，采取了全员虚拟持股制度，华为公司 98.6% 的虚拟股票由 80000 名员工持有，每年都会为员工拿出超过 100 亿元的利润作为奖金和分红。

这样的薪资水平放到今天来看也是一笔丰厚的酬劳，华为从不吝惜在员工的待遇上的投入，即使是刚刚进入公司的新员工，华为也秉持着绝不让他们吃亏的心态开出业界高水准的薪酬，这也充分体现了华为绝不让奋斗者吃亏的原则。

而能为华为做出突出贡献的奋斗者，华为在他们身上倾注更多资源与机会，用华为亚太片区总裁李今歌的话来说：“华为从不会让奋斗者吃亏，谁能在为客户服务的过程中勇于担责，并且创造贡献，谁就能够得到更多机会。”

2012 年 10 月，在埃塞俄比亚电信网络扩容项目 LOT1 中，华为中标 50% 市场份额，并规模性进入首都价值区域，一举扭转了埃塞俄比亚市场格局，为公司带来了巨大效益。任正非亲自予以通报表彰，在给予项目组 600 万元项目奖励的同时，对重要贡献者潘国强、周建军、白利民等人分别给予个人职级提升 1 到 2 级不等的奖励。

这样的破格晋升在华为的奋斗史上并不是特例，2009 年 7 月，华为乌鲁木齐办事处 4 名员工在“打砸抢烧”暴力事件中冒着生命危险捍卫了客户的设备，同样被公司予以连升两级的奖励。2011 年，利比亚战乱时期，大部分通信公司选择撤离，而华为当地办事处却选择留了下来，并为客户排忧解难，解决了战乱时期客户的通信问题。事后，华为给予利比亚的核心员工连升三级的奖励。

华为一直秉持着“对奉献者公司一定给予合理回报，这样才会有更多的人为公司做出贡献”的核心价值观以及基本价值分配政策，将大量的资源和机会向有突出表现的奋斗者倾斜，并优先提拔他们进入华为的管理层。

## 5.3　重赏之下，强者更强

相传，战国四大名将之首的军神白起每逢出征必先犒劳将士，尤其是每次攻城拔寨之前，一定会赐予先锋部队大酒大肉，并且告知他们：“第一个斩掉对方首领和军旗的人，官升三级。”于是，秦军打起仗来全都凶猛无比，在奠定秦国军事地位的长平一战中，更是坑杀四十万赵军。

华为在带领团队在市场上奋战之时也采取了“重赏之下，必有勇夫，强者愈强”的模式，对那些能力出众的奋斗者予以“重赏”。

李一男是华中科技大学少年班的高才生，毕业之后进入华为工作以传奇般的速度升职，创造了电信业的神话。

读大学期间，李一男就进入华为实习了一段时间，毕业后更是毅然决然加入了华为，入职不过两天就升职为工程师，不到两周的时间就成为高级工程师，由于在职期间表现出色，短短半年后被任命为华为最核心的技术部门——中央研发部副总经理。两年之后，由于在C&C08交换机等多个项目上的突出贡献，李一男被任正非直接任命为华为中央研发部总裁以及公司的总工程师。坐上华为公司的副总裁位置那一年，他才27岁。

虽然后来李一男离开了华为，但不得不说他在华为工作的那些年里因为业绩突出无数次被“重赏”，也因为这些奖励无数次激发出了他的能力，为华为的发展做出了突出贡献。

所以，企业在设置奖励机制之时要留有余地，对奋斗者进行奖励之时要能灵活变化，保证所有有贡献的奋斗者都能有回报之外，还要对能力特别突出的员工给予更大力度的激励。

玫琳凯化妆品牌的创始人玫琳凯·艾施为了让玫琳凯公司的员工能够更加积极地推销公司的化妆品，每年都会给达到预定销售额的员工颁发一部粉红色的凯迪拉克轿车作为奖励。

从创始至今，粉红色凯迪拉克轿车一直被玫琳凯公司作为最高奖品奖励给业绩突出的推销员和经销商，目前全世界已经有几万名玫琳凯员工和经销商驾驶着粉红色凯迪拉克轿车享受成功的喜悦，而玫琳凯公司的销售额也因此连年上涨，并且收获了一支强大的销售精英团队。

玫琳凯作为一个依靠销售额创造公司主要利润的企业，深知销售团队对企业的重要性，于是对激励制度进行了调整，并在重赏之下建立了一支骁勇善战能“攻下山头”的精英队伍。

潜力都是被激发出来的，一个公司想要往前迈进，除了吸收更多人才进入公司，还要学会最大化地利用这些人才的能力，用更大力度的奖励激发出他们的全部潜能。

## 6. 提高一线和艰苦地区的福利

任正非提出华为要在艰苦地区构筑第二道竞争防线，并多次明确艰苦地区的战略地位和价值。华为认为世界市场如同汪洋大海，而华为决不甘心只争取一条小溪小河，所以每个区域对华为来说都至关重要，那么为了开拓更大的国际市场，就必须输送大量的人才去往世界各地，而这其中大部分都是艰苦地区。

为了能保障华为的市场开拓工作，千千万万华为人奔赴世界各地，驻扎在艰苦环境中坚持奋斗，华为向来就提倡与奋斗者共享成功，对于贡献特别大的奋斗者，华为更是向他们大幅度倾斜，提供更多福利保障他们在艰苦地区的生活水平。

## 6.1 华为外派艰苦补助

非洲那些条件极差的艰苦地区的通信设备市场几乎是一片空白，但西方公司不去这些地方，华为为了切入国际市场，集中军力从这样的地方打开缺口。当时整个华为的人力资源政策很明确，就是要向这些到艰苦地区、到一线为公司开拓市场开创造价值的员工和干部倾斜。

而艰苦地区奋斗者的福利重点体现在华为的外派补助，包括三项：外派离家补助、外派艰苦补助和外派伙食补助。

（1）外派离家补助

外派离家补助一般为15000元人民币（工资基线）×0.75×0.8＝9000元，其中工资高于15000元人民币的员工，按实际工资计算；低于15000元人民币的员工，按15000元人民币算。也就是说，华为员工的外派离家补助最少为9000元人民币。

（2）外派艰苦补助

外派艰苦补助则根据不同的国家和地区条件分为四种情况：

第一类是包括安哥拉、阿富汗、尼日利亚在内的特别艰苦地区，每天的补助金额为50美元。

第二类是包括埃塞俄比亚、坦桑尼亚、苏丹、加纳、塞拉利昂、中非、莫桑比克、厄利特利亚、乌干达、马里、刚果（金）、刚果（布）、布及纳法索、乍得、索马里、赞比亚、卢旺达、布隆迪、几内亚比绍、马拉维、毛里塔尼亚、赤道几内亚、尼日尔、马达加斯加在内的非洲地区，包括柬埔寨、老挝、缅甸、孟加拉国在内的亚洲地区，以及包括也门、伊拉克在内的中东地区，这三个大的艰苦地区的补助金额是每天40美元。

第三类是包括丹麦、挪威、瑞典、芬兰、德国、奥地利、瑞士、荷兰、比利时、卢森堡、英国、爱尔兰、法国、西班牙、葡萄牙、意大利在内的西欧、北欧地区，包括澳大利亚、新西兰在内的大洋洲地区，包括美国、加拿大在内的美洲地区，以及包括日本、韩国、新加坡、中国香港在内的亚洲地区，均没有任何补助。

除上述三类之外的一般国家和地区，每天的补助金额为25美元。

(3) 外派伙食补助

外派伙食补助以员工吃多少，公司付一半的政策为主。

上限：个别高消费地区上限为每餐25美元，其余均为每餐15美元。公司公布的是上限，各地按实际当地上月平均消费水平执行。比如东京、西欧大城市最多，为每餐45美元；马来西亚、孟加拉国等最少，为每餐15美元。

华为坚持“以奋斗者为本”的理念，人力资源政策、薪酬、奖励、补贴、荣誉、晋升，全都向“奋斗者”倾斜，甚至出现在艰苦地区员工补贴用不完的情况。但华为有规定要将补贴全数花费在提高生活水平和生活质量上，于是华为代表处就从国内聘大厨过去，而且用飞机空运食材过去。若还用不完，华为代表处会直接带着员工到东非大峡谷周边国家的五星级宾馆聚会，这有助于增进员工之间的交流，提升凝聚力。

就是因为华为在艰苦地区不惜成本地投入，让许多华为人愿意坚守在艰苦地区为华为的事业奋斗。

## 6.2 “给艰苦地区的奋斗者发个纪念章”

华为去往非洲的奋斗者中有不少因为不适应而感染疟疾的，对此任正非说：“在考核干部过程中，得过疟疾就是受过伤。也不能故意得疟疾。要统计统计，要让大家申请，至少要发个纪念章，而且升级要优先于其他人。”

这不仅是给员工付出的嘉奖，更是告诉每一位辛勤劳作的员工，公司认同每一位员工做出的贡献，同时公司也重视每一位员工对公司的付出。有时一枚纪念章能带给奋斗者的力量也是无穷尽的。

2008年，四川省汶川县发生8.0级地震，华为快速组织工作人员奔赴灾区抢修通信设备，当时余震不断，所有去往现场的华为人都面临着受伤的风险，但作为制造通信设备的企业，华为必须在此时赶往极险之地，保证国家的营救工作。

灾区险象迭生，此外由于缺乏物资，有人靠着一包压缩饼干支撑24小时；也因为时间紧迫，有人连续工作40多个小时，被医生强制休息；有人每天接500个电话，奔波联络保证抢修工作顺利进行；有人冒着坍塌危险，6次往返漏水隧道；有人劳累虚脱，也要和客户讨论解决方案……

救灾抢通之后，华为对所有在灾区最前线奋战的员工进行了奖励，任正非亲手在水晶砖上写下“让青春的生命放射光芒”的寄语并署上他的名字作为这次灾区抢修工作的纪念奖章赠予127名一线员工。但是当时条件有限，大部分的员工收到的是一块木质的奖章。七年之后，华为重铸“2008汶川地震救灾抢通英雄纪念章”，这枚纪念章由奥地利铸币厂纯手工打造，纪念章的正面记录了汶川地震时山崩地裂、房屋塌陷的灾难现场，背面则体现了华为人保障全球通信网络运行的责任。华为决心用奖章换回木牌，以鼓励华为的千军万马不畏艰难上战场。

时隔七年收到这枚代表着血汗和荣耀的奖章，许多员工都感慨道：“七年过去了，感谢公司还没有忘记我们！”

任正非多次表示要重视奔赴艰苦地区的华为人的付出，他说：“我们华为公司就是从艰苦中走过来的，我们前面的人给我们爬冰卧雪做了贡献，我们不能说他们文化程度低就要把他们抛弃了。我们今天好了，至少要给他们发个纪念章。”

## 6.3　物质之外的精神福利

精神福利也是一种企业福利，是一种以人为本的、系统的、长期的心理服务。它作为一项福利提供给员工及其家属成员，旨在帮助员工及其家属解决心理和其他问题，以维护员工的心理健康，稳定员工的工作状态。

随着华为的日渐壮大，有许多国外业务都相继开展，很多华为员工都被外派到国外工作，任正非就在此时观察到，华为员工的工作十分辛苦，在工资、保险以及众多福利上华为没有亏待任何员工，但金钱之外的一些东西，任正非认为华为也要考虑，比如，让员工和家人享受一次度假。于是，华为相继开展了许多旅行活动，组织持续在艰苦地区奋斗多年以及外派到国外多年的华为员工与其家属一起出游，享受一次难忘的休假旅行。

华为组织的旅行活动中，最值得一提的要数华为中东北非片区“阳光之旅关怀计划”，考虑在阿富汗连续工作5年的员工思念家人的心情，这个活动首先在阿富汗办事处开展，华为组织常驻阿富汗的员工及其家属到埃及度假，观光开罗，游红海，观摩金字塔，骑骆驼……每一名员工都体验到了中东风情，在旅行结束前，公司甚至专门为员工们留下几天时间，方便员工及其家属购物。对于长期承受高压力、高强度工作的华为海外员工而言，这次活动无异于久旱逢甘霖，也正是因为华为的体贴关怀，他们在海外才能屡创佳绩。

为了给员工提供更人性化的工作环境，更深入员工内心，华为提供了一项解决海外员工生活需求的福利，即华为驻外人员只要达到一定的资格就可以申请家属随行，而且随行家属也享受华为提供的必要生活福利，包括医疗费用及保险等。华为也为在境外工作满一年的员工的家属提供了一年一次的探亲费用。

国内管理专家段俊平曾说：“什么叫作福利？让员工感到幸福，并且从中获利，才是真正的福利。”尤其对于在艰苦地区坚守的奋斗者来说，坚持是为了给家庭带来更大的幸福，如果企业能为这些奋战在一线的员工提供家庭的温暖，这样的福利势必也能让奋斗者更加坚定决心，为自己为企业创造更好的未来。

## 7. 用负激励激发奋斗精神

企业中的负激励是指当企业员工的行为不符合公司的目标或需要的时候，管理者对不达标的员工进行批评或惩罚，让这些员工感受到压力，并因为压力在工作中更加严格地对待自己的工作，并完成企业制订的目标。

现代管理理论和实践表明，负激励会给企业职员造成工作的不安定感，但这种不安定感会促使他们找到一个更安全的位置安置自己，很容易激发出个人创新能力和积极性，在工作中迸发出更大的激情，保持一种积极向上的奋斗精神。

### 7.1 “骂人”其实也是一种激励

最典型的负激励就是“骂人”，在一定程度上，恰当的“骂人”可以让人们产生羞愧难当感或不服气的念头，在这种心理作用的驱动下，受训者将试图努力改变被指责的地方，以此来证明自己是可以胜任工作的。

华为更是将这种“骂”文化作为一种效果极佳的激励方式，相对正激励而言，负激励的作用更明显。当员工表现优异时，管理者给予表扬；当下属犯了严重的错误时，管理者毫不客气地“责骂”一通，以示训诫，使其印象深刻。

任正非作为华为的最高领导人，就常常发挥“骂”文化的威力。有一次，任正非到某办事处约见客户，这个办事处主任不了解任正非的生活和工作习惯，自做决定租用了一辆高级轿车亲自去接任正非。任正非一见到他就立刻火冒三丈，训斥道：“这纯属浪费，要这样的高级车干吗？如果办事处的车不够用，我可以自己打车过去，而且你这时候更应该在办公室里陪客户。”被训斥的办事处主任快速调整了自己的状态，抛却了惯常的办事风格，协助任正非拿下了客户的合作订单。

除了批评员工对待工作的时候不够专注，没把重心放在客户身上，任正非得知华为产品战略规划制订得不够脚踏实地的时候，他直接指出并批评道：“我们的战略规划部，是研究公司 3 ～ 5 年的发展战略，不是 10 年、20 年之后的发展战略，我不知道公司是否能够活到 20 年，如果谁能说出 20 年之后华为做什么的话，我就可以论证：20 年后人类将不吃粮食，我的道理是……”华为产品战略规划部从任正非的言语中发现部门的研究过于超前，不适合当下的发展定位，于是立即重新规划制订了战略计划并顺利依据这份计划实现了华为当年的战略目标。

严厉的批评，看上去像是在“骂人”，一开始很少有人能接受这样直接的方式，但任正非在几次“骂人”之后，发现被批评的员工能够有效快速地完成手头的工作，并且完成情况高出原有的工作水平。于是在他的带领下，华为在正面激励的辅助下，发挥了负面激励的效用。

许多已经离开了华为的人，若干年后依然还能记得任正非的许多“经典语录”，并将其作为自己的“座右铭”。这也就说明负激励不仅仅是作用于当下，更使得公司员工长期保持被批评之后的被激发出工作热情以及想证明自己的状态。

这种负激励的企业管理模式还出现在日本松下公司，松下公司的创始人松下幸之助激励部下的方式就是大声斥责下属。即使在人前，也丝毫不避讳地用严厉的话语斥责下属。他之所以如此严厉地对待下属的错误，是因为他认为一次让人深记一生的痛斥，胜过无数次重复的责备，只不过仍要在“理”字上详加说明。

时任松下通信工业总经理的小蒲秋定担任事业部长时，就因为赤字问题遭到了松下幸之助的严厉斥责，他说：“你是罪人！囊括了天下的人才，天下的资金，却回报了赤字。你真是罪人！该送进监狱。”小蒲秋定受到了这番话的刺激，此后奋发图强，很长一段时间都日夜奋战，不久扭亏为盈，他才松了一口气。

虽然负激励实质上也是一种激励方式，但是企业在使用的时候要把握住“度”，过于严厉的负激励措施容易伤害员工的心灵，严重的可能会使员工对公司产生失望的情绪从而出走，或因极度紧张导致不能正常工作；太过随意的负激励措施，会让人觉得不痛不痒甚至根本不当回事，起不到震慑作用，也达不到预期目的。因此，使用负激励来激发公司员工的工作热情时，要把握住负激励的“度”。

## 7.2 华为的“最差奖大会”

华为一直以来都是一个善于总结失败经验的企业，并用失败提醒自己不能在同一个地方栽跟头。同样地，任正非希望华为人撕破遮挡“面子”的面纱，让员工在批评与自我批评中进步，把危机的苗头扼杀于萌芽状态。

为了提醒华为人不能重复错误的道路，华为有一个“最差奖大会”，意图通过大型的批评会议，唤起员工的耻辱心，让其改正错误。这实质上就是让员工自我惩罚，而自我惩罚是非常好的惩罚方式。

2010年7月3日，华为网络产品线质量大会在深圳市民中心举行。当年丰田汽车出现了严重的质量问题，并对市面上售出的汽车进行了大量的召回，曾经以质量赢得天下的丰田汽车出现这样的事件让华为意识到来料问题、设计问题、应用不当等这些看似不起眼的小问题，也可能会引发召回案例。

因此，这次会议上华为一直强调：“随着公司平台化战略的实施以及业务高速增长，每年的出货量越来越大，归一化程度越来越高，我们大规模召回的风险也在与日俱增。华为如果不能战战兢兢、如履薄冰、如临深渊，以自我批判的精神，正视我们自身的问题，持续改进产品质量，真正把质量优先做扎实，把客户满意放在心里，我们就有可能倒在高速发展的路上。”

为了提醒华为人真正关注过去犯过的错误，华为在会议上将“负向激励”作为一个重要环节，引起了全场数千网络产品线员工的共鸣。网络产品线相关团队和个人陆续上台，从当时的网络产品线总裁查钧手中接过一个个“奖励”：“埋雷奖”“最差CBB奖”“架构紧耦合奖”……这些奖项都是基于过去几年华为研发人员给客户和公司造成的损失来评定的。在全场嘘声中，他们面红耳赤地领取了这些沉甸甸的“奖项”，作为职业生涯一个永远的提醒。

任正非认为，如果不是面子掩盖了产品和管理上存在的问题，就不会出现那么多不合格的产品。这也就是意味着，一个企业要想保持业界的先进地位，并向世界提供服务，就要撕破遮羞布，坦然面对过去的错误并不再重复犯错。

而“最差奖大会”是华为不折不扣的负激励大会，“获奖”的员工在众人面前几乎无地自容，但这也正是华为的厉害之处，领取了这样的“奖项”的员工为了避免再次成为最差的员工，一定会奋发向上，更好地完成公司的工作任务。

这样的负激励就是要让员工产生紧迫感，“最差奖大会”通过直接公布员工的问题并予以否定来刺激他们做出应对。但负激励的前提是一视同仁，管理者也不能例外。

## 7.3 负激励唤醒进取心

著名的激励大师约翰·库缇斯说过这样一句话："想要让员工按照你的意思来做事，要比你自己去做一些你不愿意做的事还要难。"所以，企业管理者强硬的要求是起不到好的激励作用的，只有员工自发地从心底里对自己进行奖惩，这样的激励才能使得每一个职员真正承担起自己应该承担的责任，而不是推诿到别人身上。

管理学认为激励的最高境界是"自我激励"，也就是自己激励自己，每一位管理者都应该认清这一点。无论对员工进行奖励还是惩罚，最终目的都是让员工自己认识到自己所应承担的责任，并始终对此负责。

2012年，华为在"优秀小国表彰会"上对取得优秀经营成果的小国办事处进行了隆重的表彰。此次表彰会上，有一个奖项值得一提——"从零起飞奖"。在华为，因为全员持股制，即使在工作上的结果不如人意，依然能在年末拿到数额不小的分红和奖金，尤其是那些工作年限较长的管理层职员。但就在这次表彰大会上，有一些团队的负责人却因为业绩不达标自愿放弃了自己过去一年里的全部奖金。

华为2012年销售收入距离目标差2亿多元，依据当初管理层"不达底线目标，团队负责人零奖金"的承诺，2012年的轮值CEO郭平、胡厚崑、徐直军，CFO孟晚舟，还有当时的片联总裁李杰，包括任正非和孙亚芳，都没有年度奖金。紧接着主持人宣布徐文伟、张平安、陈军、余承东、万飚也获得了"从零起飞奖"，2012年年终奖金为"零"。

其实2012年的年度奖金总额比2011年提升了38%，华为的终端公司取得了巨大的进步，企业业务BG也在重大项目上屡屡突破，但在这种好的形势下，这些领导们自愿放弃奖金，领取了"从零起飞奖"，体现了他们勇于担当的品质，但由于一年的全部奖金都被取消，也意味着来年如果想要领取奖金，势必要奋力一搏，达成企业的目标，而他们作为火车头将更好地牵引华为的团队前进。

任正非在为他们颁发“从零起飞奖”后发表讲话，他说：“我很兴奋给他们颁发了‘从零起飞奖’，因为他们 5 个人都是在做出重大贡献后自愿放弃年终奖的，他们的这种行为就是英雄行为。他们的英雄行为和我们刚才获奖的那些人，再加上公司全体员工的努力，我们除了胜利还有什么路可走？未来人力资源政策的改进还会更加激励我们。我们在讲热力学第二定律的时候，就是反复说要拉开差距，现在人力资源政策刚刚在拉开差距，以后人力资源政策还会有进一步的改进，会让优秀员工得到更多的鼓励。”

实际上，华为的“从零起飞奖”也就是变相的惩罚，华为的多位高管作为企业的管理者，配合华为的负激励模式放弃了自己全年的奖金，这不仅激发了这些管理者自身的工作积极性，他们作为一个企业的榜样，更是激发了整个公司员工的工作积极性。

负激励的本质是动摇员工的基本利益，为了能保证自己的利益不受损害，受到负激励影响的员工会尽最大努力完成自己的业务目标，从而保证企业的利益不受损害。

# 第4章 奋斗者的责任体系

同一领域的企业战略方向几乎是一样的，也就意味着战略的正确并不能保证公司的成功。作为一家成功的企业，华为除了有正确的战略方向，还建立了完善的奋斗者责任体系保证公司的执行力，执行力的基础是执行力组织和执行力文化，其核心就是责任，包括职权职责的定位和责任意识的培养。

# 1. 奋斗者目标对齐部门绩效目标

彼得·德鲁克认为，绩效的作用不在于管理而在于引导，其最佳效果是引导每个人都能在顾全企业大局的前提下充分发挥自己的长处。德鲁克指出："健康组织的第一要务就是对绩效提出高标准，并以此标准来引导员工行为。"

设定绩效目标的目的是上下级之间明确工作方向和重点，保证战略和目标的一致分解。这就要求将部门的绩效目标按照一定的逻辑关系层层分解到每一个奋斗者身上，只要将奋斗者目标对齐部门绩效目标，就能实现企业和奋斗者的双赢。

## 1.1 建立绩效管理体系以及组织绩效管理机制

实际上，想要做到让每个奋斗者都能正确地执行目标，从而保证组织整体效能的激活，最核心的要素就是建立绩效管理体系以及组织绩效管理机制，并以此驱动组织。

当依据绩效管理体系以及组织绩效管理机制将组织的目标层层分解到每一个奋斗者身上时，每个奋斗者就有了相应的个人目标。这样绩效目标就回归了本源：一个假设的规划数据。这个目标有可能完成得很好，也有可能完成不了，这都不是最重要的，重要的是健全的绩效管理体系以及组织绩效管理机制能够保证在企业盈利的基础上给奋斗者分配利益。

吕克于1993年以实习生身份加入华为，一开始的工作是技术研发类，他参与了智能平台增值系统的软件开发等研发工作。但在2009年以后，他逐步深入接触人力资源方面的管理工作，发现要实现个人绩效目标与组织绩效目标的一致，就要建立一个绩效管理体系进行目标的分配，并建立起绩效管理机制来生成奖金。

当被问到为何设计这样的绩效管理办法时，吕克回答说："大约用了两年时间我们建立了组织绩效管理体系，以及组织绩效同组织奖金的回报关系管理机制，使奖金的生成和分配有了依据，同业务目标的完成有了相对直观的挂钩关系。现在的问题是绩效KPI的导向可能在操作执行中过于片面和强化，反而造成部门墙、指标僵化等管理弊端；而一些部门为了落实工作要求，也容易要求在KPI加入很多指标，从而使得KPI数量更多、更复杂。但是，这也证明当时研发的这套管理系统很有用，大家都觉得要用它来达到管理目的。客观地说，这套体系和机制在华为快速发展的当时情况下，是有利于更清楚理解目标和把目标有效地分解到各个部门，从而为业务目标的达成起到了非常大的推动作用。”

任正非说：“我这个人不懂技术、不懂管理，也不懂财务、人力资源，无非就是分钱还比较公道罢了。”

企业管理真正要“有效”，并不仅仅在于绩效管理有多么“科学合理”，而其背后的分配机制起作用。如果一个企业能让所有员工都相信只要挣到了钱，公司就会和他们分享利润，并承诺挣得多的、进步大的就分得多，这些员工自然就会将自己的目标对齐组织的绩效目标，拼命完成共同的目标。

### 1.2　个人目标同公司目标的协调一致

管理学界曾经就美国和日本利益中心模式展开了一番讨论，力求得出一个孰优孰劣的结论。美国沿袭资本主义的观念，一贯以股东利益为中心，而日本把员工利益放在第一位。

但现代企业的认识倾向于一致的观点，就是在绩效管理体系以及组织绩效管理机制的分配下实现多方的共同胜利，即“多赢”。为保证多方都是赢家，企业要确保员工的个人目标服从企业的大方向，使个人目标与企业的目标一致。

2010年，华为的李亮（化名）被调往B国工作，在当地的中国员工表示B国十分富饶、民主，劳工保护和福利好，但B国的本地员工普遍扛不住压力，一旦业务量剧增，就无法在客户要求的时间内完成工作，李亮发现这是个非常严峻的管理上的问题，但当时业务量小，还算相安无事。

直到2011年5月，B国ERP刚刚上线磨合，华为积压了大量订单，同一时间五大项目全面爆发，仅仅是其中的一个项目就要求在4个月内完成8000站的交付，中心仓库发货量需求从每天100站激增到200站。李亮意识到当时的人力不足，于是立即通过招聘、外包、借用等手段迅速新增了近40%的人力，原以为能大幅提升效率的李亮发现每天的发货产出只提升了约20%(118站/天)，离目标任务还差得远。

李亮联系了B国的本地主管，与他沟通加班的事宜，但本地主管十分为难，并询问是否能加一倍的人手。本地主管表示在B国是不允许员工加班超过两个小时的，B国的劳动者一周的工作时间不能超过54个小时，如果华为要求B国员工连续加班，工会将提出劳动保护甚至罢工。于是华为只好安排中国员工投入仓库的工作中去，结果中国的员工每天十几个小时连轴转，B国的100多名本地员工却还是不紧不慢地完成自己的任务，没有一丝紧迫感。

为了调动B国本地员工的积极性，各级主管集体讨论，发现在B国的价值评价环节出了问题，由于没有合理的价值评价体系来激活组织，所有的B国本地员工拿同样的月薪、加班费，同时根据B国的法律，不能对工作者的工作情况进行直接的排序和通报，所以对于本地员工来说，没有多劳多得的激励倾斜，干多干少都一样。

发现问题的关键之后，华为立即采取了相应的解决办法。首先明确了本地主管的工作目标，同时对之前一些工作环节进行了简化：不再每天细分客户群，只要求每班次总发货量至少70站。接着将本地员工按捡、验、发的工作流程分成三人一组，记录组员每天的发货结果，并用“柱状图”的形式将各小组的结果公示出来，每周对前三名的小组从多元化激励中发放奖励，并张榜公布优秀团队照片。

建立了合理的绩效管理体系之后，华为在完成企业目标的同时考虑了员工的个人目标，将个人目标与公司目标调整到相同的方向，于是B国项目组在没有新增加人员的情况下，每天的发货产出提升了80%，稳定在每天210站，并在一个月后顶住了每天280站的业务高峰压力。

绩效管理是衔接个人与企业目标的纽带，企业将目标分解成每个人的目标，如果员工达到了自己的目标，就可以得到更好的发展机会和福利待遇，这样就将员工目标与企业目标捆绑在了一起。

协调组织目标和个人目标，在多数情况下并不困难。只要企业重视员工的个人发展以及利益分配，员工的个人目标就能完全贴合公司的目标。

### 1.3　目标一致，深化“合伙人”关系

许多企业沿用了传统的垂直化组织，但由于垂直化的结构边界分明，导致很多公司的职员固守自己的长期目标，无法完成部门的整体绩效任务，达不到企业的要求。

为了统一华为人的目标与华为公司的总目标的方向，华为采取了事业合伙人制度。由于华为强调华为人和华为公司的利益共享，华为的奋斗者不仅仅是企业的员工，还真正与全体华为人共同掌握华为的命脉，因此华为的奋斗者协同共战，一起构建起了华为强大的组织竞争力。

华为将合伙人分成了五个级别，即一级合伙人（原始股东或经股东大会决议从二级合伙人中提升出来的合伙人，拥有公司股权）、二级合伙人（华为的核心管理人员或技术骨干人才，以及业务骨干）、三级合伙人（部门主管）、四级合伙人、五级合伙人。

其中，四级合伙人与五级合伙人的基本要求是一致的，即入职超过 6 个月，符合虚拟持股的基本制度要求。而这五级合伙人根据对公司贡献的大小，所拥有的权力也是不同的。一级合伙人负责华为的管理决策，决定公司合伙人及选拔预备合伙人；二级合伙人享受年终分红，参与提名预备二级合伙人，奖励合伙人股份；三级合伙人只发放奖金，不奖励合伙人股份（实体股份）；四级合伙人与五级合伙人与三级合伙人类似。

华为通过建立“合伙人”制度，将奋斗者的个人目标方向指向部门的绩效目标，也指向华为的胜利。所以华为在挑选“合伙人”时也十分注重将这种合作理念传达给有意向加入华为的人。

2015 年，华为公司董事、高级副总裁陈黎芳在北京大学校园招聘宣讲会上开宗明义地说：“我今天来这里，是来找合伙人的，我们要一起去实现伟大的目标。华为将聚焦在基础网络设施，华为要做到世界最强，华为要做自己最擅长的事情，而且做到无可替代。只要我们继续坚持华为自己的核心价值观，以客户为中心，以奋斗者为本。我坚信，华为不会是下一个倒下的……在这个过程中，我们希望能够与你一同来实现梦想。”

对此，华为的友商小米公司也表示过相同的看法，小米创始人雷军曾说：“企业招人，证明你的公司需要这类人，需要他们就应该尊重他们，以合作伙伴、合伙人的关系去对待他们。刚刚创立小米的时候，如果我是以招聘员工的态度去对待周光平，那么周教授一定不会来小米。我是要他当合伙人，邀请他与我一起完成一项伟大的事业。所以，周教授才会不辞劳苦地奋斗在一线上。”

心理学中有一种参与意识，说的是，每个人只要遇到与自己有关的事，都希望了解得更多或参与得更深。如果一个人拥有参与一件事的欲望，并且在参与的过程中，欲望能够得到满足，他就会心甘情愿地付出自己的心血和汗水。

华为将这种心理引入企业管理中，形成了“合伙人”制度，华为实实在在地告知这些奋斗者，华为的成功是与每个人息息相关的，每个华为人的目标都是在完成华为的目标的基础上完成的。华为将目标分解到每个部门，部门的整体绩效目标就要靠奋斗者的付出和努力完成，华为人深知自己的利益与部门绩效牢牢捆绑在一起，只有将自己的目标对齐部门的绩效目标才能实现自己事业的成功。

## 2. 明确奋斗者权责，充分履行责任

恒大集团总裁许家印说：“工作中之所以会产生一些矛盾和问题，多半是因为我们没能明确自己的工作任务。积极界定自己的工作任务一定是高效工

作的第一步，因为，做正确的事情远比正确地做事更有意义。”

权责明晰促使职场奋斗者永远做正确的事情，从这个意义来说，奋斗者明确自己的岗位职责可以最大限度地实现工作的科学安排，避免重复的无用功，同时由于岗位职责是组织考核的依据，奋斗者能够据此提高工作效率和工作质量。

### 2.1　“充分发挥自己的优势”

每个职场奋斗者都希望自己能掌握所有技能，成为一个部门甚至一个企业不可替代的一员，但实际上全面发展有时候会抹去身上许多的棱角，限制自己最大优势的发展，往往是想成为精英骨干到最后变成什么都不专不精的普通员工。其实换个角度想，每个人都重点发挥出自己最大的优势贡献于集体，这样每个人都能找准在职场上的定位，共同建设好一个集体，每个人的优势加在一起，就可以形成一个全能的集体。

任正非曾经表示作为职场人，应该要舍弃一些不相关的能力，去重点发挥自己的优势，他说：“我在人生的路上自我感觉是什么呢？就是充分发挥自己的优势。比如说我英文不好，是现在不好，但是不等于说我外语能力不行，我在大学可是外语课代表，我那时还自学了英语、日语，都能简单交流、看书了。但后来为什么不行了呢？20年军旅生涯没使用这个工具，就生疏了。当我走向新的事业的时候，虽然语言对我很有用处，但我发现自己身上最主要的优势是对逻辑及方向的理解，远远深刻于对语言的修炼。如果用很多精力去练语言，可能对逻辑的理解就很弱化。我放弃对语言的努力，集中发挥我的优势，这个选择是正确的。对于我来说，虽然英文好，可能我在人们面前会挺风光的，但是我对社会价值的贡献完全不一样了。我就放弃一些东西，集中精力充分发挥我的优点。我确实注重于重要东西的思维，可能忽略了小的东西。小的东西不等于不需要重视，但我确实没有注意。”

华为强调的“最大限度发挥自己的优势”与大前研一所说的“专业主义”是相似的，要完成伟大的事业，必须强调一个“专”字。不论是谁，只有专注于自己的“职业”并专精于自己职位所需的技能，才能在自己的职位上做到最好，具备别人所无法具备的专业化技能。

任正非强调的“充分发挥自己的优势”实际上也是为了更好地分配部门的任务，明确各人的职责。

华为的PL吴楠的团队汇聚了不同业务背景、不同年龄阶段的华为人，有跟他一起入职的员工，有刚来的90后应届毕业生，有社招入职比他还年长几岁的新员工，还有从别的业务模块合入的“新”成员。管理团队并不是一件容易的事情，要根据各人的擅长项以及能力来分配各自的任务，达到团队的最大工作效率。

某次，一个新模块合入项目交到吴楠手上时，这个模块已经延期交付，而且积攒了几十个问题单，如果照这个状态整体项目交付都会延迟。吴楠经过仔细思考，觉得首先要找团队全体成员深入了解项目交付情况，搞清楚每个问题单的来龙去脉，并了解清楚每个人擅长的领域，这样在分配任务时才能合理分工，提高问题解决效率。于是吴楠召集团队成员开诚布公地沟通，之前大家都是吃“大锅饭”，重新梳理规整后，善于交流的90后负责对外接口，精于技术、善于钻研的老员工处理疑难杂症，大家各自发挥长处，协同作战，圆满地完成了这个项目。

吴楠善于从团队成员的个人优势出发，使得团队获得最大的成功，同时由于他将团队的任务合理分配，也让每个成员发挥出自己的才能，实现了自己在职场的价值。

## 2.2 责权明确，各司其职

麦肯锡管理咨询顾问保罗·弗里嘉说：“在麦肯锡公司，对于项目组成员而言，最重要的职责之一就是要为自己的工作负责，每位成员不仅要清楚全局，而且要对自身被分配的任务负责。”

每家公司都设有很多部门，如果这些部门的员工都能如保罗·弗里嘉所言各尽其职，分工明确，同时，关键时刻又能在此基础上忙而不乱，拧成一股绳，最终一定能使企业这台大机器高效率运转。

2005年，华为西研所迎来了当时最重量级的产品——C&C08，西研所的18个老员工带着100多个应届毕业生一起去深圳接产品，因为人手足够且分工明确，搬迁活动十分顺利，几乎是无缝衔接。

但是意想不到的事情发生了，某天西研所接到一个紧急电话说某省有个32模的点瘫痪了，影响了几万用户的通信。当时西研所的PL罗萱立即组织大家攻关，但是由于团队协作不熟练，配合混乱，经过近10个小时仍无法恢复通信。各种压力排山倒海地袭来，压得人几乎透不过气来，整个团队都开始慌乱起来。最终，还是当地的技服专家解决了问题，并在事后给他们发邮件，希望研发团队能“知耻而后勇”。

“当时觉得特别丢人，”罗萱说，“我们痛定思痛，开始重新梳理重大事故的责任分配，明确流程和每个人的分工。”此后，西研所的每一个华为人都能依据自己的专长来处理这类事故，并在最短时间内排除通信故障。

2007年，西研所的产品逐渐稳定，部门也开始有能力给无线、网络输送骨干。再后来，搬迁NGN时整个团队分工明确，表现得越发稳健和成熟了。

后来华为西研所之所以能快速疏通故障，是因为他们找到了工作中最基本的一点，就是明确每个人的职责，分工合作。

通用集团的员工曾经问“全球第一CEO”杰克·韦尔奇：“是什么因素能够使你在公司担任CEO如此之久?”韦尔奇很神秘地笑了笑，说道：“Unwilling to comment on something which is not one’s own concern.”意思就是说，做好自己该做的事情，不做自己不该做的事情。他所强调的正是“责权明确，各司其职”。

这对所有的企业来说都是一样的，不管是企业在管理上还是奋斗者对自己的职业规划上，都要明确的一点就是：想要让职业生涯的时间更长，需要明确个人职责，承担起自己的职业责任，完成工作任务。

## 2.3 实施弹性管理

“将在外君命有所不受。”意思是将士在外随机应战，在某些情况下可以不遵守君王的命令。企业在实现战略目标的途中也会遇见突如其来的变故，这种时候企业早期安排的任务可能不能应对当下的状况，所以部门主管划分好每一个人的职责之后应给每个人适当调整的权力。

2000 年前后，正是传统电话网络更新换代的时候，为了取代传统的程控交换机系统，华为开始着手崭新的控制与交换分离的通信系统的开发。

伍漫波正是在这个转折时刻进入了华为 UMG8900 系统分析组和硬件平台组，当时的组长是王战峰，他向大家明确了一点，就是要么就不做，要做就做最好的，在集成度、容量和性能等各方面规格都要领先业界，超越友商。UMG8900 系统分析组和硬件平台组花了大半年时间反复讨论方案，这个方案的容量是百万级用户，所以要让所有用户都有很好的使用感，华为项目组的目标很明确，就是采用当时最领先和最复杂的技术设计出最领先的规格。

因为项目规模极大，且具有很大的影响力，华为的整个硬件团队聚集在一起，花大量时间反复讨论各种可行方案，互相检视，互相“找碴”，并最终制订了最佳方案。依据硬件团队的个人专长，将开发工作分配到位，如果能依据每个人的职责完成设计工作，那么设计出的产品很快就能投入使用。

开发这个硬件系统用了将近一年的时间，由于整个团队在此过程中进行了全面而细致的分析与设计，这个使用了最新技术且规格指标全面领先的复杂系统，基本上都是一板调通。

后半阶段，伍漫波在完成自己工作任务的时候注意到这个系统的单板投板存在上电问题，实际上这个部分的事情不归她管，但为了保证背板槽位不会上下反或左右反，伍漫波处理完自己的事务之后花了半天时间，对照 PCB 按照上下左右的方位把背板槽位的一段管脚定义画在一张 A4 纸上，把管脚对应的网络名称也写上去，网板和主控板背板接口也同样处理，然后把“单板”“插”到“背板”上，再次确保万无一失才投板。

经过伍漫波的调整之后，板子回来调测都很顺利，这之后不久整个硬件团队完成了全部的设计工作，同时发现单板投板的确存在上电的故障，于是硬件组采用了伍漫波的调整设计，产品设计完成后很快打通第一个 3G 电话，而且量产发货后无网上硬件事故发生。

2004年，华为凭借UMG8900产品一举反超友商，奠定了在广东移动核心网第一的地位。后来，UMG8900获得华为公司内部的多个奖项，包括2006年的公司最佳PDT，以及2007年的公司可靠性大奖。

没有最好的管理，只有最适合的管理。同样，在团队中的职责分配虽然是依据个人能力及技能安排到位的，但由于工作中会出现的种种变故，需要每个人都能灵活调整，共同完成团队的任务。市场信息瞬息万变，客户需求也千变万化，企业在目标管理和执行上要实施弹性管理，以确保始终在做正确的事。

## 3. 落地部门与奋斗者的行动计划

对于任何一个企业来说，“计划”是非常重要的一个管理工具。从长期的战略规划，到每年的年度经营计划，再分解到每个月的月度工作计划，到每个团队、每个人的周工作计划，甚至细化到每位员工日工作安排，可以说，各种计划贯穿全年，贯穿全公司，同时也是贯穿管理全流程的重要环节。

要制订一份符合企业发展的计划容易，但要有效地执行企业的计划，除了需要管理者的重视以及监督，还需要奋斗者能够认同企业的规划并为此而努力，才能有效推进计划的落地。

### 3.1 谋定后动，事半功倍

市场时刻都在发生变化，未来的不可知性使每个企业的发展都面临着巨大风险。而对于一个企业来说，战略谋划是抓住市场变化的主要矛盾制订的应对策略，也是引领企业未来发展的核心力，如果能在行动之前做出正确的决策，不仅能加速企业的发展，还能支撑企业的未来。

任正非在企业的管理上坚持奉行“先瞄准，后开枪”的原则，只有瞄准了目标出击，才能一击即中，事半功倍。

2012年底，泰国3G牌照延宕5年后终于发牌，华为在泰国的业务量面临井喷。许日海被调往泰国AIS系统部，担任3G项目PD。华为项目组正摩拳擦掌准备大干一场时，突然得知泰国的3G牌照宣布延期拍卖，项目组的成员一时无法接受，陷入了迷茫之中。许日海发现团队成员情绪不高之后，决定不能空等泰方的消息，于是他组织项目组成员利用这个空窗期，端到端地梳理了各个业务流程的每一个细节，进行了大量的沙盘推演，为泰国3G牌照的发牌工作做了一份详尽的计划安排，计划除了能适配海量交付，还预计建设一条站点交付的“高速公路”。

2013年初，华为的AIS系统部成功拍下3G牌照，项目终于启动。许日海原以为以泰国每月交付400多个站点的交付历史来说，华为的压力不会很大，但没想到泰方客户提出第一个月就要交付完成1000个站点和100%上站检查的质量要求，这在当时几乎是不可能完成的任务。

好在之前许日海就组织团队对这个项目做了详尽的目标计划，所以在交付前的准备阶段，项目组就依据计划快速成立了4个独立功能office，分别是PMO（progress management office）、TMO（technical management office）、MMO（material management office）和RMO（rollout management office）。独立的MMO解决了之前项目货物没有人员端到端负责的问题。许日海的团队完全依据之前的计划快速行进，本地化的RMO团队与客户无缝对接，沟通及时、准确、高效；TMO团队针对网络商用保障成立了专门的子项目组，组织和客户多次研讨商用保障方案，并且模拟演练了各种应急预案。

这条提前铺好的“高速公路”，打通了从站点物料供应、分包资源、站点建设到商用的全流程，保障项目快速顺畅地跑起来。华为项目组在站点商用过程中，顺利度过爬坡期，快速识别过程中的障碍，并在规定的时间内完成了客户的商用目标。

许日海能带领团队迅速完成客户严苛的任务要求，要得益于他提前详尽规划，正如任正非所说：“工作就是要找准方向，所以主管要谋定而后动，要想清楚再干。如果事情没想清楚，就会浪费很多精力，这种习惯极大伤害了我们的员工。”

从企业大方向的规划到企业的每一个业务的方案设计，都要从方方面面考虑可能出现的问题，谋划准确周到而后行动，才能节省更多的时间，省下更多的精力。

### 3.2　胜利是规划和设计出来的

任正非表示："在未来变革过程中，我们要强调目的才是最重要的，目的就是要多产粮食、产生战略贡献和增加土地肥力，凡是不能为这两个目的服务的，都要逐步简化。"也就是说，企业在发展过程中的各项任务就是要求胜利，这就要求企业能在推进任务进度的同时要有万全之策解决这个过程中可能出现的问题。

胜利不仅仅取决于奋斗者的强大力量，更重要的是有一个指导方案将这股力量发挥出最大效用并将这股力量用在最关键的地方。

华为的王金城在研发 HLR 产品的时候，认为要让客户选择这款产品就必须将其做好，并且做得比公司的主力产品更有竞争力，否则很有可能被市场淘汰。为了能取得胜利，王金城带领团队一起定下了"6 个 9"的高目标：故障率不超过百万分之一。

但当时华为面临着网上存量产品事故频发的压力，当时孟广斌对他说："架构的高度决定产品的高度。"于是王金城为了促进产品的研发进度和提高产品质量，决定好好规划并设计出项目方案。王金城进入华为之后，第一次独立去见了欧洲的客户 T，并且一个人宣讲项目情况，他回想当时他的紧张状态，说："我几乎讲不出完整的句子，就蹦单词。单词蹦不出来，就画出来。"他拿着架构和方案去听客户对此的规划意见，并与客户探讨华为设计的架构和方向与客户的期望是否一致。在王金城努力与客户沟通后，他确定了华为的架构和方向，并将这个好消息带回华为。

但王金城回到公司后发现丁耘、何小祥等产品线领导集结了公司架构部、各产品线的总架构师 20 余人，组成了一个架构评估小组，又花了一个多月时间做架构评审，提出了 38 个核心问题。王金城意识到仅靠客户方面的意见还不能保证产品的高质量以及畅销度，于是跟随领导一起在会议室反反复复地讨论、论证，一步步推敲方案，设计并规划好项目每一阶段的工作。同年9月，项目组通过了CDCP以及核心网IPMT两次会议，在5个小时的全员讨论规划下，终于给产品开发扣响了发令枪。

由于技术规划、架构设计质量很高，前期的方案设计得十分符合市场要求，后续的产品架构和产品族的演进都依据当时的规划发展，最终华为在HLR产品的研发上取得了巨大胜利，不仅达到了客户的要求，还开发出了可以一直使用的产品。

案例中的华为奋斗者齐心规划调整了方案，最终开发出符合客户期望的产品，取得了阶段性的胜利。这也印证了任正非曾经提到的，要胜利就要向目标倾斜，他认为在管理中，如果向成功倾斜，就没有人去做啃骨头的事情，而向目标倾斜，就让奋斗者的精力放在调整方案上，优化工作环节，在推进项目的过程中也逐步完善目标规划，一步步向胜利靠近。

## 4. 让奋斗者做出个人绩效承诺

每个企业都会有自己的绩效考核方式，一般来说，都是采用科学的方式，即考核主体对照工作目标和绩效标准的工作任务完成情况、员工的工作职责履行程度和员工的发展情况。但华为沿袭IBM的绩效考核方式，采用了“个人绩效承诺”的方式管理奋斗者绩效，这种方法不仅让奋斗者清楚自己要做什么，还让他们清楚如何完成。

### 4.1 落实目标责任，工作上以成果为导向

华为的“打工皇帝”徐家骏在离职后给任正非写了一封信，信中提到华为的绩效管理应遵循“对职业负责，对目标负责，对自己负责，成功者往往自觉自律、信守承诺、心无旁骛”的原则。并说道：“大企业肯定会有绩效考核、会有论功行赏、会有KPI、会有领导指示，甚至会有一点企业政治，但如果我们片面地追求考核成绩，片面追求KPI指标，片面追求权钱利益，片面

地对上负责、对别人负责，而不对自己负责、不对自己的目标负责，失去工作的使命感、责任心、热情和好奇心，必将不能达到自己的最佳境界。而一个企业如果能够成功营造一个环境，让每个个体尽量发挥到最佳境界，企业也会战无不胜。”

2008年，华为的300个全Turnkey项目是地区部第一次交付的大规模Turnkey项目，项目任务紧张，客户方要求华为在12个月内就要交付，在这一年里华为要完成包括挖地、打地基、做塔、立设备和开通业务在内的全部工作。

华为的徐海明被调任项目合同经理，支持赞比亚MTN300站点全Turnkey项目，负责合同履行和变更。但由于他没有经验，当地也没有充足的交付资源，项目进展十分缓慢，整个项目组人员都焦躁不安。徐海明为了组织大家找到推进项目发展的解决方案，每天晚饭后都和项目组成员在一起开会讨论，项目组足足开了180多天的讨论会，都没能从困境中解脱。

徐海明认为，如果工作没有做出成果，就意味着他作为项目经理的职责没有落实到位，于是他写邮件对华为代表处的领导立下“军令状”，承诺60天内交付13个站点，如果不成功他就卷铺盖回家。领导同意了并交给徐海明赞比亚卡布韦区域的任务，项目组成员得知这个消息，也纷纷立下绩效承诺，表示如果不能实现客户要求，将和徐海明一起承担失败的后果。

项目组立下“军令状”之后，每个成员都干劲十足，当时徐海明开着公司提供的车载着骨干成员去卡布韦巡视的时候，每天车上除了电脑就是水和饼干，饥饿口渴的时候就补充一点能量，剩余的时间都在想着怎么加快进度完成任务。卡布韦站点交付区域十分偏僻，市电供应不到这块地区，项目开展期间的用电几乎全是依靠“历史悠久”的发电机。一次老旧的发电机出了故障，徐海明只能组织项目组将所有车打火，用车灯提供工程现场照明。当时为了赶工期，徐海明项目组依靠饼干、红牛等补充体力熬了3个通宵，在华为项目组的坚持下终于完成了60天交付13个站点的“军令状”。

2009年初，华为代表处安排徐海明负责马拉维交付业务，他每天利用各种机会学习公司产品技术知识，与工程师学习时隙、频谱信令、网络结构等弥补通信技术方面欠缺的知识，由于他之前没有相关业务的处理经验，对实际操作还是不太熟悉，于是他决定逼自己一把，再次主动承担起责任，立下了绩效承诺。在后续产品割接和维护事故期间，他积极协调客户沟通，同时管理内部维护运作，并和团队商讨出台了工程管理和产品技术作业细则，通过业务流程化提高团队运作效率和保障客户满意，项目果然顺利完成。华为代表处随即安排徐海明转岗客户经理，再后来徐海明陆续做了办事处主任、企业业务部部长、代表处代表、人力资源部部长。而正是因为徐海明在工作上以成果为导向，落实自己的工作目标责任，才能在华为一步步实现自己的事业理想。

华为奋斗者的绩效是以工作成果为导向的，全体华为人都有这样的共识，就是一个部门、一个员工，即使再努力，但没有效率、没有成果，对公司而言都是有害无益的。而每个企业都需要像徐海明这样的奋斗者，将企业的工作目标看成自己必须完成的任务，并且承担起目标责任，在工作上坚决以达成目标取得成果为导向。

企业应该在管理绩效之前，明确每个人应承担的责任，才能让员工真正理解绩效管理的目的是为了更好地实现企业的目标。

## 4.2 主管要辅导下属做 PBC

什么是 PBC？现在企业中常用的 PBC，英文含义是 Personal Business Commitment，意思是个人业务承诺。事实上，个人绩效承诺就是个人业务承诺，PBC 其实是紧密围绕“业务”来进行考核管理的一项工具。

在企业明确了战略目标后，管理层应帮助员工分解“承诺的目标”，量化员工的“承诺目标”，便于员工执行并兑现他的绩效承诺。

华为在管理团队绩效和个人绩效的时候套用了 IBM 的模式，即要让部门主管辅导下属做 PBC。要平衡团队绩效和个人绩效，就要求“上下对齐”，即事情的对齐、思路的对齐、深层次认知——价值观的对齐。而主管辅导下属做 PBC 的主要思路是：

①首先了解整体的现状与问题：如产品今年与去年相比有哪些变化？这些变化对团队的业务提出了什么要求？

②澄清目标：团队今年要达到什么目标？团队的目标为什么是这样的？

③聚焦独特价值：哪些事情是部门主管必须花很大精力去关注的？这些事情中哪些由主管完成，哪些由下属完成？为什么要这样分配任务？做好这件事情的关键是什么？

④强调结果导向：强调必须明确真正成功的标准是什么。这件工作怎么样就算落地了？做到什么程度上级和客户会很满意？

⑤回顾目标与问题：这样目标就可以实现了吗？问题解决了吗？上级和客户满意了吗？

实际上，主管在管理团队绩效以及个人绩效之时，还应明确“个人绩效≠组织绩效”，个人绩效是组织中最重要的能够体现个人独特价值的绩效，而组织绩效是通过组织的日常运作以及在个人绩效实现的基础上达成的绩效。PBC 应包含这两个部分，并重点突出个人绩效，这样才更能牵引被辅导人向独特价值聚焦。

按照上述管理办法，主管辅导下属做 PBC 应该要达到以下成果：

①真正实现上下对齐：主管会非常深入地了解下属的业务领域，在互动中厘清业务思路，真正实现上下对齐。通过这一次充分彻底的沟通，日常的沟通就会少很多，大大降低日常的沟通成本。

②为下属赋能：不轻易下结论，而是不断地启发下属。对员工来讲，互动的过程是员工开启思路的过程，是被“授之以渔”的过程。

③各岗位各得其所，团队高效运作：通过不断刨根问底地澄清下属所在岗位的独特价值，能够把每一位下属最主要的精力聚焦在最关键的事情上。

华为采取“主管监管绩效”的管理模式，让主管指导并辅助下属做个人 PBC，不仅让管理者考察员工的最终业务成绩，也能了解到整个过程中下属的工作情况，便于及时调整工作偏误，当每个个体的任务完成情况更好时，就能实现更好的团队绩效。

## 4.3 奋斗者的个人业务承诺

华为奋斗者协议里面有这样一个表述："成为与公司共同奋斗的目标责任制员工。"这是什么意思呢？就是所有的员工都必须与公司签订目标责任制，在规定期限内保质保量完成目标承诺，只有做到这样，才能拿到预定的奖金。

华为的这个管理体系是源于 IBM 的绩效考核模式，在沿用这个落实到个人的绩效管理体系一段时间后，华为认为个人绩效承诺十分有效，于是将这个绩效管理模式与华为奋斗者精神结合在一起，制订了一套具有华为特色的"个人业务承诺"。

华为的 PBC 是 1998 年 IBM 在华为做项目时的副产品。当时，华为 IT 部门的部长在华为与 IBM 方面的一次非正式交流会上，了解到 IBM 的绩效考核模式和 PBC，她认为这套绩效管理体系十分有效，而且率先在华为 IT 部门试点并成功使得整个 IT 部门的绩效大幅上升，这位女部长的推行力十分强，最后成功向全华为的人力资源管理部门推广了 PBC。

华为沿袭 IBM 的绩效考核模式，在此基础上进行了调整，但整体上以 PBC 为中心的模式是不变的。华为根据 IBM"力争取胜、快速执行、团队精神"的价值观制订了华为的 PBC。依据华为的 PBC 管理，奋斗者要想完成个人业务承诺，并在 PBC 上取得高的评分等级，就必须有清晰的个人业绩目标。

华为和 IBM 的个人业务承诺同样表现在以下三个方面：

第一个承诺：承诺必胜（win）。想要完成任务，就必须抱着必胜的决心，而必胜的决心又来源于团队高效、默契的配合。

第二个承诺：承诺执行（execute）。奋斗者时刻强调"执行"这个词。完成项目除了好的计划和目标，更为重要的是执行，执行贯穿于项目落实的全过程。

第三个承诺：承诺团队精神（team）。华为认为发挥团队力量，共同合作才有可能取得成功。华为通常采用跨部门的沟通和协作，发挥公司整体优势。

在落实绩效责任的过程中，如果只注重团队绩效管理，往往会有部分员工承担了整个团队的大部分绩效责任，而有部分员工就在团队中浑水摸鱼，却在最终和奋斗者共享胜利的果实，这样的绩效管理显然是不公平的，也说明这样的管理模式是不科学的。

华为的奋斗者个人业务承诺调整了利益分配的天平，个人的业绩目标清晰明了，要有成果才有回报，没有付出就不能享受团队的胜利果实。

## 5. 在执行中，给予奋斗者必要的支持

任正非说："铁军是领袖对士兵的关怀而产生的，队伍对外的坚韧，是对内的柔和而建造的。我们要奋斗，也要对奋斗者充分关怀。"任正非认为要培养出能打胜仗的军人，就要在战斗中给予这些士兵支持，所以华为注重在一线员工的工作过程中建立上下级之间的多边、多层次、多方位的沟通，在关键时候给予帮助。

### 5.1 帮助奋斗者树立信心

管理专家卡罗尔·金赛·高曼说："企业给员工以信心，员工还企业以业绩。"实际上，员工是否自信很大程度上影响了其工作行为，决定了其工作成果。有信心的员工会把激情以及自信的状态带到工作中，饱满的精神状态会使其创造出超越一般员工的贡献。所以企业在项目进行中应及时给员工注入能量，让他们树立信心，让他们能轻松自信地应对工作中的难题。

2009 年，华为某代表处的产品维护骨干突然被调离，但业务处于放量发展阶段，不能没有一个主导者维护产品运营，为了确保业务平稳，华为将之前维护 WCDMA－CS 产品工作做得得心应手的李强（化名）调到代表处担任产品维护的主管。

这对李强来说并不是一个简单的岗位调整，而是一个极具挑战性的转型。新岗位的产品比 WCDMA－CS 产品的维护工作简单，一开始李强觉得维护新产品不费吹灰之力，但实际操作结果却由于产品质量问题接连出现故障，导

致部分区域用户无法上网，业务受损。

最严重的一次是版本漏洞导致计费话单丢失，引发了客户运维高层的投诉。李强作为维护主管负主要责任，接连两个月他寝食难安，时刻都在思考如何补救这次的失误，最难挨的时候甚至动了离职的念头。

他的上级很快发现了他的异常，及时开导他说："犯错的人还可以得到改正的机会，何况错不在你，不要因为挫折就放弃，振作起来，相信自己。"领导的鼓励激发了李强的斗志，也让他重新找回了当初运营 WCDMA－CS 产品时的信心。李强在领导的帮助下找手册，学案例，钻协议，开始不断提升新产品的维护技能并完美解决了之前的业务问题。

即使是经验老到的资深员工，在面对与日俱增的变革以及工作内容的变化之时也会自我怀疑，在决断的时候游移不定，这个时候企业要能及时给这些转折时期的员工支持，让他们能够少些顾虑多些信心。在关键时候安抚员工的心理，也可以在项目行进的关键时期推动项目的顺利发展。

## 5.2　授人以鱼不如授人以渔

企业要"设计"好一个团队，管理者就要做好设计师的工作，让团队中的每个人得以发展和成长。实际上，企业中的每个团队都是一个生命系统，团队中的每一个生命都有着与生俱来的沟通、学习和发展的需求以及能力，要善于发挥他们的才能，而不是强硬地操控他们的行为。

要能够让所有员工发挥能动性，让他们掌握应对问题的方法，而不是解决问题的动作。要指导员工找到最适合自己的工作模式，而不是让他们僵硬机械地执行任务。

2003 年，曹勇辉加入华为之后一直在 400 做技术支持工作，有国家重点局的升级和割接经验的他是 400 客服中心的工程师，除了通过电话协助全国各地的客户解决技术问题之外，他还时刻关注公司的设备安全，保障公司现网设备的稳定运行。

2008 年奥运会期间，曹勇辉作为华为的技术大拿，被派到北京做奥运会保障工作，8月8日也是他的生日，当晚奥运会开幕式的时候，他正在离奥林匹克中心最近的一个客户网管中心做值守工作，保障客户网设备的稳定运行。

曹勇辉除了是个技术大拿，还是华为的技术导师，带出了无数华为的技术人才。他从2006年就开始负责小组团队管理工作，在自己职责之外的大部分时间都花在了员工技能培养工作上，他几乎每天都忙得不可开交，不是给新员工制订学习计划，就是整理答辩试题，就连休息的时间也常常是在给他的“学生”答疑。

曹勇辉不仅在一线受理客户业务，完美解决客户的问题，而且是一位十分严格的“华为导师”，他从不亲自去帮助他的“学生”解决实际操作上的技术问题，而是将他的技能一点点传授给华为的新人，教会他们在遇见同样的问题时能轻松解决。在他的培养下一批又一批的华为新员工成长了起来，散播在海内外一线，为华为的业务运行提供保障。

一个企业在培养人才的时候更多的是培养他的技能，让他能够逐渐独当一面，独立承担起一个项目，而不是根据工作中的某个环节指导他的行为动作，“授人以鱼不如授人以渔”，要给员工提供帮助，但不能帮他解决所有问题，企业需要的不是工作机器，而是行业专家。

## 5.3 随时沟通，及时支持

在企业运营的过程中出现的大多数难题并非技术问题，而是人的问题。企业在管理上更要注重对人的管理，才是解决这些问题的关键。

很多时候企业会在员工取得出色的成绩时奖励他，也会在他绩效不够好的时候采取一些措施让他警醒，但常常忘了在关心一个员工工作的同时也要关心员工的心理，在关键时候给予支持，帮助他渡过艰难的关卡。

2010年4月，由于埃及开罗UMTS搬迁之后无线指标明显恶化，华为方被客户叫停搬迁。华为的补救措施没能被客户认同，反而遭到客户一次又一次的投诉。为了让客户方满意，华为成立了当地攻关组，并让陶茂弟担任组长，组织现场夜以继日地进行问题定位。

在陶茂弟的带领下，华为攻关组对可疑点进行了排查，刚开始的时候攻关组排查出来一些问题，但之后却被困在原地毫无进展。陶茂弟很清楚，即便是解决了所有定位出的问题，但网络结构变化过大，一些负面影响仍然客观存在，不可能将网络结构复原。他犹豫不决，不知道是否应该直接向客户说明情况，说服客户接受目前的网络。

华为地区部交付与服务主管薛银钰一直在跟进项目，得知攻关组陷入困境，他立即在邮件中表示支持陶茂弟的行动：“要择机把我们的系统分析与改进计划和客户 CTO、网优总监等沟通。我们自己的队伍还是要有不成功则成仁、破釜沉舟的决心，我依然坚信一定能把这张网搞成优质网络、精品网络。”

与主管沟通之后，陶茂弟带着满满的诚意与客户方联系并解释了项目现状，得到了客户方的理解，最终圆满完成了搬迁工作。

任正非说：“只是把权力交给一线还是不够的，一旦一线做出决策，后方的‘大佬’还要及时从人力、财力等诸多方面提供全面的协助，采取迅速的行动措施，给予一线最大的支持。”

2011 年日本 3 · 11 地震后，华为的研究所和产品线还坚守在震区，灾区余震不断，但作为一线的工作者必须留守当地。当时关于日本可能再次爆发大地震以及核电站可能泄露的新闻铺天盖地，驻守日本的华为员工每天都能接到国内家人的电话，催促他们尽快回家。来自外界的信息和压力让这些员工的心态不稳定，华为的各级管理团队虽然一直在跟进沟通并给予支持，但为了更好地稳定员工的情绪，还是采取了更多的措施。

为了让华为的员工理性看待这次的地震事件，华为无线产品线的骨干核物理专业的应为民，亲自写了一份分析报告描述福岛核电站的风险，并及时将其发送给华为的驻日员工；研究所和产品线主管也在第一时间给每个现场的华为人打电话、发短信，慰问他们；成研所原所长张伟也联系日本的华为员工，向他们讲述了汶川地震时华为是如何解决保障业务和保证安全之间的矛盾的；当时的无线成研分部部长张相军每天都打电话询问情况；PSST干部部的部长李山林迅速组织日本抢通测试研发保障组，从人员管理、信息沟通到物料准备等各个方面统一管理起来；华为日本代表处的领导去宿舍和华为的员工交谈并请他们吃饭。地震后不久，华为的管理高层也飞赴东京，给当地的华为员工办了一次居酒屋晚会，并在晚会期间表示将不断支持他们的后续工作，希望他们有困难直接和上级交流。

华为的奋斗者经常面临常人难以想象的困境，如果华为的管理层没有及时与这些在日本坚持的一线员工沟通并且最快地给出支持行动，这些员工不可能在日本驻守并坚持完成工作。

作为管理者，要能主动做好上下的沟通工作，实时关心员工的动态，以及工作上的困境和心理上的问题，并通过沟通了解员工的需求，尽量给他们提供帮助和支持。

## 6. 建立和健全责任督导机制

在激烈的市场竞争中，企业执行力将决定企业的兴衰成败。科学完善的规章制度和质量管理体系是企业高效运行的基础，而责任督导机制明确了各部门的工作职责，增强了全体干部职工对规章制度的执行力，所以建立并健全责任督导机制是保证企业执行力有效推行的重要手段。

### 6.1　“我们设置了内部控制的三层防线”

任正非说：“一个组织要有铁的纪律，没有铁的纪律就没有持续发展的力量。”华为从成立至今一直发展迅猛，一旦没有健全的责任机制，管理覆盖面就会不足，也会因此暴露很多问题，为了让企业能持续发展，任正非在华为内部讲话中强调要建立起责任督导机制，并称华为设置了内部控制的三层防线。

任正非在会议上说道："第一层防线，业务主管/流程主管，是内控的第一责任人，在流程中建立内控意识和能力，不仅要做到流程的环节遵从，还要做到流程的实质遵从。流程的实质遵从，就是行权质量。落实流程责任制，流程主管/业务管理者要真正承担内控和风险监管的责任，95%的风险要在流程化作业中解决。业务主管必须具备两个能力，一个能力是创造价值，另一个能力就是做好内控。

"第二层防线，内控及风险监管的行业部门。针对跨流程、跨领域的高风险事项进行拉通管理，既要负责方法论的建设及推广，也要做好各个层级的赋能。稽查体系聚焦事中，是业务主管的帮手，不要越俎代庖，业务主管仍是管理的责任人，稽查体系是要帮助业务主管成熟地管理好自己的业务，发现问题、推动问题改进、有效闭环问题。稽查和内控的作用是在帮助业务完成流程化作业的过程中实现监管。内控的责任不是在稽查部，也不是在内控部，这点一定要明确。

"第三层防线，内部审计部是司法部队，通过独立评估和事后调查建立冷威慑。审计抓住一个缝子，不依不饶地深查到底，旁边碰到有大问题也暂时不管，沿着这个小问题把风险查清、查透。一个是纵向的，一个是横向的，没有规律，不按大小来排队，抓住什么就查什么，这样建立冷威慑。冷威慑，就是让大家都不要做坏事，也不敢做坏事。"

关于为什么要健全责任督导机制，设置内部控制的三层防线，任正非这样说道："我们要努力，不能怠惰，内控、监管不是阻止速度，流程顺畅了，速度更快嘛！"

事实上，企业建立起严格的责任督导机制，把握好内控才能使公司高速运行发展，任正非说："高铁跑得很快，但没有内控能行吗？高铁就是流程内控做得很好，从北京直达深圳的列车，一站都不停，一整夜要经过多少监控点，但并没有阻挠它的速度。"所以企业也应该有一个严格的内控机制，出了事追究企业监督过程中发现的"监控点"的责任，这样企业才能像高铁一样运行。

## 6.2　对项目过程进行问责、监管

海尔集团董事局主席兼首席执行官张瑞敏说："权力分散后不等于下面的人可以为所欲为，接受权力的人必须服从集团整体利益在宏观上的要求和控制，要有责任感。关于各公司究竟有哪些责、权、利，集团和各公司之间要以契约的形式明确规范下来。"

华为也在任务下放之后对项目的行进过程进行严格监管，如果员工在项目的行进过程中出现了问题，华为的监管人员将对员工的工作进行问责，在项目过程中还会依据具体情况采取措施来管理员工的工作。

2013 年初，华为的固网工程师们就开始了忙碌的工作，每天晚上的 11：30到 12：00 他们都在做升位并网操作，要到凌晨 1：00 操作才能完成，凌晨 1：00 到凌晨 4：00 这些工程师开始进行网间、网内的电话拨叫测试，凌晨 4：00 到 6：00 导回原始数据，直到早上 6：00 拨叫测试后确定现网数据运行正常，他们才能休息。

从 2013 年 3 月开始，固网工程师们就投入了忙碌的前期数据分析、定义、脚本制作等工作中。这样高强度的工作状态一直持续到了 5 月，短短两个月的时间就要完成一个局点数据的重新设置和测试。

华为技术专家黄勇一直辅助这些工程师的工作，监管过程中由于一个 6 万用户的交换局出现了问题，他组织工程师团队立即着手解决，他和整个团队连续工作了数十个小时，最后终于排查出数据和脚本中的故障，成功拨叫。

除此之外，华为还另外派来实时监管的项目总指挥部，项目总指挥部不仅在项目过程中随时勘察项目进展，也会对每个工程师的职责情况进行监管。总指挥部还于 5 月 9 日、5 月 23 日、6 月 13 日分别在三个地区模拟实际升位并网，进行了三次预演。

预演是为了在这个过程中检查项目的情况，并希望通过实践和教训达成共识。某交换局在第一次预演中发现了一个问题，双方达成一致并采取了补救措施防止错误再次出现，但是到第二次预演时，该问题又出现了，这一次客户不能谅解，对华为的工作进行了严厉的批评。华为总指挥部安抚了客户并安排相关人员排查原因，发现是交接过程中临时负责人员变化导致脚本未交接，从而导致这种低级错误发生。

在总指挥部的监管以及技术专家黄勇的指导下，建立了一个所有资料、文档的汇总、交接以及动作的执行可查询的体系，并在后续良好的规划、充分的预演和及时的总结的基础上，第三次预演圆满结束，项目的进展越来越顺利。

任正非说："监督体系本身是公司很重要的支柱之一，没有这个支柱，华为公司怎么会有明天？而且明天更复杂、更艰难，在这种情况下做好监管更不容易。"因此，华为严格执行内控、稽查、审计等工作，健全责任监督机制，对项目过程进行问责和监管，规范员工的行为和动作。

## 6.3 领导和上司的"传帮带"责任

丰田生产方式创始人大野耐一曾说："一个企业能否成长，就在于你的干部和老员工所认定的精神境界范围。只有他们肯通过成就他人的方式成就自己，你的队伍才能充分成长，你的企业才能基业长青。"

中国人民大学的包政在华为做咨询管理时提到，要强化管理平台一定要建立起健全的责任督导制度，管理者一定要扮演指导教官、扮演引路人的角色，然后"传帮带"地指导华为奋斗者的工作。

在这个责任督导的基础上要对奋斗者的工作进行评价，对奋斗者的工作行为进行批评、约束和激励，而这件事情在企业中是不得不做的事情。健全的责任督导制度是总部的专业职能部门工作的前提。作为企业的管理层，如果不能有效地记录下属员工点点滴滴的努力、贡献和表现，奋斗者得不到表彰，就不会持续保持工作热情；这些一旦要被表现出来，就要求管理者在这样一个问责制度下指导好工作。而首要的条件就是他自己必须像一个教官一样努力学习、掌握知识、了解经验、掌握理论，帮助员工在工作中树立信心并积累工作技能以及工作经验，并从中找到成长和成就的感觉。长此以往，就能让这些员工成为精于一道的行家。企业要找到正确的管理办法，就必须从健全的督导机制入手，并由有经验的领导和上司作为老师和员工之间形成“传帮带”的关系。

为了让人才得到更好的成长，达到一脉相承、生生不息的效果，华为实行的就是包政所提议的“传帮带一体化”的责任制。

这个“传帮带一体化”责任制是一项非常优秀的员工培养制度以及员工的工作监管制度，不仅可以缩短员工进入新环境的“磨合”期，早日胜任工作，极大地降低企业的管理难度，节约人力资源管理成本，还可以使员工之间、上下级之间的关系更密切，强化团队的合作精神，提升凝聚力和向心力，营造一个和谐融洽的内部氛围。

华为的咨询顾问包政被问到如何培养企业人才的时候，回答道：“现在看到很多老板都会说，我们公司没有人才，请包老师给我们推荐一下 HR。我说不，队伍一定要靠自己培养，必须要靠干部“传帮带”，能够带出这样一支团队，这是关键问题。”

德鲁克讲过：“一个企业能否成长，就在于你的干部阶层所认定的精神境界范围。你的境界范围有多大，企业才有多大。”如果我们的干部不能以成就他人来成就自己的话，这个队伍不可能成长。实际上建立责任督导机制的原因也就在这，一个企业必须要推出有成就他人意识的干部队伍对企业的工作进行指导和监管，并在这个过程中拓展干部队伍所认定的精神境界。

包政在为华为做咨询管理工作的时候，不断地告诉华为的员工和干部：“你们要承担起对下属评价的责任，而评价的起点就是有效地布置任务，然后去监督、检查。在这个过程中要指导他们、帮助他们、激励他们、约束他们。”

在任正非看来，想让队伍变成一个能征善战的团体，必须要靠成员内部的“传帮带”，前辈肯于帮助后辈成长，干部不吝惜将能力教给员工，团队才能得到集体进步。

华为的管理层干部承担起了对下属的评价责任，以有效地布置任务为起点，对员工进行监督和检查，在这个过程中根据员工的表现帮助、激励并约束员工。这样的“传帮带一体化”责任制度让华为建立了科学稳固的人才培养体系。

## 7. 鼓励和激发奋斗者实现挑战性目标

任正非说：“我们公司最主要的人力资源精神，是要保持奋斗，奋斗精神永远都不能改变，使命感、危机感、饥饿感永远都不能改变，否则我们将来就会陷入一个万劫不复的危机。”

有人认为一个企业的开拓时期才需要有“勇士”愿意为企业的发展不畏艰难地奋斗，但实际上，大企业要生存下来离不开愿意迎难而上的奋斗者，只有他们在关键时期实现企业的挑战性目标，才能让企业走上一个新台阶。

### 7.1 强调追求对于奋斗者的作用

华为的《致新员工书》中有这样一条：“在华为，您给公司添上一块砖，公司给您提供走向成功的阶梯。希望您接受命运的挑战，不屈不挠地前进，您也许会碰得头破血流，但不经磨难，何以成才！”

对于华为人，不管是新员工还是资深员工，都时时刻刻被提醒着“要奋斗，要有追求”。一个企业有再大的宏伟蓝图，都要依靠全体员工的共同努力，企业有追求还不足以实现目标，要能让每个奋斗者都有追求，有强烈的愿望想要实现个人的事业理想，才能齐力实现企业的目标。

1998年，胡鹏一毕业就加入了华为，想做硬件开发的他却被安排从事互连技术工作。到岗没过几天，他就向当时的研发干部部申请换岗，但最终由于种种限制因素没能申请成功。

当时他的领导见他情绪不怎么好，干活儿也没热情，就与他谈心，告诉他互连实际上是硬件开发在物理层实现的二次开发，是国外非常先进的技术。并且语重心长地对他说：“刚毕业的年轻人要有冲劲有追求，虽然公司在这方面刚刚起步，但从事这项工作非常有价值。”那之后，胡鹏开始拼命学习业务知识，努力工作。1999 年，胡鹏因为业务需要被调往美国工作了一个月，他对自己所做的工作有了深入的了解，并在美国见识到了互连技术的前景。

胡鹏在美国大开眼界之后坚定了做互连技术工作的决心，在领导的激励下，他有了更高的追求，就是将互连技术做到最好。于是华为将他从深圳调到北研所负责 SI 工作。面对陌生的环境、不熟悉的下属以及部门整合的重重阻力，胡鹏顶着压力和新同事分析互连技术如何能更好地发展，而要在复杂、高速信号的硬件环境下做好互连技术，必须同时懂得 SI 和 PCB，为了能让自己的追求不落空，他努力成为精通两项业务的专家。

胡鹏说：“很多机会是需要自己去主动努力争取的。如果你做了，你可能会失败，但如果你不做，就一定会失败。”而正是领导一次次激励他抓住机会，对未来有更高的追求，才让他最终成就了自己的事业，也为华为的发展献出了一分力。

许多员工由于在一个职位上待的时间过长，对现有的工作已经没有了太多的热情，希望能换个工作或是换个环境，但追根究底，是个人对于职业的追求不够，其实每个行业把工作做到极致的人是很少的，重复的工作消磨了员工的激情，甚至模糊了当初想要实现的事业抱负。

这个时候企业需要给员工提个醒，让他们重拾信心和对工作的追求，这样不仅能让员工的工作状态大有改进，还能更好地完成个人和企业的共同目标，实现双赢。

2014 年 5 月，由于某银行要求华为上线交付，刘世龙及其团队派遣了研发专家到一线开局。通过和客户交流并进行了近一个月的现场调测后开始交付试用。上线伊始，客户就提出了很多易用性的要求，但依据产品的开发流程，新需求要三个月时间交付，于是刘世龙告知了客户时间可能要延后，这引起客户强烈不满，华为的开发代表被客户指着鼻子问：“你们到底是不是华为？到底是不是为客户服务？这么几个简单的功能，你们要三个月，外面随便找家公司几天就能做出来，我们自己的应用每两天一个测试版本，每周发布一个新版本，你们也要快起来!”

刘世龙觉得客户方简直不可理喻，要能够按质按量完成产品的开发，就需要一步步按流程来，就在刘世龙不知所措的时候，他的领导找到他，并告诉他：“产品的开发时间只是一个大概时间，作为华为的奋斗者，要有追求，相信团队能在最短时间内完成交付。”刘世龙听后立即和研发的同事以及各领域专家共同探讨如何满足客户需求、敏捷交付。

在各方努力下，华为立项通过试点产品级敏捷开发，尝试需求价值排序，快速决策，每个月按迭代分批持续交付，不断发布新的版本。最终，刘世龙的团队高质量地、快速地完成了交付，竟然还早于客户规定的时间。

此后，刘世龙在工作中一直贯彻“更高追求”的理念，不断要求自己把工作做得更快、更好。

很多时候，企业的员工不是没有能力完成一些具有挑战性的工作，而是在工作开始之前就给自己设限，自己就先否定了自己的能力，在信心不足的情况下，员工往往会有一种“能平稳完成工作就行”的心理，没有追求是很难有出色的工作成绩的。

因此，华为时常强调要干部关心员工，对他们工作中出现的困难及时出手帮助，激励他们，让他们对工作有追求，主动去实现挑战性目标。

## 7.2 不畏艰险，迎难而上

任正非说：“狭路相逢勇者胜，因此在管理上我们不会松懈的，我们只有这条路，否则不可能活下来。大家学文件要学精神，不要误会禁止赌博的文件讲的只是赌博，赌博是要禁止，但主要是讲要奋斗。对高级干部我们是很严厉的，如果我们放任自流，这个公司已经无法生存了，所以我们一个都不容忍，我们毫无退路，只有往前冲。”

2013 年初，华为企业业务 BG 林虹刚转正就被通知紧急出差阿联酋，重点支持企业业务产品准入的文档问题。“这个时候奔赴海外，拓展企业业务，就相当于做‘炮灰’了。”当时林虹的朋友得知这一消息发出了这样的感慨，林虹也深知在紧要关头出国处理这样的难题很有可能会错失一些机会，但她的领导告诉她，作为一个干部需要在危急关头为了公司迎难而上，于是她接受了公司的业务调动。

林虹刚接触在阿联酋的工作，就得知客户要求华为提供一份涉及华为全球项目、历史项目经验、制造工作、客户关系管理、健康安全管理、质检、员工发展与培训等方面的文档资料，并要求文档中包含40多页的表格和200多个不同的附件。林虹以及她所在的工作组倍感压力，但她没有退缩，而是迎难而上，马上交出了一份详细的策划，随后带领一个团队开始整理文档，在W3搜索了几天几夜，打了上百通电话。但在她以及团队联系了十几个部门以后，因为文档的材料不齐全，无法第一时间整理出客户要的资料。

华为公司历来是矩阵运作，运营商业务和企业业务之间、研发测试与工厂制造之间、物流与销售团队之间、全球各大地区部之间，很多信息并没有拉通。为了解决跨部门沟通的难题，她苦思之后决定向EBG总裁求助。

但很快她又发现了新问题：公司缺少英文文档，而且很多重要的项目文档和用户报告散落在全球各个地区部及各个部门。于是，她只能不停地找各个部门沟通、索取信息，并且依靠整理大量的零碎信息来输出所需资料。那段时间她每天面对电脑12个小时，这样的情况持续了20多天，林虹的眼睛都闹起了“炎症”。

但好在最终她向客户输出了一份几千页的严格符合客户要求的文档资料。连客户都十分惊讶地表示：这么快就做好了！

企业对多变的市场的态度会极大影响一个员工面对困难和挑战时的态度，任正非说：“5000年后还有西瓜，我们还要吃西瓜。”也就是说，对于外界的困难，华为的态度是勇敢面对，换取长久的发展之道，所以华为人每次在艰难困境之中会选择迎难而上，解决问题。

## 7.3 做到比好更好一点

华为作为科技创新型企业，对于产品的设计要求十分严格，这样才能保证华为在市场中的竞争力，所以华为对员工的工作要求一直是“做到比好更好一点”，市面上出现的同类型的产品非常多，但消费者在选择的时候会倾向于口碑更好、性价比更高的产品，所以只有激励员工在工作时保持“做到更好”的态度，勇于挑战自我，华为才能在竞争激烈的市场中有立足之地。

2000年，谢清锐入职华为，在华为的智能网业务部负责智能网平台TELLIN 3.0的开发工作。华为研发部门中的开发人员个个都是高手，谢清锐刚进入这样的环境还不是很适应，对自己的要求也不是很高，每天只求完成领导分配的任务。那时候谢清锐每天晚上九点搭乘公司的班车回宿舍时，研发部门的很多开发人员都还在办公室工作。大概一个月之后，谢清锐突然被PDT系统组的某位大领导叫到办公室谈话，虽然只是短短几分钟的交流，但谢清锐却感受到了要成为一名合格的研发人员，他还有很长一段路要走，那位领导对他说：“我希望你对自己要求高一些，我们这里不需要普通的人。”

从那以后，谢清锐为了节省路上的时间，在公司附近租了房子，每天晚上十二点搭乘最后一班公交车回去休息。当时他作为智能网的核心模块TELLIN 3.0 SCP的两个新员工之一，被要求在两个月之内发布产品给测试部，谢清锐认定完成这个任务是绝对要延期的。虽然产品是基于原产品的规模增强一些功能，但需要很复杂的规范来支撑新产品，而当时华为公司没有任何工具能够模拟SSP来对SCP发起测试呼叫，也就是说没法进行单元测试。

谢清锐负责的是开发接口协议模块，刚接手这个工作的时候他一筹莫展，直到第三天他才想到，如果把SCP的接收发送模块里的代码全都反过来则极有可能顺利进行测试。接下来的两个月时间里，谢清锐从早上九点到晚上十二点一直待在实验室里开发SCP的代码，并同时修改另一份代码，模拟出不同的SSP信令发送给SCP进行单元测试。

让所有人始料未及的是两个月后，谢清锐开发的新版本竟然真的按时转交测试部了。当时谢清锐的领导十分激动地表扬了他，称赞他对自己高标准严要求，工作完成情况非常理想。谢清锐也意识到，只有对自己要求更高，才能做到比好更好。

谢清锐作为研发人员，对自己严苛的要求促使他取得了工作上不俗的成就，这也是每个企业要培养的员工的工作态度，企业要培养的是能够为企业创造价值的人才，能一次比一次取得更大成绩的专家，正如任正非所说："我们的目标不是要培养科学家，而是培养商人。这就是我们的价值评价体系，是围绕庄稼打粮食，讲究做实。"

# 第5章 奋斗者的价值评价

华为依据奋斗者所创造的价值来给奋斗者分配价值，其中涉及如何对奋斗者创造的价值或价值创造的要素进行评价。华为认为，只有解决好价值创造、价值评价、价值分配这一条价值链的连接和平衡，才能促使奋斗者有持续的动力去创造价值，换言之，才能构筑奋斗者的动力机制。

## 1. 识别和区分出真正的奋斗者

2000年，任正非在一次讲话中说："烧不死的鸟是凤凰，我希望树立一批真真实实烧不死的鸟做凤凰。有极少数的人是真正'在烈火中烧'，如果说他们能站起来，那他们对我们华为人的影响是无穷的。"

华为一直以来就注重培养真正能艰苦奋斗的"凤凰"，即华为奋斗者，并且依据合理的价值评价和管理来推动这些奋斗者成为华为的中坚力量。所以长期以来，华为都致力于找到真正的奋斗者，并将资源向他们倾斜。

### 1.1 加班加点不是奋斗

任正非说："对员工的评价，看贡献，而不是看加班加点。有些干部以加班多少来评价人，以加班多少来评劳动态度，我认为这样的评价有问题。有些人很快把活干完，质量还很高，贡献也很大，但就是不加班。这说明他可能是一个潜力很大的人，可以给他换一个岗位，多一些事儿，看是否可以提拔一下发挥更大的价值。"

华为的"加班文化"广为流传，在外界看来华为人都很能吃苦，刘雨凌入职华为之前，对华为的印象之一就是"无休止地加班"，但她认为年轻就是要能吃苦，所以坚定地加入了华为。

由于刘雨凌的刻板印象，华为在她看来就是加班文化和奋斗者精神盛行，她认为加班就是"艰苦奋斗"。最开始的那段时间，她常常加班到深夜，周末也不休息，每天都过着"两点一线"的生活。她并没有刻意加班磨洋工，而是实实在在地做事。作为一个职场新人，她也愿意多付出一些精力去学习更多技能和知识，更好地完成交付。努力总会得到回报，她的部门主管很快就发现了这个勤劳肯干的新员工并多次肯定她的工作成果，这些都坚定了刘雨凌继续加班的决心，她甚至草率地认为"艰苦奋斗＝加班"。

基于这样的想法，刘雨凌在成为PL之后的第一次集体评议上，反复强调项目组某某加班到很晚，并向上级申请更好的考评结果。她当时的主管立即阻止了她，并劝解道："评价一个人不是看他辛不辛苦累不累，而是看他最终在工作中交付的成果。"刘雨凌哑口无言，主管简短的一句话"颠覆"了她对"艰苦奋斗"的认识。她意识到"艰苦奋斗≠加班"，艰苦奋斗是要结合绩效来考虑的，加班到几点不重要，最后的交付结果好才是最重要的，按照华为的考核制度，不会因为某个人工作时间特别长而改变他的考评成绩。

刘雨凌改变固有观念之后对公司的加班情况观察了一段时间，发现很多时候员工对"加班＝艰苦奋斗"的默认导致即使任务并不繁重，都得说自己"忙"并且加班到深夜，否则就会成为公司里的"非主流"。但实际上很多时候有些人借着一些没什么意义的事情，整天忙来忙去，然而真正到了交付的时候，就发现都是些没什么价值的内容。这样的"忙"是毫无意义的，这样的"加班加点"也绝不意味着艰苦奋斗的精神。

很多企业中都会出现"加班＝艰苦奋斗"的假象，甚至在华为，也有很多人并没有理解"奋斗者"这个概念。"奋斗者"的确时常为了公司的利益牺牲自己的时间，但不等于浪费自己的精力干无意义的事情，"奋斗者"的真正内涵应该是主动承担更艰苦的工作，但在付出后要获取等额的有效回报。

### 1.2　茶壶里煮饺子，倒不出来就不算饺子

华为一直奉行一个基本原则——"茶壶里煮饺子，倒不出来就不算饺子。"也就是说，一个人的工作能力再强，如果最终的工作结果不好，华为就不认可其能力。绩效考核考评的就是工作中表现出来的过程行为和最终结果，而不是能力。

作为华为的创建者和领导者，任正非十分重视自己以及员工的工作结果，他的每一项决策都指向公司的成长和发展；他的每一次讲话都指向公司发展过程中已经出现或即将面临的问题；他不承认茶壶中的饺子，坚持以责任结果为导向选拔干部，坚持"按贡献大小拿待遇"。

在2014年7月召开的华为后备干部项目管理与经营短训项目座谈会上，

任正非甚至提出要按贡献来评定项目大小。任正非说："什么叫大项目？赚大钱的是大项目，赚小钱的是小项目。项目大小与对公司产生的价值相关，而不是完全与规模相关。小项目可以变成大项目，小代表处也可以变成大代表处。在干部评价系统中，以管辖面、组织层级、功能部门有多少……来确定干部级别，如果这样评价人，结果不会是英雄辈出。"

在"奋斗者文化"盛行的华为，选拔出来的干部当然也是奋斗者中的佼佼者。在华为"EMT 纪要"〔2005〕053 号文件中也写道："绩效是分水岭，是必要条件；只有那些在实际工作中已经取得了突出绩效，且绩效考核横向排名前 25% 的员工，才能进入干部选拔流程；茶壶里的饺子，我们是不承认的。"

除了在干部的选拔上，要选出能"倒出饺子"的奋斗者，在资源和奖金的分配上，华为也向卓有成效的奋斗者倾斜。

华为一直以来都厚待员工，华为的 18 万员工，无论在什么岗位，只要做出了符合荣誉激励导向的成果，那么任何人都能够赢取奖项和奖金。

而华为也专门设置了金牌奖项用来奖励做出卓越贡献的华为奋斗者，华为依据"机会面前，人人均等"的原则来评定金牌奖项，只要是将自己的能力和工作成果体现在绩效上，那么就有机会获得奖项。而金牌个人奖获得者就是从所有绩效考核靠前的奋斗者中遴选出来的。华为年度绩效为 A 的员工比例仅占部门员工总数的 10%～15%，而金牌个人奖所占比例为 0.5%，也就意味着要拿金牌个人奖，首先得进入绩效为 A 的员工行列，不仅绩效要为 A，而且排名也得靠前。除此之外还需要经过多方评定："为部门努力奋斗做出了卓越贡献，支撑公司取得了商业成功。"

这些拿到了华为个人金牌奖的奋斗者都在工作中"倒出了实实在在的饺子"，华为通过这样的物质奖励肯定奋斗者成绩的同时，也放大了奋斗者精神，激励更多华为人在工作中干出实实在在的成果。

## 1.3　能创造价值的才是奋斗者

在华为的评价体系中，一切不能为客户创造价值的劳动都属于无效劳动。

因此，华为的奋斗者在每一次完成任务的时候都牢记奋斗和创造价值这两个紧密围绕华为的核心价值观，他们的每个决策都牢记“以客户为本”，他们做出任何行动之前都会询问自己：“这么做是否会给客户带来价值?”

2014年，华为在做中国移动iODN试点测试项目，李晓婷等四人小分队抵达各省试点。中国移动的项目技术人员同时和多个通信企业接触，所以分配给每家的时间非常有限，李晓婷带领的华为代表队刚到达测试点，就面临着争取客户资源这一难题。为了能够有更多机会展示自己的优势，华为代表队想尽一切办法创造机会和客户待在一起。到了9月中旬，福建、四川等地的测试工作已经完成，李晓婷等人的江苏项目组依然被这个问题困扰着。

9月18日是江苏准备启动正式测试的日子，正值中秋佳节，客户的时间都被占满了。但华为代表队不愿意放弃最后的机会，终于在华为方的反复邀约之下，客户答应预留半天时间给华为。但这并不代表着客户方接受了华为作为合作伙伴，而是问华为代表队：“时间够吗？如果第一项测试都吸引不了客户，后面再争取可就难喽!”

李晓婷不禁紧张起来，正想着要不要调整方案，脑海里忽然闪过一个新想法，她回忆起客户曾无意提到过，不久前中国移动组织过一次铜改光链路调度以便于提高传输效率，但连日改进，光路仍旧不通，项目也被迫叫停。李晓婷意识到要为客户创造价值，才有机会为华为创造价值，于是当机立断组织华为代表队一起商量并调整了策略，将第一项测试改为直接针对自动链路调度的测试。客户对华为的测试结果十分满意，激动地说道：“太好了！新方案我们一直在摸索。没想到这么快被华为解决了！快，我们接着测!”此后的每一次测试，客户都主动要求留在现场一同观察。

圆满完成任务之后，李晓婷以及她的同事都感慨道：“创造价值才能真正留住客户。”在华为，只有为客户创造了价值，才意味着员工也实现了自己的价值。

华为的员工李晓婷抓住了客户的关键需求，为客户创造了有价值的方案，同时也为自己的工作创造了效益，这才是华为对奋斗者的真正要求，即“奋斗者就是要创造价值”。

华为的奋斗观认为，尽心与尽力是两回事，别的企业可能会注重身体上的艰苦奋斗，但华为只认可“为客户创造价值才是奋斗”。

2008 年，杨波主导的华为 SO 订单金额与配置分离项目的供应链、IT、收入业务中心、报告等通过了专家的预审，并且项目的目标方向和解决方案都设计得非常完善，但华为在紧要关头发现与关键对象沟通不到位，造成项目未能成功立项，从而导致部门的重点工作受到影响，杨波作为项目专家以及项目领导主动申请年度考核降级。

在此后的一年里，杨波重点观察了其他部门的项目立项工作，他发现账务需要依赖前端业务部门和业务流程的配合制订解决方案，并且依据方案做出相应的动作，设置相应的控制，并且实现管理价值。

但是杨波意识到能够看出问题并由此设计有效的解决方案，只是对专家的基本要求。想要成为一个真正有实力的专家必须能真正解决问题，推动解决方案的落地。他认为一个成熟的专家最终要解决问题并为企业创造价值。

杨波决心重新做好原来的项目，在修改方案的同时他发现，不管是解决方案本身存在问题，还是缺乏落实解决方案的有效路径，都意味着解决方案的价值没有体现出来，也就是专家的能力没有体现出来。到了第二年，在杨波的努力下，项目经过持续运作，终于成功立项并得以实施。

任正非说：“我们把煤炭洗得白白的，但对客户没产生价值，也不叫辛苦奋斗。”所以华为奋斗者一直以为客户创造价值为己任，并在这个过程中体现出自己作为专家的价值。

## 2. 直线主管是价值评价的第一责任人

孙子说："视卒如婴儿，故可与之赴深溪；视卒如爱子，故可与之俱死。"一个将军如果不花时间、心思和士兵沟通，不承担起他作为领袖的责任，不关心士兵的战绩，如何能够让士兵奋不顾身地跟随呢？

直线主管作为一个团队的领袖，要承担起自己的责任，关心下属的业绩，亲自把握下属的价值评价。

### 2.1　管理者要承担责任

华为的绩效考评制度是层级式的，即由上级领导直接负责下级的评价、考核与指导工作，人力资源管理部门只是负责协助和统筹工作、计算工作。也就是说，华为的上级对下属的工作中每一个步骤都要进行监督和管控，并对下属做出一个科学的评价，从而给出考核成绩。

在这个过程中，上级领导是下属的直接责任人，承担下属工作的监管责任以及评价责任。

华为在绩效管理以及价值评价上一直主张直线主管责任制，并且对主管有以下要求：

①各级主管不是独立贡献者，而是要带领团队创造优秀绩效的领头人，有责任指导、支持、激励与合理评价下属人员的工作，帮助下属成长，全面承担起本部门团队选、育、用、留的各项人力资源工作。

②各级主管要重视绩效管理工作，各级主管的重要绩效考核指标包括组织建设、带团队、培养后备干部的结果。在华为，不能有效承担人力资源管理责任的主管，要调整其岗位；没有培养出接班人的管理者，不得被提拔。

③各级主管要以高度的责任感和使命感落实后备干部与骨干员工的选拔和培养。要把绩效好、有成功经验、能带队伍、思想品德好、忠于公司的干部苗子认真选拔出来、认真培养。

④各级主管要敢于管理，强化综合绩效考核，打造高绩效团队。要加强对下属的目标制订、过程辅导，坚持贯彻绩效分层分级考核区分制度。一定要通过自上而下的绩效考核压力传递，自下而上的绩效考核的结果应用与激励，不断挖掘组织绩效产出。

任正非多次强调：“华为只要能担当并愿意担当的人才，有强烈的责任感和危机感，不腐败、敢担当的干部才是真正优秀的干部，华为要让这部分人担当重任。”

在职场上，判断一个干部是否成熟，要看他能否对自己的下属负责，是否勇于承担责任，而不寻找各种理由和借口。只有真正有担当的干部，才能真正成为企业的力量，支撑企业的未来。

## 2.2 拒绝以包代管，主管是直接责任人

所谓以包代管，是指工程或行政监督检查职能等通过将责任和权利等以合同形式分包给别的单位、企业等，发包方对安全、质量等不再管理。

这样的直接后果就是管理者成了甩手掌柜，将任务分配下去后不再参与管理工作，不管“承包”任务的单位或企业有没有能力完成一个管理者的职能，只是在任务结束的时候进行验收，坐等分钱。这样的行为最后极有可能导致任务的完成情况不达标，无法实现企业的目标，甚至出现比较严重的效率事故。

在华为看来，认真负责并处于管理状态的员工才是企业最大的财富。什么叫管理状态？就是上司和下属之间形成连带责任，每一个上司都必须指导、帮助、约束、激励下属。所以每周在下属制订计划方案的过程中，上司要有指导意见，然后对下属的要求做出承诺，明确提供什么样的帮助。下属工作完成后要总结汇报，上司要做绩效沟通，提供评价意见，这些都要记录下来。领导干部是不是只当“二传手”，做“甩手掌柜”，在这个过程中就会显露出来。华为用非常强大的组织氛围和力量，迫使干部群体承担责任，将工作做实。做得好的干部就表彰、晋升，做得不好的就下放、轮换。华为在这方面

下了很大的决心，宁可丢了业绩，也要让干部通过轮换动起来。通过轮换激活干部群体，同时也避免长期不轮换导致某些干部养成不良的习惯，把手下的人培养出来了，而自己年纪轻轻就“提前退休”。

华为创业初期为了快速成长，许多管理者采用“以包代管”的方式层层施压，将任务摊派给下属，然后做“甩手掌柜”，最终问下属要工作效益。一旦出现问题，管理者就会直接让下属承担后果。

任正非很快意识到其中的弊端，他认为企业的目的是价值贡献最大化，而不是利润最大化。利润最大化只满足少数人的追求，相对于追求生存和发展员工来说，企业一味地强调结果而忽视了管理，那么，就会有人为了奖金和业绩弄虚作假、欺上瞒下，最后受损的就是企业和那些奋斗者。

后来，任正非明确强调管理不能以包代管，直接主管要直接负责具体业务管理工作，要用管理推进价值提升。

## 3. 客观、公正地评价下属的贡献

华为的轮值 CEO 徐直军说：“公司所有的人力资源政策都是围绕‘奋斗者’来制订的，无论是工资、奖金、TUP 还是 ESOP，都是围绕‘贡献’这两个字，在华为公司只有做出了贡献才会有回报。至于判断谁贡献得多，团队主管应该是看得清楚的，首先干没干活是清楚的，然后干的活有没有用、对团队目标是真贡献还是假贡献是清楚的，贡献得多或少也是能看得清楚的。”

### 3.1　绩效评价务必要公平公正

美国心理学家约翰·斯塔希·亚当斯提出工资报酬分配的合理性、公平性及其对职工生产积极性有重大影响，企业在绩效管理上应该科学运行绩效评价体系，让员工对自己和参照对象（即同事）的报酬和投入的比例的差距感觉到合理且公平。

华为的绩效评价体系素来有两个要点：第一，舍得给大家分钱；第二，分得有依据，绩效评价公平公正。

2011 年石艳东被提拔为华为系统部主任，他的直线领导告诉他：“最关键是带好队伍。战场上有时可以自己冲上去砍，但长远来看，一定要抑制自己冲上去的冲动。”这些话让他思考管理者和员工之间的关系，以及如何调整自己作为新晋管理者的工作模式。思索之后他决心弱化自己在战场上的形象，把更多展示的机会留给他的下属。

并且石艳东认为要和下属们打成一片，除了关心他们工作之外还要关心他们的生活，于是石艳东的团队里常有这样的对话：

员工 A 说：“石哥，你推荐我买房子的事办不成了，太忙，没有时间办手续。”石艳东回道：“把工作委托一下，抓紧去把房子买了。房子买了，才有姑娘愿意给你当老婆，你小子生活才有规划，工作才会更加用心。”

员工 B 说：“领导，我今天又喝了一场，感觉很好。”石艳东关心道：“你工作努力我肯定你，但是做客户经理，时间、精力和健康都很宝贵，你整晚喝大酒，把身体搞坏了怎么办？回家把老婆陪好，打大仗时才能没有后顾之忧冲上去，创造更大的效益。”

在石艳东成为主任两年以后，由于和员工的关系十分要好，他在绩效管理上也没能狠下心来处理绩效略差的团队成员，但长期这样使得团队效益受到影响，于是他一度陷入困惑的境地，他自己认为做主管要“护犊子”，但一直被他保护着的某个下属工作绩效一直没有进步。甚至在石艳东的领导找到他谈话的时候，他还是凭本能护着那个下属。但他的领导问他：“管理中法和情孰轻孰重？”石艳东回答不上来，他的领导告诉他：“法外情最重。”

石艳东恍然大悟，对于一个组织，如果不把有问题的人处理好，就是对其他团队成员的不公平，也是放任伤害组织的行为。一个奋斗型组织，要平衡每一个人的处罚和利益，这是对管理者负责，对组织负责，更是对每一位奋斗者负责。

石艳东虽然早期在绩效管理工作上有偏误，但也及时被他的主管点醒了。如果在考核中存在过多的主观意识，会让团队的其他成员心理不平衡，在考核中也会出现障碍，更严重的是让绩效考核流于形式，这样不但不能体现出绩效考核的真正价值，反而会给企业带来负担。

因此，在企业的绩效管理上，应客观对待每一位被考核人员，不徇私舞弊，用公平公正的价值评价激励员工提高工作效率。

### 3.2 不拘泥于级别，肯定下属的贡献

很多企业的员工薪资水平和奖金分红都受员工的身份、资历等方面的影响，但在华为看来，只要员工真正创造出价值，那么他就应该获得相应的奖励。

华为发展至今越来越强调贡献的重量，做出大贡献的人才能获得大的利益回报，反之亦然，同时，每个人都拥有在创造高业绩的前提下获得较高的利益回报的机会。

从2007年3月到2010年4月，吕晓峰一直在行销机关做三级部门主管，当时他有一位尼泊尔籍的下属A，在清华大学留学，毕业后就一直待在中国工作并娶了一位中国太太，中文水平很高，是一位典型的“中国通”。

A毕业后一直在电信行业工作，加上英语很好，能很好地与客户沟通并理解客户的需求，吕晓峰成为他的主管后十分看重他，让他承担了一些重要的工作。某次年度考核的时候，吕晓峰和他沟通年终奖励等问题，他问吕晓峰：“晓峰，为什么我没有配股呢？我比很多获得配股的中国员工干得好，这你是知道的。”

吕晓峰费了半天工夫跟他解释中国法律的限制，导致外国籍的员工无法获得华为的配股，但是华为是不会让真正工作出色的人吃亏的，付出一定可以获得合理的回报。A理解了吕晓峰的意思，后续工作也十分努力，并没有受到无法配股这一问题的影响。后来A在巴展讲解、重要客户接待以及市场支持等工作中表现出色，并在某重大项目的突破中做出了重要贡献。

吕晓峰不能忽视他的突出表现，为了弥补A无法配股造成的物质奖励上的损失，吕晓峰在年终奖评定时没有拘泥于A当时的级别，而是考虑A出色的绩效，为A评了高出当时同等级别同等绩效一定比例的年终奖，在定岗定

级中也把他提升为17级专家，并且肯定他的工作成果，支持A力压部门一些强手，获得了2008年度销服体系金牌员工的荣誉。

华为的轮值CEO徐直军说：“公司的核心价值观之一是‘以奋斗者为本’，为什么是‘以奋斗者为本’而不是‘以人为本’？因为‘以人为本’是不管干不干活都要以‘人’为本，而‘以奋斗者为本’强调以‘努力干活的人’为本。”

吕晓峰就奉行了华为的“以奋斗者为本”，为努力干活且有贡献的奋斗者争取利益，肯定其功劳。这种不受级别以及国籍等外界因素的影响，切实为真正的奋斗者考虑的做法也为华为留下了大量的高绩效人才。

## 3.3 以贡献定报酬

任正非指出：“进入华为并不意味着高待遇，因为公司是以贡献定报酬，凭责任定待遇的。对于新来的员工，因为没有记录，晋升较慢。”华为一直以来奉行的原则就是，抛开学历、职位等因素，单纯以贡献给员工定报酬。

任正非认为的公平就是，一个人有多大能耐、取得多大的成绩就能获取多少回报。这种不论资排辈、不投机取巧的方式，不仅为华为培养了优秀的人才，为公司带来机遇、带来利润，更是在企业和员工之间建立了牢固的关系，维系公司长久健康发展。

2012年底，华为攻克了多年未拿下的“大粮仓”，终于拿下了某国近10亿美元的订单，华为当即就给立下汗马功劳的竞标团队奖励了700万元人民币。第二年正式签订了合同之后，任正非又拍板决定要再奖励竞标团队1000万元人民币，当时的地区部总裁立即拒绝，说：“老板，已经奖励了，这次您请大家吃个饭就行了。”任正非不肯：“你自己吃饱了不管弟兄们死活，那我请你吃饭，把你的奖金股票工资都给我，我天天请你吃饭……”

地区部总裁一天内接到任正非打来的5个电话，任正非一直向他强调：“你要认真想想，弟兄们在一线干活不容易，要给大家分好钱啊……”面对巨额奖金，地区部总裁不敢就这样收下，于是回道：“老板，1000万元太多了，我不敢要，压力太大，哪有一个项目奖这么多的？我虽然一分钱不分，但我内疚啊。”任正非坚持要再次奖励竞标团队，于是问他：“那你告诉我多少合适……”最后在任正非的坚持下，华为给这个取得卓越成绩的竞标团队再次奖励了700万元人民币。

当时华为运营商BG总裁邹志磊说：“我们要一碗米，他不是给你一斗米，他给你十斗米；你准备了一顿大餐，他给你十根金条。”邹志磊也认同任正非的做法，因为这些一线奋斗者做出的贡献大大超过了公司的预期，他们也理所当然要有相应的回报。邹志磊还接着说：“老板做的事短期内不要评价，拉长看很少有人能超过他。一个项目怎么干他不关心，只要结果，他给你政策、资源，还告诉你，这本来就是你们挣的……”

从任正非按照贡献大小及时调整奖励力度来看，华为遵循以成果为导向，根据功劳大小来给奋斗者分配胜利果实的原则。

任正非赞同“英雄不问出身”，在他看来，只要做出了同样的贡献，公司就应该给予同等的报酬，只有保证公平，才能最大限度地激发员工的工作潜能。

华为也基于“多劳者多得”的理念，建立了一套体现同等贡献、同等报酬的分配体系——岗位标准工资。

华为的岗位标准工资制度将员工职位分为22个等级，每个等级又按照胜任能力分为A、B、C 3个层次，将每个等级与员工绩效考核成绩相对。岗位标准工资依据面试、试用情况以及对日常工作、项目执行的评价的等级来确定，总之做出的贡献越多，得到更高回报的可能性越大。除此之外，岗位标准工资中还设定了胜任系数，以奖勤罚懒。

华为实行岗位标准工资制后，不再或很少由上级给员工任命、定级，完全由员工按照相关规定自行应聘相关职级，上级只是负责考核。这就有效杜绝了各种不公平的现象。

多劳者、多贡献者则“发财”。从华为创立之初到如今，始终贯彻着这条准则，由于“分配不公”引起的组织内讧、消极情绪以致团队分裂的现象在华为历史上很少发生。与此同时，多劳者、贡献者则“升官”的干部晋升机制，在华为也一直坚持得比较好。

## 4. 用效益说话，部门要交出钱来

任正非说：“我们现在就是拿钱，就是每个部门都拿钱来，不拿钱就不行，要讲究这个金融危机，最主要的问题就是钱，没有现金流就不行，大家都讲故事把钱砸进去拿不出来，这不就是危机产生了吗？你别跟我讲故事，没钱你就不能分钱，不能分钱你的弟兄们就把你的股票分摊了，他还会让你登台？”

### 4.1 提高盈利能力，提高贡献利润率

企业要强调员工的价值贡献，要以创造效益为衡量员工责权利的第一标准，很多老板在经营企业的过程中过分强调过程的重要性，评价员工多是用其“做事”与“没做事”来衡量。而实际上，企业是要靠成果生存的，员工做再多的事，整日忙得不亦乐乎，最后不能为企业创造收益，企业便无法有效地运营下去。

因此，在管理部门的绩效之时，应该关注奋斗者的工作过程，但更应该重视结果，要提高奋斗者的盈利能力和贡献利润率。

某次，任正非到日本代表处开展座谈会，会议上有员工提出日本代表处交付的都是新产品、新技术的项目，导致交付投入大，而公司又对效益提升有要求，请求在效益提升上松松绑。

任正非则说：“把你们的奖金等反算到日本代表处来，我们将来会把非洲的战争费用、艰苦补贴费用平摊到各区域部，非洲要买好的吉普车以躲避战争及被绑架的危险，日本代表处也要出钱，这样算下来，你们必须多赚钱，发达地区不赚钱，难道还让非洲补贴你吗？赚不到钱，说明你没有本事。如

果你们是亏损的，我为什么要支持你们发展呢。所以你们要改变这个现实，你们才有可能发展，你们的发展是需要靠自己赚来机会，靠非洲的钱来投日本的战略，你这个理解是错误的。非洲的弟兄充满了干劲，争抢了市场。但不能把他们抢来的粮食运到日本来呀，日本战略投入需要你们努力，你看日本的贡献利润率还是比较低的。”

任正非认为，无论是从为企业创造价值的角度而言，还是就员工自我价值的实现而言，结果都要重于过程，这并不是说过程不重要，而是说，结果的意义要大于过程，毕竟过程并不能决定最终的价值输出。

2015年，华为手机出货量首次突破1亿台，于是华为各有关部门趁热打铁制订了2016年的目标，2016年华为的年度手机出货量目标是1.4亿台，结果最终的出货量为1.39亿台。据称没能完成1.4亿台目标的主要原因是产品存在产能问题，否则依据正常的推算，2016年华为的手机出货量可以达到1.5亿台。

媒体据此消息报道称：“华为老总任正非向余承东表达了不满，让华为终端感受到了比较大的压力。”并现场采访了余承东，特别在采访中问了一句：“任正非有没有批评你业绩不达标？”余承东有些怅然地说：“产能的问题任总是能理解的。如果非要说批评了什么，那就是批评我们盈利能力还是不足，利润增长太慢，太多利润都被渠道商赚走了，我们成了为渠道商打工的了。这是任总比较不满意的。”

就在2016年底，余承东发表新年贺词时，十分明确地强调：“2017年将是华为精细化运营的变革年，一切都要以利润为中心，减少机型做精品。”显然，这和任正非提出的要提高盈利能力，提高贡献利润率是相吻合的。

对企业来说，经济效益是企业一切经济活动的根本出发点。企业在管理上应注重的是，既要合理安排企业的规划及战略方向，又要运用科学的企业管理手段，有效地发挥人力、物力等各种资源的效能，来实现企业的经济效益。

要提高企业的经济效益，就要提高部门的经济效益，而部门经济效益要依靠更强的盈利能力和贡献利润率来创造，要求管理细化到每个部门以及每一个员工，让他们能集中力量创造更大的部门效益，累积更大的企业经济效益，以促进企业更好更快发展。

## 4.2 干部一定要有好的实践结果

在华为，奋斗意志和奋斗者的干劲只是干部的工作基础，提拔的管理干部一定要有好的实践结果。

任正非对华为干部的要求一直都是一句话："你必须要有结果。"而这个结果，显而易见就是干部在工作中的实践结果，不管是销售额还是项目的顺利完成，只要是带领团队创造了效益，就达到了任正非的要求。

华为的刘翔担任过STC系统部&沙特代表处重大项目部部长、巴林办事处主任以及巴基斯坦T子网系统部部长和T子网炸碉堡项目PD，他的职场经历十分丰富，是一名"7年升7级"的"少将连长"。他之所以能成为华为干部中的一员，是因为他工作期间为华为创造的效益。

2015年7月，巴基斯坦T子网长期被华为的友商占据，地区部的领导征询了刘翔的意见，虽然依据他的发展路径，他可以选择去更高的岗位挑战，但领导一句"战场需要你"就让刘翔决定收拾行李奔赴巴基斯坦。

2015年9月，刘翔全家到达伊斯兰堡，还未安定下来刘翔就接到公司的任务。要完成T子网无线突破这个公司级战略目标，让刘翔感受到了前所未有的压力。

3个多月的努力之后，集团客户出于自身的战略考虑，在巴基斯坦子网项目中没有给华为交标的机会，直接选择了与现网友商进行议标。但就在无线项目结标之后不到1个月，华为的友商因为涉腐被T运营商列入了黑名单，T子网随即暂停了和华为友商的新项目合作，华为友商的客户满意度降到冰点。

2016年2月初，事情出现了转机，子网客户表示要引进第二家供应商纳入核心战略。很快亚太5国移动承载集采就按照原计划发出，子网客户全网开放。

刘翔意识到这就是华为的机会，他立即组织项目组的成员行动起来，力求在投标和澄清期间根据客户需求做出符合客户的方案，于是刘翔边调整标书边接触子网客户，在这期间做了5次正式服务搬迁割接方案交流，集团客户还主动联系刘翔做了2次独家的搬迁割接细化讨论。子网客户对华为的认可度非常高，甚至帮助华为项目组修改PPT的架构和逻辑，并且拉通交付及运维团队，与华为充分互动割接方案。

但刘翔在与客户接触期间发现“一家独大”违背了集团客户的策略，他开始怀疑继续这样的交流模式很有可能不能成功拿下客户，果然，这个项目最后的结果是其他4国顺利关闭，巴基斯坦T子网流标。

刘翔并不觉得这就是最终结果，于是他在招标结束后立即与子网高层密切沟通，充分展示华为始终以T子网为中心的决心，不断投入和帮助T子网获得商业成功，子网高层被华为感动，主动站出来挑战集团的决策。最终，华为成功拿下了客户，获得了传统网络的突破。而刘翔作为项目组的领导，也在工作中做出了好的实践结果。

从刘翔在争取巴基斯坦T子网项目的过程中就可以看出他在工作中一定要取得好的成绩才罢休，所以刘翔在7年内连升7级，可见华为对干部的要求以及在提拔干部上注重干部的实践结果。

任正非认为，干部的职责就是带领团队多打粮食，为企业创造贡献。所以，干部作为一个团队的领袖一定要带领团队拿出成绩，做出效益。

## 4.3　交出钱来才算胜利

任正非说：“你们说要做世界第二，我很高兴。苹果年利润500亿美元，三星年利润400亿美元，你们每年若是能交出300亿美元利润，我就承认你们是世界第三。”这是华为人坚信华为能占领世界的销售市场时任正非的回答，他表示要交出钱来才算是胜利。

华为一直以来都是务实的公司，任正非反对一切口头的胜利，他允许大胆的想法，但只承认实实在在的成果。

2009 年，华为与印度 X 集团签订了一份价值 1.56 亿美元的合同，印度的 X 集团向华为购买 2G 设备和服务，但项目结束后华为一直没有收到 X 集团的尾款。直到 2012 年，印度 X 集团还拖欠华为 1.28 亿美元，其中包括 X 集团母公司的 1.18 亿美元设备款，以及 X 集团两家子公司拖欠的 1000 万美元服务款。

华为印度代表处多次谈判、催促 X 集团还款都无济于事，无奈之下只好决定依据法律途径追回欠款。于是 2012 年 7 月份，华为法务部和印度代表处成立了项目组，印度代表处法务部长 Gaurav 以及印度代表处的冉明耀成为核心成员，法务内部由宋博直接指挥，针对这 1 亿多美元的合同款进行诉讼准备。

诉讼程序开启之后，华为的法务项目组发现华为竟然只是 X 集团的“债主”之一，甚至 X 集团对诉讼已经司空见惯，并嚣张地表示：“你们不是起诉了么，那我们只有法庭上说话。”华为项目组见状有些焦虑，按照传统战术这场官司将变成一场消耗战，依照印度的司法效率，起码得用五六年时间才能将余款追回。

为了打赢这场官司，且不耗费太多时间，华为项目组决定不按照之前“走流程”的模式静观其变，而是开始主动出击，他们每天看印度的电视新闻、报纸，通过各种渠道找寻 X 集团动态所透露出来的信息。仔细追踪一段时间之后，华为项目组发现 X 集团不仅从事电信业，还涉足油气田的交易，并发现印度石油和印度石化正准备购买价值 24.5 亿美元的莫桑比克油气田，而种种迹象表明这个油气田是 X 集团的。

2013 年 5 月，华为项目组赶往莫桑比克，并拜访了与油气田交易有关的各界人士及机构：当地名律师、矿产部部长、总统顾问，以及中国驻莫桑比克大使馆等。在这个过程中不断找线索、看材料，并手写记录了重要的文件，逐渐发现了更多莫桑比克油气田的相关线索，与 X 集团的关联和证据也越来越多。

在德里高等法院第一次开庭的时候，X 集团的律师在庭上十分轻松自得，但华为亮出了在莫桑比克收集到的证据之后，对方律师神色明显紧张起来，而法官看到如此清晰的证据，也完全倾向了华为。

虽然 X 集团紧急聘请了印度著名的出庭律师上诉，但华为在证据充足的情况下一一应对。持续了一年多的官司终于在法官的宣判下结束了，2013 年 12 月 20 日下午 3 点，法官宣布判决：“X 集团需要在 7 日内向华为公司出具见索即付银行保函。”

到了 2014 年 4 月 9 日上午 11 点，华为方终于得到 1.28 亿美元设备款终于到账的消息，整个项目组一片欢腾。

华为与印度 X 集团的合作早已结束，但却在几年之后才拿到合作款项，试想如果最后华为没能追回尾款，不就意味着华为在这个项目上的投入全部都打了水漂吗？在华为看来，项目的成功结项并不意味着胜利，要项目的款项都落袋为安才算是真正的胜利。

实际上华为要求部门能“交出钱”来，是为了企业更稳定地发展。这里的“钱”不是通常所理解的手持现金，是指要将企业的工作效益转到企业的库存现金和银行存款中，以便于企业的下一步计划，在一定程度上也降低了企业在应对金融危机时的风险。

## 5. 价值评价要能够拉开差距

2009 年，任正非在与杭州代表处管理团队座谈会上语重心长地说道：“前 20 年华为公司怕不平衡，后 20 年华为公司怕平衡，要把奖励和机会向成功者、奋斗者、业绩优秀者倾斜，大胆倾斜。我们要拉开差距，后进者就有了奋斗的方向和动力，组织才会被激活。”

### 5.1 价值分配策略要根据奋斗者贡献制订

判断一个企业的价值分配策略是否有效，最重要的依据就是该策略是否能够促进员工“责任结果”的提升。企业中的每个员工对组织的贡献是不同的，是“不平衡”的，这也就意味着“平衡”的价值分配策略是不可能与之匹配的。

所以要制订合适的价值分配策略就要“打破平衡”，动态地分配奋斗者的价值，否则就不能真正激励“责任结果”好的奋斗者，就不能激发全员的持续提升和改进。

华为规定考核网络设备这样的成熟业务的时候，每个代表处必须实现基线管理（不包括工资，只包括奖金），奖金以考核为准，考核以基线为准。也就是说，每个代表处的计划出来后，都要有一个相应的业务基线，将实际完成情况和这个基线进行比较。基线也不是只有一条线，销售要有基线，利润也要有基线，二者权重谁大谁小，不同时间权重有所不同，不同区域也有所不同，但不是随意变化的。

员工只需要对比基线标准去做，并且努力做好，一个周期结束后，该得多少奖金，公司会立刻发放。用华为网络设备业务部门的员工的话来说：“成果一经公布，谁做出了怎样的成绩一清二楚，做得好就多拿，做得差就少拿，谁也挑不出毛病。想要多拿奖金，赶上前几名，那下个周期把工作做好就是了。”

在价值分配根据奋斗者贡献的动态调整过程中，难免出现一定程度的价值分配结果和客观事实偏差现象，就像价格不可能恒等于价值，但只要坚持正确的导向，强化管理，这种偏差就可以被控制在合理的范围之内，不会成为主要矛盾。

任正非说：“践行价值观一定要有一群带头人。人才不是按管辖面来评价待遇体系，一定要按贡献和责任结果，以及他们在此基础上的奋斗精神。”所以要制订合理的价值分配策略，就要把偏差控制在合理范围内，依据奋斗者的贡献多少来决定他能得到的价值比重。

## 5.2 善用差距发挥奋斗者优势

任正非说：“在华为前20年，我们不知道什么样的政策是正确的，那个时候我们想留人，也不知道应该给人家多少钱，也不知道给人家什么职位，职位也乱了，工资也乱了。我们好不容易平衡到今天，在我们有可能自己来改变这个结构的时候，我们不改变，在将来被迫改变的时候，我们是很被动很被动的。”

一个企业要想充分利用人力资源的价值，就要能够发现个体差异性，并充分利用个体的长处。最大限度地放大奋斗者优势，除了依据个人特点安排职责之外，还应在价值分配上有所体现。

华为的高级副总裁陈黎芳谈到员工的差异性时说：“把全体员工个性改造成一样无异于把煤洗白，是没有价值和意义的。”

她在一次会议上分享了一个长年工作以及学习得来的结论，她说：“人脑分为四个区域，左上区域擅长数据、事实、理性、逻辑、对错；左下区域关注执行和细节；右下区域关注人；右上区域类似望远镜，关注的是远的东西，如事物的本质以及行为习惯给未来带来的影响。每个人大脑四个区的偏好度都是不一样的，实际上公司不同岗位、职责也需要不同的素质模型。”

因此，陈黎芳在管理团队的时候非常注重尊重和欣赏个体差异，她不仅看员工的远景发展，也看员工的细节维度，纵向、横向地观察对比一个人到底适合处于何种位置。每次她的下属汇报工作的时候，她既关注目标，又关注执行落地的细节，并从中考察该员工的工作完成状况，发现对方的擅长之处。在这样的过程中她会判断她所面对的员工大概是哪一种类型的，结合员工自己透露的喜好，给出奋斗者更可观的价值分配以及更合适的岗位。面对与之前相距甚远的岗位待遇，奋斗者倾向于选择在更适合自己的岗位上发挥最大优势。

华为一直以来在激励和分配上向贡献大的奋斗者倾斜，但贡献大的人不一定能持续贡献，甚至有很多人并不能发挥自己的最大优势做出大贡献，所以企业在这一方面必须打破平衡，通过更多选择以及更大的价值差距来给奋斗者找到最适合的位置。

## 5.3 价值分配上要打破平衡，拉大差距

任正非说：“要按价值贡献，拉大人才之间的差距，给火车头加满油，让列车跑得更快些及做功更多。”在利益共享的基础上，华为并不是一味地强调均衡，而是强调要有动态上的变化，要打破平衡，制造差距，用差距来鞭策员工持续奋斗。

华为以“奋斗者”对企业的贡献和自身的人力资本为尺度，通过利益分配制度的创新，让员工分享企业成长的收益，从而使员工与企业发展产生真正的密切关联，形成了“高能力、高报酬、高绩效”之间的良性循环。而事实上，这种循环之所以能够得以顺利实现，一个重要的保证因素就是“差距”的存在。

20世纪60年代，美国管理心理学家斯塔西·亚当斯提出了公平理论。公平理论的基本观点是：当一个人做出了成绩并取得了报酬以后，他不仅关心自己所得报酬的绝对量，也就是说，员工不仅会思考自己的收入与付出的劳动之间的比率，还会将自己的收入和付出之比，与相关人员的收入和付出的比率进行比较。当人们把自己的报酬与做同样工作的他人报酬相比较，发现二者是相等的，他会感到这是正常的、公平的，因而心情舒畅地积极工作；当他发觉二者不相等时，内心就会产生不公平感，于是有怨气、发牢骚，继而影响工作积极性。

21世纪初，德国社会行为学家弗雷·莱纳德在亚当斯公平理论的基础上指出，如果企业能够合理利用这种“相对”差距，并且让员工充分意识到产生这种差距的根源并非是管理者的失误，而是两个比较对象之间确实存在价值创造能力上的不同，那么，这种差距就会成为低报酬一方努力追逐的动力。

早在1995年，任正非便在《目前形势与我们的任务》文件中强调：“我们将逐步拉开差距，提高优秀人员的待遇，让雷锋先富起来，使千百人争做雷锋。”而在1996年的《脚踏实地，摆正位子，迎接公司全方位的改革》的

讲话中，任正非又一次强调："华为缺少火车头。我们一定要坚定不移贯彻倾斜政策，向市场人员、向开发人员倾斜；要在很长一段时间维持这种倾斜；要保证作战的人受益最大。"

在具体执行中，为了科学地拉大差距，以创造员工的奋斗动力，华为做出了很多努力，其中特点最为鲜明的就是奖金分配。

21 世纪以前，华为的奖金分配还是遵循过去"大锅饭"的形式，哪个部门业绩好，就集体奖励，哪个部门业绩差，就集体受罚。由于市场的发展和管理者认识的提高，华为开始意识到，这种规模型分配对人才的实际激发效力很小，集体奖励和集体受罚近乎没奖没罚，无法作用到每个员工身上。

于是，从 2001 年开始，华为逐步制订了透明的业务部门奖金方案，稳定奖金政策，形成自我激励和自我约束的可持续发展机制。

2007 年，华为接受了英国对本地员工的双轨制考核建议，将短期奖金激励与 PBC（个人业务承诺）的晋升考核很好地管理起来，保证了"差距"的有章可循，实现了本地员工奖金透明化，员工自己可计算、可管理，避免了传统的奖金大排队的做法。同时，任正非在 EMT 会议上指出，要逐步制订相对完善的奖金策略来激活组织。高层团队的责任是确定奖金的导向机制，并授权下级团队策划多样化的分配方案。要把奖金的发放规则按业务需求和管理要求来细分，增强激励的针对性、及时性，以起到明显的杠杆效应。

2009 年，华为继续对奖金进行优化，一方面打破了跨区域的平衡，另一方面打破了区域内部的平衡，同时，更打破了人与人之间的平衡。如果看到哪里奖金很平均，那这个干部必定要下台。此外，华为还规定："奖金评定要简单，当期贡献，贡献好马上就给奖。不要把一大堆事情放到一起评，这样奖金就变得很复杂，就不公平。"

任正非指出，"工资改革是为了合理推动公司的管理。我们要向承受压力大、工作难度大、创造性的工作倾斜。摆平的做法，抹去了不同人员承受的压力是有巨大差别这一现实，是对那些公司最有价值人员的视而不见，这反而是真正的不公正。"

此后华为打破利益均衡分配原则，坚持“以贡献大小判断奖金多少”的利益分配原则。也正是在这种近乎固执的坚持下，华为向奋斗者倾斜的利益分享机制才逐渐确立下来，并且潜移默化地激发着绩效一般的员工向绩效优秀的员工学习，不断追求高绩效的进取心。

## 6. 完善奋斗者价值评价沟通机制

任正非说：“一个企业的员工如果不合格，那么他就发展不起来，而一个企业缺少正确的价值评价系统则无法壮大。”由此可以看出，价值评价体系对企业发展具有重要作用。

除了要结合自身发展阶段建立一个有效的价值评价体系，企业还需认真思考企业在高速发展过程中，固定的价值评价体系是否能有效地运作，还应该结合企业的发展情况，以及下级反馈情况调整并完善奋斗者的价值评价机制。

### 6.1 通过公示绩效做好绩效管理工作

华为曾经开展过绩效公示的工作，IBM 的专家说：“绩效管理的本质是为了提升组织和员工的绩效，并实现两者的双赢。”华为让所有人直观地面对部门之间的绩效差距以及员工之间的绩效差距，就是为了营造一种公平、公正、公开的奋斗环境，刺激全体员工为提升绩效水平而努力。

2011 年，华为的基层研发主管蓝田（化名）倍感压力，当时为了激励华为人，华为决定将绩效公示出来，蓝田对此事有一些顾虑，他找到了部门的同事以及其他部门的主管一起讨论这件事，发现大家都有一些担心，但很快他们就谈论到绩效公示这件事的重点，那就是大家选择加入华为，无外乎在意两件事：一是获得好的绩效，二是得到好的发展，而这两者都需要通过不断学习来提升自己的能力。

而华为进行绩效公示这一举措无疑是为这些奋斗者打开了一扇门。绩效公示之后，所有人的好的经验都会被总结、提炼并分享出去，这是一个向优秀的人才学习的好机会。

但蓝田作为一个基层主管，要顾虑更多的问题。绩效公示之后，他的团队成员都会直观感受到团队的战斗力以及团队成员之间的差距。在蓝田看来，他必须要给全体成员一个交代，很多时候他更注重打胜仗，而不愿意花费太多时间在论功行赏上，在他看来团队只要获取了整体的大胜利，底下的员工也会坚定地跟随自己。

绩效公布之后，蓝田明显感觉有些员工自我期望过高，他不知道该如何平衡全体员工的心理。伴随着忐忑不安的心情，蓝田决心与各 PL/LM 一起将整个团队的导向、目标梳理清楚，并基于绩效将日常的评价、反馈做好，果然这样之后没多久绩效管理水平提升了，团队成员的绩效也都提升了，蓝田的管理能力也在这个过程中得到了锻炼。

绩效公示对在工作上取得良好成绩的员工是一种正激励，对那些工作稍微落后的员工是一种负激励，除了有效激发员工的工作激情，更便于员工对绩效考核的结果进行监督，有助于形成良性竞争机制。

除此之外，绩效透明化建立起了多方的沟通机制，绩效公示之后一定会引起一些讨论，除了如何改善个人绩效水平，这些讨论中也势必会涉及改善绩效评价的建议。

## 6.2 双向交流，完善沟通机制

很多企业在绩效管理上是单向的操作，并没有吸收下属的反馈意见，而华为则通过绩效的双向沟通接受员工反馈，通过双方的价值交换，完善价值评价体系，并把每一位下属最主要的精力聚焦在最关键的事情上。

在双向交流中调整价值评价体系，让绩效管理工作更加科学，让主管和下属都做他们最该做的事情，各岗位各得其所，整个团队可以实现更好的高效运作。

为了让绩效反馈沟通得以有效进行，华为规定，绩效反馈沟通前，负责人和人力资源管理部门必须弄清楚以下三点：

第一，负责人不仅仅是评价者，更重要的责任是要帮助员工解决问题；

第二，要把沟通作为反馈员工优势与不足并激发其提升绩效的良机，而不仅仅是对一个周期工作结果的总结；

第三，负责人和人力资源管理部门要相互沟通，为绩效沟通准备充分的数据信息，明确员工各项绩效目标的达成情况。

在绩效反馈沟通的过程中，任正非还要求华为人要严格做到以下六点：

第一，保持双向交流，让员工也能充分表达自己的看法；

第二，要多肯定员工，更要先肯定员工，再差的员工也有其优势，要帮助其树立信心，而不是打击；

第三，学会倾听，尤其要耐心听取下属反馈的问题；

第四，负责绩效沟通的主管和人力资源管理部门的相关责任人，有责任帮助员工解决其反馈的问题，当场无法解决时，要予以记录，并反映给能够解决的人，尽快帮助其解决；

第五，倘若员工在沟通时出现情绪失控、愤怒、争吵等异常场面，要及时终止沟通，另约时间再谈，必要时可向上一级主管求助；

第六，在沟通即将结束时，要简要概括整个沟通过程中讨论的内容，回顾核心思想，帮助员工锁定改善重心。

华为采取双向交流的沟通机制，管理者可以非常深入地了解下属的业务领域，在互动中厘清业务思路，真正实现上下对齐，大大降低日常的沟通成本。在这个过程中，管理者不是武断地下结论并强制员工按照死板的模式改进绩效，而是通过良好的绩效反馈互动开阔员工的思路，并且很好地给员工赋能。

## 6.3 价值评价要掌握一定灰度

“灰度”理论是华为 CEO 任正非基于华为多年的管理实践提出的概念，它包含了两大核心思想，即开放和宽容。任正非深知，过于死板的价值管理体系会导致整个体系僵化，不能发挥价值评价体系的真正效用，只有更加开放和宽容的处理方式才能使整个体系更完善，并且更合理地进行员工的绩效管理工作。

在绩效激励与约束上，华为格外强调灰度的重要性。早在2004年，任正非就在华为“EMT纪要”〔2009〕004号文件中指出：“奖金机制既要牵引公司增长，又要以公司保持一个基准盈利水平为前提。公司奖金包不仅要与收入指标挂钩，也要与利润指标挂钩，从利润来考核，会导致公司收敛；以销售收入来考核，会导致公司粗放。如何掌握好合适的灰度，是考核各级干部能力的挑战。”

2015年10月，任正非仍然强调在员工的绩效考核的价值评价上要巧妙运用灰度管理，他在讲话中说：“从显像上看，华为文化就是把‘以客户为中心，以奋斗者为本，长期艰苦奋斗’落实在绩效考核激励体制与流程运作上的价值导向。但与此同时，华为文化也有一个没有边界的、形而上的内里。”所谓的内里，就是指灰度管理。

华为的《绩效管理手册》中也专门有一页说到这个问题，里面指明华为的绩效管理者不能为了指标使用僵硬的管理手段，现实中考核指标的设计没有办法100%地反映和匹配职员的业务场景及目标，所以在完善企业的价值评价体系时，需要各级主管根据业务的实际情况，在制订和管理考核指标的时候允许灰度和一定的豁免，尽可能地避免管理上的僵化。

华为要求价值评价掌握一定灰度，即要求价值管理并不是非黑即白，而是要在黑、白管理之间找到某种平衡。任何纠结的问题，比如，考评升级的纠结，权力分配的权衡，或者管理者在绩效管理的决策中不能确定两种相左的意见和方案哪种能够带来更高绩效时，最好的办法就是导入灰色地带，一遇灰度，问题就瞬间解决了。

# 第6章 奋斗者的行为约束

华为要求员工行为规范与企业理念保持高度一致，并且要求员工的行为规范与企业已有的各项规章制度保持一致，以保证企业与员工步调一致，营造一种和谐的共同发展的氛围。为了保障企业的持续健康发展与良性循环，华为建立了一套与业务相适应的合规标准和道德要求，用来约束奋斗者的工作行为。

## 1. 设定和明确奋斗者的行为“红线”

华为为了使员工明白公司提倡的员工行为和反对的员工行为，让所有奋斗者明白自己该做什么事情，不该做什么事情，并在长期的坚持下形成良好的工作习惯和行为习惯，明确提出了“干部改进作风八条”“华为十六条军规”等规章制度，这些是华为为员工制定的行为规定的底线，是不能逾越的“红线”。

### 1.1 “干部改进作风八条”

华为要求所有干部都能清晰地理解公司的战略方向，对工作有周密的策划，并且充满冲劲，能带领团队不断地实现新的突破。但华为获取巨大成功之后，很多干部都容易有两种姿态：一是富态，二是骄横。

任正非深知要推行华为的奋斗者精神，就要让所有的干部摆脱这种安逸享受的状态，保持进取向上的精神，所以为了遏制这种骄奢的干部作风，任正非梳理出了干部的行为准则“干部改进作风八条”，这是“华为公司改进作风的八条要求”的俗称，最早于2013年11月4日发布。

“干部改进作风八条”具体内容如下：

1. 绝不搞迎来送往，不给上级送礼，不当面赞扬上级，把精力放在为客户服务上。

2. 绝不动用公司资源，也不能占用工作时间，为上级或其家属办私事。遇非办不可的特殊情况，应申报并由受益人支付相关费用。

3. 绝不说假话，不捂盖子，不评价不了解的情况，不传播不实之词，有意见直接与当事人沟通或报告上级，更不能侵犯他人隐私。

4. 认真阅读文件，理解指令。主管的责任是胜利，不是简单的服从。主管尽职尽责的标准是通过激发部属的积极性、主动性、创造性去获取胜利。

5. 反对官僚主义，反对不作为，反对发牢骚讲怪话。对矛盾不回避，对困难不躲闪，积极探索，努力作为，勇于担当。

6. 反对文山会海，反对繁文缛节。学会复杂问题简单化，六百字以内说清一个重大问题。

7. 绝不偷窃，绝不私费公报，绝不贪污受贿，绝不造假，也绝不允许企业当中任何人这样做，要爱护自身人格。

8. 绝不允许跟人、站队的不良行为在华为形成风气。个人应通过努力工作、创造价值去争取机会。

任正非认为："穷奢必致极欲，极欲必败亡。"所以，他对华为干部的品德和作风十分看重，他会从多个方面来考察华为干部，不符合品德要求的干部将被一票否决，而这些关键的品德要求被任正非整理成"干部改进作风八条"，也就是因为华为对干部的严格要求，使得华为有一个强大的管理团队，将一个拥有18万员工的大公司打理得井井有条。

也就是因为华为对其管理层以及全体员工的严格管理，使得华为能成为一流企业。著名管理学家彭剑锋教授称："华为的成功，不是偶然的，华为的成功是'知识分子和军人能量'聚合的成功，是以知识型员工为主体的特别能担当、特别能战斗的华为人的成功，是始终充满激情和斗志的七十二岁任正非及其领导团队的成功!"

## 1.2 "华为十六条军规"

每个公司都会存在各种问题，尤其像华为这样的大型企业，内部员工多达18万，各种问题层出不穷，如果没有很好的行为规范，这18万员工制造的麻烦将会给企业带来毁灭性的打击。

在对华为的干部行为作风有了"干部改进作风八条"后，华为决定制定企业员工要遵守的"军规"，希望通过公司军规的形式让员工不触碰道德底线，把更多的精力投入建设企业的工作之中。于是在华为"干部改进作风八条"公布后不久，华为就出台了"华为十六条军规"。

以下是“华为十六条军规”的内容：

1. 永远不要低估比你努力的人，因为你很快就需要追赶他（她）了。
2. 如果你的声音没人重视，那是因为你离客户不够近。
3. 最简单的是讲真话，最难的也是。
4. 你越试图掩盖问题，就越暴露你是问题。
5. 造假比诚实更辛苦，你永远需要用新的造假来掩盖上一个造假。
6. 公司机密跟你的灵魂永远是打包出卖的。
7. 从事第二职业的，请加倍努力，因为它将很快成为你唯一的职业。
8. 在大数据时代，任何以权谋私、贪污腐败都会留下痕迹。
9. 不要因为小圈子，而失去了大家庭！
10. 如果你想跟人站队，请站在客户那队。
11. 忙着站队的结果只能是掉队。
12. 那个反对你的声音可能说出了成败的关键。
13. 如果你觉得你主管错了，请你告诉他（她）。
14. 讨好领导的最好方式，就是把工作做好。
15. 所有想要一夜暴富的人，最终都一贫如洗。
16. 遵纪守法，磨好自己的豆腐，发好自己的豆芽。

一个企业希望公司里都是优秀的员工，优秀人才从天而降或者员工的自律几乎是不可能实现的，只有企业依据自己的需要制定有效的行为准则，对企业中的员工有要求，才能培养出企业最需要的人才。

而对于某些不能遵守企业规则的员工，也要依据企业的奖惩制度处理，明确行为红线就要达到制约员工行为的效果。

## 1.3 要坚决抵制内部的怠惰与腐败

任正非说：“我们像双翼的神马，飞驰在草原上，没有什么能阻挡我们前进的步伐，唯有我们内部的怠惰与腐败。”华为在获取巨大成就后，管理层很容易懒惰，甚至提前了他们的“退休生活”，并且怠慢工作，在企业中毫无作为。为此华为举出了十八条管理者的怠惰行为，并且以此严格要求全体华为人，对出现怠惰行为的员工绝不手软。

管理者的怠惰行为：

1. 安于现状，不思进取。
2. 明哲保身，怕得罪人。
3. 唯上，以领导为核心，不以客户为中心。
4. 推卸责任，遇到问题不找自己的原因，只找周边的原因。
5. 发现问题不找根因，头痛医头脚痛医脚。
6. 只顾部门局部利益，没有整体利益。
7. 不敢淘汰怠惰员工，不敢拉开差距，搞“平均主义”。
8. 经常抱怨流程有问题，从来不推动流程改进。
9. 不敢接受新挑战，不愿意离开舒适区。
10. 不敢为被冤枉的员工说话。
11. 只做二传手，不做过滤器。
12. 热衷于讨论存在的问题，从不去解决问题。
13. 只顾指标不顾目标。
14. 把成绩透支在本任期，把问题留给下一任。
15. 只报喜不报忧，不敢暴露问题。
16. 不开放进取，不主动学习，业务能力下降。
17. 不敢决策，不当责，把责任推给公司。
18. 只对过程负责，不对结果负责。

华为认为，仅仅依靠文化的影响不足以对人的行为有很好的约束效果，只有逐条列举，并对违反条例的员工有相应的惩罚制度，才能比较有效地管理好员工的行为作风。

而作为一个科技型的企业，华为还有一个很大的隐患，就是内部机密的保密工作，如果其他企业觊觎华为的技术，以高价向华为人购买机密要闻，难免会出现腐败泄密行为，而华为对这样的越界行为是绝不姑息的。

华为对员工的腐败行为是严厉禁止的，为了杜绝一切腐败行为，华为设立了全国领先的法务系统，专门用于处理华为的市场争夺、专利权益等纠纷，华为在处理这些事务时，对外部人不手软，对内部人也不手软。

2017 年初，华为发布了内部反腐快报，称原消费者 BG 硬件工程架构设计部部长吴某涉嫌侵犯华为的知识产权，华为称吴某给公司造成巨大损失。1 月批捕后有 6 名华为前员工被刑拘，包括华为 P6 的总架构师张某某、吴某、李某某等。其中张某某是华为 P6 设计团队中的一员，因为出色的设计获得了华为的设计大奖，每售出一部 P6 她能提取 1 元，累计获得数百万元的奖励。

但就是这些掌握华为机密信息的设计人才，被华为检举称他们拿着华为的知识产权到外面去赚钱，这些涉案人员均在外成立了几家公司。其中的深圳众思科技有限公司成立于 2015 年 11 月 17 日，但法定代表人以及股权占比最大的部分均与乐视有关联，而这个众思科技有限公司的主要成员都来自华为。而由吴某任 CEO，张某某任 CTO，冯某某任高级副总裁的上海艺时公司，主创都在华为拥有十几年的手机相关工作经验。华为对这些可能盗取公司机密的人毫不手软，在春节来临之际将他们送进了监牢。

华为严打侵权者一贯不手软。这些出走前员工在华为工作十多年，位居核心，股权积累了不少，以目前薪资来看年薪和分红应该有一两百万。一般离职员工都会签订禁业条款，所以很多离职者会创业做和以前不一样但有些擦边的领域，规避风险。但这些前员工依然被抓到把柄，现在还要等法院诉讼判决。

数年来，华为一直在严打腐败泄密，对涉案人员绝不手软，早在2014 年，华为在反腐大会上就披露查处了 116 名涉嫌腐败的华为员工，其中有 83 名内部坦白，29 名主动申报，这些都被内部从轻处罚，剩下 4 名被查出来的问题员工则被移交司法处理。华为对腐败和泄密可谓严防死守，除了要严惩涉案人员，主要目的是震慑掌握公司机密的员工和前员工。

任何一个组织发展到一定规模，尤其是高层干部权高位重之时，组织都会滋生三大毒瘤，即山头主义、腐败和怠惰，如不及时发现、抑制或割除这三大毒瘤，堡垒就会从内部被攻破。华为通过一系列的行为规范，对干部的行为严加管制，并对全员都明确了绝对不能触碰的行为红线，很好地阻止了这三大毒瘤的滋生。

## 2. 强化奋斗者的规则意识

企业的规则限定了职员的行为，但职员是否真正依照规则办事，要看他是否有按照规则来“做事”的能力和意愿，这也是企业所制定的规则是否产生作用的关键。换句话说，企业职员有没有规则意识，他们的规则意识强不强，就决定了他们做事有没有效率。

而要强化企业职员的规则意识，就要让他们能够发自内心地、以规则为自己的行动准绳。

### 2.1　低效是因为没有规则意识

很多时候，低效是对规则的漠视。要知道没有规则意识意味着极有可能习惯性地破坏规则，而规则的破坏对于少数人是高效的，但对于整体是低效的，甚至是代价高昂的。

这个现象出现在企业中，会出现少数人的效率极高，但却是用整个企业的运行效率来换取的，这种现象和交通堵塞是一个道理。

现在经常会有新闻说到城市交通拥挤的状况，针对这个问题相关部门和热心网友都提出了很多治理意见，但并没有有效解决堵车问题。实际上，想要彻底治理堵车问题，得从一个根源问题入手，那就是每个人的交通规则意识，几乎所有人都是交通参与者，但真正遵守交通秩序的人却不那么多，部分人认为遵守交通规则，会导致效率降低。于是常会出现闯红灯等违反交通规则的行为，基于这种看似提高自己效率的想法，很多人选择了不理会交通规则，殊不知这样不仅影响他人的正常执行效率，还让自己的行动受到阻碍。

以交通规则意识强的德国和暂未全民加强交通规则意识的中国相比，德国和中国的行车规则几乎一模一样，但体现出来的交通状况却相去甚远。举例说明：国内的交通规则中是不允许右侧超车的，但因为中国的超车道塞满了慢车，所以很多司机选择在右侧超车。在中国的部分驾驶员的意识里，自己的行车方式和行车速度别人无权干涉。中国道路上常见到不紧不慢霸占快车道的驾驶员，后面堵着一大串心急火燎的驾车者。而在德国，时速开不到120 公里的车是轻易不敢上左线的。即使在左线行驶的车，一旦发现后方有更快的来车，也会主动让到右侧，绝不会出现“慢车霸道”的行为。

德国人严格遵守交通法规，几乎到了一丝不苟的程度，但是在中国，由于规则意识不强，导致中国的交通拥挤，而德国的车辆流通速度远超中国。

在企业中，如果所有员工都毫无规则意识，不按流程办事，那么整个企业的状况就会如同堵塞的道路一样。规则是任务完成的重要前提条件，员工没有规则意识，势必会导致工作秩序混乱，从而引发工作效率低等一系列问题。而对规则的遵从，华为人有着自己的思考和判断。

2013 年，华为心声社区中有一个网友谈了自己对规则意识的看法。这位网友指出，华为不缺流程规范，不缺法规，但谁都不把规则放在眼里，没有一丝规则意识，华为人缺乏对流程规范的遵守意识。

他还说到，国外优秀的公司 70% 的工作在规则内可以完成，而在他的主观感受里，华为 70% 以上的工作游离在规则之外。他认为华为不缺规则，但是只要某一个流程的人不遵守规则，就会导致上下游相关人员的工作都游离在规则之外，而常常因为不遵守规则返工，造成了大量时间和精力的耗费。

而他提到华为的处理方式也没有真正抓到关键点，不去加强员工的规则意识，反而觉得缺少规则或者认为当前的流程规则不全，进而补充新的规则。前面完整的一套规则都没人遵守，再加上更多的限定制度也不会有人理会，工作现状还是没能改变，于是造成多个工作项目要返工的现象，导致实际的工作效率极低。

企业干部如果想高效而轻松地管理团队，管理者就要将“规则说了算”的管理办法落实到处，也就是说要让全体员工都能遵守企业制定的规则。

### 2.2 培养奋斗者对规则的敬畏心

麦肯锡纽约分公司的一面墙壁上写着这样一句话："一旦有一次例外发生，便会接二连三地有例外发生，意外多了，就会成为常规和习惯。"这句话是要提醒员工要对规则有敬畏之心。

其实，企业管理应该要汲取军事化管理的精髓，那就是对规则的敬畏。华为在这一点上一直做得很好，任正非将军队文化渗透到员工的血液中，培养华为人对规则的敬畏心。这种敬畏心会促使华为员工像军人一样按时有效地完成任务。这也是华为始终能够保持队形，在国际市场上具有竞争力的重要原因。

美国军官荣誉准则规定："第一，我们决不说谎。第二，我们决不欺骗。第三，我们决不偷窃。第四，也决不允许我们当中任何人这样做。"

1995 年，美国海军作战部部长迈克尔·布尔达上将胸前佩戴了两枚"V"字战斗铜质勋带徽章，新闻舆论对他是否有权佩戴这两枚军功章提出大量质疑。

美国海军条令规定：该徽章只授予直接参战并荣立战功的军人，且佩戴权利必须在荣誉证书中予以说明。布尔达参加过越南战争、海湾战争，但荣誉证书中没有关于佩戴这枚徽章的说明。

按照军队的规则，布尔达的确是没有资格佩戴"V"字徽章，后来他摘下了徽章，但民众并没有停止议论，有许多质疑的声音冒出来，"既然假徽章都敢戴，肯定还有别的事。"人们开始追查他在海军服役期间的其他问题。

1996 年 5 月 16 日，布尔达上将自杀身亡。他留下遗书："我违反了美国军官荣誉准则，为了海军的荣誉，我今天选择死亡。"

美国海军作战部部长布尔达用死亡表达了对军规的敬畏之心，虽然这种极端的处理方式是不可取的，但这种敬畏之心能够阻止很多错误发生，这个部分是企业管理应该学习的地方。

在华为，任正非一直强调华为人要培养军人意识，不仅仅是上战场作战的奋斗精神，还要有钢铁般的规则意识，要对规则有敬畏之心，这样才能专注地处理工作，避免一些失误，严格执行企业的工作要求。

## 2.3 “如果没有规范化，队伍则溃不成军”

任正非说：“我们的员工文化层次很高，很聪明，但如果不规范管理，那么，主意越多，人心越乱，管理就越没有希望。”

任正非一直强调管理企业就像管理一支军队，要有铁的纪律以及严格执行的军人。如果企业没有规范化管理，那么公司越大，实际上的效益会越低，矛盾也会越多，到最后企业内部溃不成军，企业也就丧失了竞争力。

1999年春节，这个喜庆的时节对于华为D产品组的所有成员来说却是一段灰暗的日子，当时华为接连不断地收到东北地区的客户投诉，原因是样板局暴露了基站。

开发经理任明（化名）紧急组建“救火队”前往现场“救火”，这支检测队伍对以往的实验报告进行细致分析以后，终于发现了问题所在。原来，为了加快交付进度，交付人员想出了一个“巧妙”的主意：他们用一个测试软件去检测交换机，而不是按手册上提供的标准去操作，当时的结果显示良好，但他们万万没想到，在测试环境下没有问题的交换机，一到实际环境下问题就大爆发了。

由于交付人员不按规则办事，给华为造成了很坏的影响，任明就这件事情自我批评说：“暴露出我对自己团队的输出还没有真正地负起责任。”他认为事故发生的原因是他没有在团队管理中强调规则的重要性，导致团队工作不规范，才造成工作情况不理想和被客户投诉的局面。

在企业中，除了有严格的流程组织管理，还要求员工能够遵守规则，这样才能规范化管理好企业的各项事务，规范化是效率的保证，也是员工必须养成的一种工作品质。

华为新员工在进入公司之初，都需要进行半个月军训，学习华为的企业文化，华为以这种方式来培养员工的纪律性。

华为新员工培训纪律中有一条：“皮鞋、西裤、衬衫、领带，一个都不能少！”从进入华为第一天起，每位员工都要接受严格的检查，不合格的必须立即改正，拒绝改正者，很可能被开除。只要是规定，员工就必须遵守执行。军训使纪律性渗透到华为员工的内心深处。

在接受军事化的训练之后，新员工培养了规则意识，正式入职后，华为给写程序的员工统一安排了“编程规范”的培训，例如，“一二一软件训练营”“一二一硬件训练营”，将公司所有软件编写所用的语言、模式加以统一，包括文档的格式全部是统一的。要求新员工严格按照华为统一的编程语言编写程序，以便于减少沟通障碍，减少时间浪费。

任正非指出，员工不管学历高低，都必须遵守企业的管理制度，业务规范。他十分看好这种制度化管理的前景，他说：“我相信这些无生命的管理会随着我们一代又一代人死去而更加丰富完善。几千年后，不是几十年，这些无生命的管理体系就会更加完善，同时又充满活力，这就是企业的生命。”

## 3. 让流程文化融入团队日常行为

流程文化是指企业全体员工在长期的发展过程中所培育形成的并被全体员工共同遵守的关于流程的最高目标、价值体系、基本信念及行为规范的总和。要固化推行流程管理，在企业内形成以流程为作业方式的文化意识，这是实施流程管理的起点。

### 3.1 建立流程意识普及机制

流程意识要求企业的员工摒弃传统的观念，建立面向客户、富有责任和协调一致的价值观念和思想意识。流程意识的普及过程就是对员工的价值观进行重塑的过程，就是对流程理念进行宣传的过程。

华为一直以来都是注重按流程处理事务保证高效率的企业，十分注重培养员工的流程意识。

华为的一位管理者曾经梳理过一个项目的工作流程，他发现为确保华为研发部设计开发的产品是客户所期望的，设计、开发、测试人员都要相互配合，解决问题。

项目开始的时候，产品经理与客户沟通并了解客户需要产品有什么新的特性，或者是对产品改进后的功能有什么要求。SE 根据产品经理输出的文档，就知道华为要给客户交付什么产品，接着 SE 就会准备一份系统设计文档，让开发人员清楚软硬件的设计要求。当软硬件开发人员完成了开发工作，就会提供交付件给测试人员来验证。

以上就是组织工作中的流程，这位管理者发现在流程活动中，一个人完成了自己的操作，下一环节的人才能够完成在流程中的任务。要判断一个人的工作完成情况，就要依据下一个流程环节的人的评价。要完成一个项目，就要确保每一个流程环节的工作者都了解整个工作流程，而且知道流程中其他工作者的工作内容。这就要求每一个流程环节的工作者都有流程意识，并依据流程处理工作事务，才能快速高效地完成项目。

要让所有员工都能依据流程快速处理工作事宜，就要让流程文化融入他们的日常行为中，而要普及流程意识，最基本的方法就是建立起一个普及机制，让所有员工都能将员工价值观与流程作业价值观进行对接，并让员工熟知与流程相结合的考核机制，了解流程运作的整体模式，贯彻流程作业下的团队精神。

建立起流程意识普及机制，就不能只是形式上推广，还要真正落实到位，建立起一套考核机制，而有效的普及方式是结合绩效推行流程文化。

第一步，把流程的目标责任落实到流程中的各个环节：强调各个部门的连带责任，改变传统的各自为政、遇到问题互相推卸责任的做法。

第二步，建立多重绩效考核评价机制：除了直接管理者对事情进行评价外，还包括相关流程方给予绩效评价。

第三步，让员工的直接主管进行评价：通过这种评价机制形成对业务负责的全流程意识。

并在具体操作中培养流程意识，即在实践中推行流程文化：

1. 通过跨部门的流程团队完成流程的各项活动。

2. 跨部门的团队必须承担全流程的目标和责任。

3. 必须获得高层团队的授权，并得到功能部门主管的支持。

可以看出，华为是从价值观、考核机制、团队精神、整体模式四个方面来贯彻员工的流程意识的。企业的管理者要想培养员工的流程意识，要科学地建立起一个流程意识普及机制，以结合绩效、考察监管等多种方式深化员工的流程意识。

### 3.2　贯彻员工的流程执行力

不管企业目标有多么宏伟，多么远大，都是靠流程一点一滴运转起来的。但如果一个企业有了合理的流程却得不到有效执行，流程不但不能为企业带来效率和效益，还会成为员工工作效率的障碍，所以流程执行力才是一个企业流程落实到位的关键。

贯彻员工执行力的前提如下。

良好的沟通：要想有良好的沟通首先要有明确的流程要求。依照SMART原则制订流程目标，保证所有员工对于目标都有准确的理解。通过沟通，可以集思广益，可以在执行中分清流程的条条框框。

协调利用内部资源：整合利用企业的人力、物力、财力等资源，使流程的执行能达到事半功倍的效果。

明确奖惩制度：流程的控制与推进应该通过绩效考核来实现。明确的奖惩制度会使流程执行力更加有效。具体的奖惩措施包括工资调整、奖金、评选优秀、轮岗、储备人才培养等，同时实行一定比例的淘汰制，以更好地贯彻流程执行力。

反馈是保障：流程执行的好坏要经过反馈得知。反馈得来的信息有利于我们改进、完善流程执行细则，使流程具备更好的可执行性。

贯彻员工的流程执行力是企业流程化管理的具体表现，所以企业要在管理上采取一定措施保证员工能按照流程将企业制订的业务计划落实到位。

流程执行力的贯彻实施主要包括逐层递进的三个方面：

第一，按照命令和规则进行操作：这对组织来说是最基本的一种执行——对规范和流程的尊重，只有如此才能让组织的基本行为协调一致，才能有基本的效率。

第二，按照预定计划进行产品的生产：把对于一件产品的生产流程看作一个整体，每一个员工都应明确本道工序在流程中的地位和作用。

第三，完善规划、落实执行：组织的进步就在于不断地改善，要结合企业各个层次对于计划所提出的意见和建议来修改、完善生产计划，严格按照计划落实生产。

企业在做完整体的战略规划之后要做具体的业务规划，细分到市场、研发、生产等领域，一直分解到具体的活动。而整个企业的战略举措及目标的价值，其实就是在一层层流程运转过程中创造并实现的，所以说执行力才是落实战略执行的关键。

## 3.3 在实践中完成流程文化的推行

任正非说："成功的经验总结出来就是流程。"这意味着企业的流程建设不能僵化地推行，为了流程而流程。要明白建立流程是为了提高解决问题的效率去梳理和治理企业业务，并且要在一次次实践中完善工作流程。

2008 年，华为因某产品版本规模较大，维护工作进展十分缓慢，收到了无数客户的投诉。华为立即组织了相关人员检测设备的问题，一堆人在环境实验室内围着温箱轮番上阵进行分析。有的查寄存器，有的改软件程序，但到最后所有人都表示："问题不出在我这儿"，而且每个功能模块都有一套迅速为自己摆脱“嫌疑”的办法。项目组在分析完原因之后发现：一旦出现了问题，产品线成员就会互相推卸责任。正是因为责任不明确，客户的问题得不到快速解决，导致了接连不断的投诉。当时一个测试经理抱怨道：“一个简简单单的问题定位竟然转了26道手，这效率是有多低。”

问题的严重性引起产品线所在部门的高度重视，他们下定决心要彻底解决这一问题。于是他们从组织流程开始，对内进行部门“责任田”的划分，让开发、系统设计、解决方案、市场营销等领域各司其职；对外则安排骨干员工进行客户跟踪服务，倾听客户的需求与意见。面对客户的抱怨，华为人并没有心生恼意反而还会上门道歉。经过这一系列的流程规范改造后，该产品线内外部的责任得到了很好的区分。责任的明确使得流程简化了一半，而且各流程之间也可以进行很好的衔接，仅数通芯片的周期量产就提升了50%。

要将流程文化融入团队的日常行为中绝不能纸上谈兵，也不能指望只依靠某个英雄就能完成，而是应该源于实践，用于实践。华为十分重视从“实战”中获取经验教训，也正因为如此，华为建立了一套适用于企业的流程模式。

## 4. 遵从流程化管理

任正非说：“我们公司是从一个混乱公司走过来的，如果不走流程化、高绩效考核的道路，今天就是布朗运动，每个分子都乱动，形不成动力。我们规范化以后，管子‘哗哗’地流，经过‘拉法尔喷管’挤压。可压缩的流体被压缩超过音速后，扩展的面积越来越大，速度越来越快，这就是火箭。火箭的发动机基于拉法尔喷管。我们是先规范、后放开。”

### 4.1 基于流程管理，确保一次到位

2001年以后，任正非开始重点进行标准化建设。华为规定了一套流程严谨的作业方式，如新员工必须按照流程，将电源线、告警线和半波线等分别

插上，再按照一定的先后顺序整齐地绑扎，彩色线必须绑扎在外面，而且不能交叉。没有人会提醒哪一步出现了错误，但一旦被检查出来，便会受到相应惩罚。这要求员工必须十分专注地处理手上的工作，并且按照流程处理确保不会出错，一次就能成功。

华为始终坚持让员工依据流程工作，建立起了高效的项目工程运作模式。也正是因为华为流程管理项目的运行，才使得华为项目的完成效率高且完成情况良好。

2011 年，华为南研所的 30 多名文员，为 7000 多名南研员工提供了标准化、专业化、集成化的行政服务，并于同年获得了金牌团队奖。

在那之前，南研所的新员工接待是靠各部门的秘书分别对接自己部门的新员工，各自预定会议室，花 2 个小时给新员工讲解考勤、报销等工作要求。由于没有一个合理的流程制度，同样的事情这些秘书们要不停地重复，这样不仅消耗了很多无谓的精力，而且总会出现因为工作冲突而影响接待的情形。这些部门的秘书们想要解决这个问题，于是她们忙碌之余借鉴并整合了各部门经验，建立了接待服务台，并制作了“入职小锦囊”。

2012 年，到了华为南研所新员工报到的那天，负责接待的王秘书领着 50 多名新员工，开始介绍“新员工的第一天”。她一边带着新员工在服务台参观，一边给每位新员工送上“入职小锦囊”。这份“入职小锦囊”只有几页纸，但从领取办公用机，到考勤、报销步骤和方法，从秘书的联系方式到租房信息，一一囊括。这样，只需要行政部门的一个秘书就能一次性完成新员工的接待以及工作规章的介绍。

华为之所以能高效地处理好新员工的接待事宜，是因为华为基于流程管理，将无序混乱的接待工作梳理成有效的流程模式，确保工作一步到位。

华为曾在内部的平台上公开批评极个别员工不遵从流程和标准的现象，文件中写道：“作为个别用户，您也许体会不到遵从流程和标准有多么重要，但作为一个大型制造企业的内部 IT 热线中心，我们深深感到制定和推行流程管理的必要性和紧迫性。当今，信息技术迅猛发展，产品换代日益加快。像我们这样拥有一万多名（IT）员工的大公司，如果计算环境不实施标准化，各部门或个人的硬、软件平台全都根据自己的需要进行选择和配置，势必五花八门。那么一旦有人遇到故障，很难想象能够寻出一位‘全能技术好手’来应对它，即使是整个IT热线中心全部出动，也未必能够应付这些千奇百怪、毫无规律的各种软件、硬件故障，更谈不上经验积累。”

为了更好地进行流程管理，确保员工的工作能够一次到位，华为在每个项目开展之前会确定这个项目最终要完成的目标，并依据这个目标以及现有流程规划好项目组的任务，并严格按设计好的流程落实行动，确保任务完全符合预期要求。

而项目组成员会依据整体规划找准自己的行为方向，保证做事的正确性。并且明确自己需要做什么，从工作伊始就清楚自己的所处位置、工作方向和操作事宜，执行的时候要了解每个流程环节的操作内容，依据工作流程快速完成自己的任务，保证项目整体的快速行进。

### 4.2　建立起遵从流程的管理体系

华为也曾经历过管理“混乱”的时期，那时候急于发展，没有条件建立起合理的流程管理模式。没有一套完善的工作流程，意味着企业员工的工作是无序的，根本没有明确自己下一步的工作任务，不确定自己正处于哪个工作阶段，只空有一个目标，往往不会取得理想的工作成绩。

郭平最初加入华为做的就是研发的工作，当时华为既没有严格的产品工程概念，也没有科学的流程和制度，员工在工作上没有可靠的流程模式可以用，所以当时华为的业绩时好时坏，直到今天郭平还会开玩笑称：“当时要做好一个项目，主要靠项目经理和研发人员的运气。”

郭平在华为负责的第一个项目是HJD48，当时这个项目非常成功，也为华为赚到了不少钱。但随后郭平的工作不再这么顺利，磕磕绊绊失败了多次。甚至到后期C&C08项目取得了非常好的成绩，但同期的EAST8000项目的失败却被归因于名字取得不好，成了“易死的8000”。1999年之前华为的研发情况一直如此，华为开发的产品要获得成功具有一定的偶然性。

正是因为华为看到了这种偶然的成功有可能给公司带来不确定性，所以华为于1999年引入了IBM的管理方式，开始了管理体系的变革和建设，提出要建立一套流程管理体系。后来，华为经历了削足适履、“穿美国鞋”的痛苦，实现了从依赖个人、偶然地推出成功产品，到可以遵从流程可持续地推出满足客户需求的、有市场竞争力的成功产品的转变。

1997年，任正非访问了IBM等公司，发现国外成功的大型企业都有一套流程化管理体系，于是他决定在华为内部开始管理体系的变革和建设。当时他提出了“先僵化，后固化，再优化”的变革指导思想。僵化是为了深刻理解流程，固化是为了让流程成为习惯，优化是为了持续改进。从此之后，华为的产品开发从小作坊式的模式走向规模化、流程化、可管理、可重复。

直到今天，华为已经建立起了最适用于自身的一套流程管理体系，保证全体员工遵从企业的组织流程工作，促使企业高速发展。

## 4.3 做到格式化、规范化、步伐一致

美国管理学者詹姆斯·哈林顿曾说过，量化是管理的第一步，它导致控制，并最终实现改进。如果你不能量化某些事情，那么你就不能理解它。如果你不能理解它，那么你就不能控制它。如果你不能控制它，那么你就不能改进它。这实际上是工作内容规范化、标准化，因为“不能衡量，就不能管理”。

华为在拥有18万员工和全球几百个国家和地区的业务的情况下依旧能运行得很好，究其原因，任正非说：“规范化就是工作模板化，就是我们把所有的标准工作做成标准的模板，就按模板来做。”

第二次世界大战期间，美国国防部下达了一个任务给通用公司，要求他们生产一种新型的投弹瞄准器。但在大战期间，当地连一个一般水平的工人都很难找到，而这种新产品需要极高的生产精度，并且要投入战场使用，必须找到技术高超的机械工人来操作，通用公司的管理者和员工都明白这几乎

是不可能完成的任务。

生产部经理雷斯塔特雇用了大量当地的黑人女工，让她们制造投弹瞄准器，当时所有人都觉得雷斯塔特异想天开。但雷斯塔特亲自做了十几个投弹瞄准器，将所有制造流程确定到每一个步骤，并用摄像机拍下了制造的全过程。然后用放映机播放给这些女工们观看，加上信号灯标记已完成的部分和即将进行的部分，并对这个影像进行了详尽的讲解。

最终，这些女工们按照学习到的工作流程按步骤在规定期间内完成了产品的制作，甚至比以前那些技术纯熟的工人效率更高。

是什么让这个几乎不可能完成的任务顺利完成了呢？是管理者将工作流程的步骤分解，将每一个步骤格式化、规范化再教给工作人员，并让她们保持一致的步伐高效地完成了这项任务。

“不规范管理将导致公司越大，效益越低，矛盾越多，越没有竞争潜力，最后就破产了。”任正非认为没有规范化的管理，队伍就会溃不成军，管理的成果得不到巩固，效益也不可能提高。所以他要求每一个华为人都要遵守规则，以确保高效工作。

## 5. 除了制度规范，还要有道德操守

华为在员工的行为管理上有一套完备的行为准则，但除此之外，华为对华为人还有职业道德方面的要求，虽然没有“强制性”，也没有明文规定，但这的确是华为数十年累积下来的一套隐形的规则，渐渐在华为内部形成了“潜规则”，成为所有华为人职业必备的道德操守。

### 5.1　不能为个人得失牺牲他人利益

任正非在华为的管理工作上一直以来都强调“狼性”，其核心价值在于培养华为人的以大局为重的团队意识，要像狼群一样团结，甚至能够为了团队牺牲自己的部分利益，而不能因为个人得失去损害集体的利益。往往集体的

利益是大多数人共同的利益，所以华为要求华为人都能做好自己的工作，必要时帮助他人，但绝不能牺牲他人的利益，阻止他人的发展。

2000 年，华为某个团队的成员张启美（化名）经过市场调研之后发现视频产品的市场潜力非常可观，值得公司投资大做一番，张启美花了大半个月的时间整理出来一份详细的项目申请报告，并将这份报告交给了他的上级，但久久没有得到上级的批复，于是他再次向上级申请，然而他的项目申请被退回，因为他的上级认为这个项目风险太大，如果成功固然是好，自己能成为第一功臣，但考虑项目失败自己的前途将受到影响，之后可能会失去晋升机会。

之后张启美多次向他的上级提交相关产品计划方案，都因为上级不敢承担责任而遭到拒绝，最后张启美愤然离开了华为，自己创立了一家公司并实施了自己的产品计划，而且凭借这个在华为没有得到认可的项目，取得了不错的成果。

张启美的成功引起了任正非的关注，当任正非了解了事情的始末之后，立即辞退了当初那个拒绝张启美提案的直接上司。

张启美的上级这种牺牲他人利益的举动，不仅影响了张启美的个人发展，还影响了团队的发展，影响了华为公司的利益。一方面华为不需要工作稳定没有成绩的干部，另一方面强调多方共赢，反对像张启美的上级这样的利己者。任正非开除了这个不合格的干部，也是借由这件事提醒所有求安稳求个人利益的人，华为绝不允许为个人利益牺牲公司利益的现象出现。

## 5.2 无私公正，敢于负责

任正非说：“只有无私才会公平、公正，才能团结好一个团队；只有无私才会无畏，才能坚持原则；只有无私，才敢于批评与自我批评，敢于改正自己的缺点，去除自己的不是；只有无私才会心胸宽广，境界高远，才会包容一切需要容纳的东西，才有能力肩负起应该承担的责任。”

1985年，海尔刚刚创立一年。当时的厂长张瑞敏的一位朋友要买一台冰箱，在查看冰箱的过程中挑了很多毛病，最后才勉强拉走一台冰箱。

张瑞敏在朋友走后派人检查库房的成品冰箱。在400台冰箱中，发现76台有缺陷。作为厂长，张瑞敏对这样的结果很不满意，他问职工应该怎么办。很多人认为，这样的冰箱并不影响使用，低价处理给职工就可以了。张瑞敏给出的答案却大大出乎大家的预料，他要求把这些冰箱全部砸掉，并自己亲手砸了第一锤。面对既是自己生产又是自己毁掉的冰箱，很多员工都流下了眼泪。

之后的一个月里，张瑞敏多次召开关于如何提高质量的会议，集中讨论了工作岗位对质量的影响、排除质量隐患、提高质量的策略等一系列问题。三年后，海尔人如愿捧得了我国冰箱行业的第一块国家质量金奖。

和海尔一样，华为一直以来都是靠产品说话的企业。任正非深知企业要能长久经营下去，离不开真正被消费者肯定的产品，所以他要求华为干部在管理工作中，要公平公正地看待员工的工作，不能敷衍，不能随意，要做出实实在在的成绩，管理干部要承担起自己的责任，以企业的发展为重。

## 5.3　加强对员工的人文关怀

任正非说："公司一定要更加以人为本，从上至下形成对人的关注及尊重之心。"华为在员工管理工作上一直把握住了人性，不仅仅在物质上极大满足了员工，在精神上也采取温情管理，而温情管理的核心就是通过尊重、关心、信任员工来培养员工对企业的忠诚度。

海外市场是华为最重要的攻坚目标之一，华为派驻了大量精英远赴海外开疆拓土。李阳好就是一名华为的海外精英，他被派去华为印度办事处工作，刚刚到任便被予以重任，负责带领一个技术团队。团队建设并不容易，更何况李阳好新官上任，当地的员工根本不把这个空降兵放在眼里。李阳好深感压力，甚至几度产生回国的念头。

他的上司知道这件事情之后，立即联系他并安抚他的情绪，他的上司就像个老友一样，不仅体谅他离家万里远在海外的艰辛，也理解他在带领团队过程中会产生的精神压力。上司在谈话的最后给了他三个建议，首先是让他放松精神，有时间就去印度的各个名胜古迹走走，只有身心感到放松，工作的灵感才能慢慢涌现。其次是工作要有适当的计划，与海外的同事以及团队成员共同商讨并协调工作计划，保持步调一致。最后，也是很重要的一点，就是对所在地的每个人都表示出足够的尊重。每个人都能帮助他使他在异地的工作、生活变得轻松愉快。

其实李阳好感到压力大、不愉快完全是出于独自在外的无助，但上司一席话使他找到了工作的方向。经过三个月的磨合后，他果然成功了，工作效率成功地超越了当地的印度团队。当他功成身就回到国内的时候，做的第一件事就是向他的上司表示感谢。

华为的员工大多数都是知识型员工，有着比一般员工更强烈的成就感。而且，他们重视个人成就远远超过重视金钱，他们渴望获得别人的重视，并希望管理者给自己“希望”。基于这样的原因，任正非要求华为的干部们不要给这类员工过多的工作压力，要多关注团队成员的成绩，增强他们的信心。

任正非在某次华为优秀党员内部座谈会上谈到，除了物质上要让所有华为人富足，精神上的关注也不能忽视，尤其是华为干部，要多给员工关爱，在日常工作中多与员工交流，及时排解员工的负面情绪。

任正非在会议上说道：“公司领导要给员工一些关爱，给他们思想做辅导。人生最美好的就是生命，没有什么东西比生命更高贵。要爱惜生命，不管是在工作中，还是生活中。工作累了就进行适当的休息放松。公司现在有文件规定，那些因为冲击项目某段时间太累的员工，可以到海滨度假休整一下，由行政费用开支。有的员工工作强度太大，太辛苦了，主管看到他脸色不太好了，可以从前线把他拖下来，休养休养，缓冲一下。”

除了让员工能够更自由地调整自己的工作，以更健康的状态为华为工作，华为还强调组织要了解员工的情况，经常和他们沟通，确保他们有健康的心理，以及积极的工作情绪，于是任正非号召华为加强对员工的人文关怀：“所以我号召我们组织要跟员工做朋友。我希望每级行政管理团队都要和员工有固定时间的沟通，十分钟、十五分钟都是可以的。在调动工作时，主管一定要和本人做沟通，不能什么都不告诉他，简单命令一下。其实很多事情讲清楚就没问题了。所以我希望大家互相关爱，这种关爱精神一定要有，它可以缓解竞争给人们带来的心理压力。”

华为一直强调在关注员工业绩的同时也要对他们的付出表示肯定，对他们的生活要关心，这一点不仅体现在干部对员工的尊重和关怀上，从任正非多次开会注重疏导员工负面情绪上就可见一斑。

任正非说：“要让员工感受到公司36（摄氏）度的体温，要为华为人提供开放舒适的环境，激励他们爆发出更多的能量。”这也是说，要让员工在温暖的人文环境中更大地激发出自己的成就感以及工作的动力。

## 6. 处理人该“杀头”时还得“杀头”

任正非说：“处理人是有分寸和水平的，但是该‘杀头’时还得‘杀头’，你可以先把他的‘头’砍了，半年以后再把‘头’给他装上去嘛。”华为认为作为干部就要决断，不拖拉，并且坚持对事负责，不因为私人关系就回避问题，而要针对事务做出最有效的处理。

### 6.1　惩罚既要讲原则，也要讲方法

任正非认为，在一套健全的人力资源管理体系下，对员工的奖惩制度要合理，员工在工作中有什么样的表现，就应该得到怎样的回报。当员工的工作出现失误或者员工违反了公司的规定，在惩罚时要把握尺度，明确惩罚最终是为了更好地管理员工，所以惩罚员工是有讲究的。

在企业管理中，很多管理者与被管理者容易混淆惩罚与罚款的概念，认为惩罚就是罚款，尤其是企业管理者，将对员工错误行为的所有惩罚都与钱

捆绑在一起，动辄罚款 50 元、100 元、200 元。事实上，惩罚不仅是一门学问，更是一门艺术，惩罚的形式也有很多种，小到批评、警告，大到降职、辞退。罚款只是企业负激励的一部分，并不能与惩罚画等号，而且，罚款也是最容易挫伤员工积极性，最不被斯蒂芬·罗宾逊、亨利·明茨伯格等管理学家提倡的一种惩罚方式。

有许多企业在惩罚制度上想不到很好的方法，就每每从物质上处罚员工，也认为员工的某种行为必须依靠“罚钱”来制止。但实际上，让员工最难以接受的处罚方式之一就是金钱处罚，长期采取这样缺乏人性化的方式很有可能让员工的抵触情绪越来越高。所以，要真正有效地管理员工，更好地避免违规情况的出现，企业就要多开放思维，想一些不那么强硬但确实有效的惩罚方式。

2012 年 7 月有一个有趣的新闻，说的是日本 IT 公司 ValuePress 对迟到员工别致的处罚方式，ValuePress 要求迟到员工必须在次日扮装上班。

ValuePress 规定，凡是 1 个月内累计迟到达 5 次的员工，将必须穿戴上《恐龙战队》中的队员服装。7 月正是酷暑难当，穿着这类严密包裹的造型服饰，不仅要忍受汗流浃背的闷热环境，而且要以这种装饰工作 2 天，承受公司所有员工的打趣。

而 ValuePress 一直采用多种新颖的手段来惩罚违规的员工，类似穿戴动漫服饰这样别出心裁的惩罚已经在 ValuePress 实施了许多年，每半年都会有 3 个员工接受这样的惩罚，而惩罚的效果是十分显著的，所以 ValuePress 公司很少出现员工违规的情况。

ValuePress 极富创意以及趣味性的惩罚方式让员工很容易接受，而且由于穿戴动漫服饰带来的不舒适感能够有效防止他们再次违反公司的规定。

不仅要依据员工的违规情况来制订科学的惩罚方式，还要有针对性、有方法地制订具体的惩罚方法。

## 6.2 该“杀头”时还得“杀头”

管理层的干部作为一个团队的领头人，就要在关键时候做决断。任正非说：“因为担心前程而畏首畏尾的干部，如何践行自己对企业的绩效承诺？如何为公司的发展做出贡献？这样的人才，华为宁愿一个都不要。”

任正非要求华为的干部都能成为杀伐决断的将军，真正带领出一支支军规严格的冲锋队伍。

抗日战争时期，各部队对于部队纪律的要求十分严格，但实际操作时又很难管理。当时，冯玉祥率领的西北军军纪散漫，这让冯玉祥陷入了苦恼之中。

他决定先制定一系列的军规，其中有一条就是戒烟。一次，他当众宣布：“全军戒烟，如有违纪者，则罚其吃烟头。”后来，在惩罚一位吸烟士兵时，士兵反驳说冯玉祥也吸烟了。原来，冯玉祥在与友邻部队同僚会晤时，碍于情面吸了几口烟。冯玉祥听到后立即反省道：“我冯玉祥上梁不正下梁歪，我是吸烟了，我自愿受罚！”说完，冯玉祥从士兵手里抢过烟头，塞进自己嘴里，将其吃了下去。自此以后，冯玉祥的部队里再也没有人敢私自吸烟。

而在企业管理上，任正非多次提到希望华为能够向军队看齐，他曾说：“我在部队里待了十几年，在军队里第一条是服从纪律，第二条就是赏罚分明。你服从命令，把任务完成好，有功劳就该奖赏，二等功还是三等功，根据贡献进行奖励，贡献不够就继续攒着。你不服从纪律，或者没有完成任务的时候，就要接受惩罚，或是做蛙跳，或者关禁闭，总之要罚，而且没有将功抵过一说，功劳是不能用来顶替惩罚的。我们在管理上，一定要向军队看齐。”

郑波担任华为广西南宁代表处助理的时候，开除了一名绩效低且弄虚作假的员工，当时他的朋友就劝他：“你为什么不给他打一个B，然后调一个部门呢？不要把自己搞得如此被动，万一被那个员工投诉，上级反而会认为你管理不力。”

郑波坚持自己的做法，结果这名被开除的员工果然像朋友说的那样，在天涯论坛发帖“报复”郑波，造谣他作风有问题。而且这名员工在气愤之下还向公司党委投诉了郑波。

好在华为没有听信那名员工的一面之词，而是对这名员工的工作情况进行了调查，核实了郑波所说的“该员工在绩效和 BCG（商业行为准则）方面存在严重问题”，证明了郑波的清白。对于这件事郑波后来表示：“我也想过将他调部门了事，但对这种怠惰员工的保护，就是对那些奋斗者的打击，就是对公司的经营发展的不负责任。对这样的事，不能息事宁人。”

在任正非“该奖就奖，该罚就罚”的军队化管理的模式下，华为的干部不谋求个人的私利，不拉帮结派，而是在该“杀头”的时候“杀头”，把精力放在企业的经营发展以及管理上。这样的管理层才是能够稳固企业基业的管理层。

## 6.3 主要是为了解决问题，而不是“量刑”

稻盛和夫称惩罚在企业中的真正目的不是给员工“定罪”，而是希望其在下一次工作中结合经验，避免再次失误。他在回答媒体关于员工的惩罚问题时说道：“一个员工在某项计划中遭遇失败，我们还是会立刻给他另一项任务，这使他相当吃惊。虽然前一个计划失败了，但是那个员工还是从中学到不少，并可以凭借过去的经验再向前迈进。”

杰克·韦尔奇在通用电气公司工作的第三年，韦尔奇所管理的实验工厂发生意外爆炸，整个实验室都被炸得粉碎，毫无疑问，作为公司 PPO 工艺开发项目的负责人，韦尔奇显然有严重的过失。第二天，疲惫的韦尔奇不得不硬着头皮前往公司执行官查理·里德的办公室解释这场事故的起因。韦尔奇已经做好了被公司辞退的最坏的准备。然而，查理·里德并没有对他大声呵斥，而是根据公司规章制度，对他采取降职、减薪，以及罚款的处罚，并对他说：“证明你自己，你可以将公司的损失挽救回来。”

不久之后，韦尔奇带领他的小组克服重重困难，成功研制了抗高温材料诺瑞尔。1968年，诺瑞尔大获成功，热销全球，韦尔奇成为聚碳酸脂和诺瑞尔两种塑料制品部门的领导人，继而又成为通用电气公司最年轻的总经理，并于1981年被任命为通用电气的董事长和CEO。在他的带领下，通用电气几次战胜经济危机，达到了一个又一个新的高度。

很多企业的惩罚机制没有做好，让员工觉得“企业罚钱就是为了节省开支”，实际上，世界上没有任何一家公司是依靠处罚员工来节省开支并创造效益的，惩罚犯错者的目的应该是警告那些犯错的人下不为例，警示那些没有犯同类错误的人以此为鉴，这样企业才能在一个良好的内部环境下运营。

任正非曾说：“不能对犯过错的员工有偏见，人非圣贤，谁都会犯错，关键是他们从错误中是不是得到了成长，如果他们进步了，那就值得重用。相比之下，那些从不犯错的员工才是不可信的，因为只有不作为才不会出错。”

# 第7章 奋斗者的竞争与淘汰

如果企业内部没有竞争淘汰，企业整体将会被市场所淘汰。只有建立起竞争淘汰制度，企业才能发挥员工更大的能力，激发员工的工作积极性，使得企业在市场上有竞争力。为此华为特别设计了『末位淘汰制』以及干部循环流动等竞争与淘汰机制，保证华为的稳健发展。

## 1. 引导奋斗者进行良性竞争

在竞争激烈的市场中，企业之间越来越趋向谋求共存，企业中的职员之间也同样应该构建竞争中共存的和谐关系，以谋求长期的发展。这就要求企业能够督促、管理员工之间的工作关系，构建良性竞争的环境，让员工能够处于合作共赢、具有包容性的竞争关系之中。

良性竞争传递的是“共赢”的意识，竞争并不等于“你死我活”，而是在追求个人利益的过程中，强调能够与竞争对手建立互相促进彼此成长的关系，并在这种良性竞争下促使集体利益最大化。

### 1.1 正确看待同事之间的竞争

在评价华为的内部竞争时，任正非曾经感慨：“企业需要内部竞争，但竞争的最好结果应该是你活我也活，都是一个战壕的战友，你死我活不是战友间的相处方式。”

但是想要用好内部竞争这把双刃剑，避免企业的员工不被恶意竞争伤害的同时促进人才的深度开发不是一件容易的事情，首要的措施就是引导员工正确看待同事之间的竞争，这样不仅不会产生负面结果，还能够促进团队的发展。

杰克·韦尔奇被称为“全球第一CEO”，是一个管理大师，他曾经提出一个关于企业竞争的问题，并且采访了多个企业职员。当杰克·韦尔奇问道：“同事之间，最容易产生的竞争就是有关名誉、金钱、职称和职位的竞争。当竞争真正到来时，你会有什么样的作为呢？是避让退缩，还是勇敢向前？是拱手相让，还是竞争获取？”大多数人的回答是：“勇敢向前去‘竞争获取’。”

在这个人人都渴望成功的时代，企业内的竞争是不可能避免的，但作为管理学的专家，杰克·韦尔奇并不认为企业安排竞争机制，就是要让员工争个“你死我活”，只要确保竞争是有序的，实际上是有利于企业和个人发展的。

想明白之后，杰克·韦尔奇鼓励高层管理人员不带个人恩怨和私人情绪在工作上相互竞争。并且将公司的奖赏分为两个部分，依据竞争人选的工作情况来评定各自的奖金：一部分是管理人员自己的业务成绩，另一部分是管理者管理工作对公司的贡献。如果只是自己部门的业绩好，企业却没能有好的发展，那么这个管理者的奖金也为零。

华为海洋网络有限公司COO毛生江说：“一个人对别人的适应或者别人对你的适应就像一个扇形一样，你能适应的就是一个扇形，而不是一整个圆。在工作中需要不断修炼自己和不同人员的适应能力，欣赏个体差异。”实际上毛生江说的就是与同事在工作上的相处之道，每个人都有自己的优势，要形成良性的竞争就要互相学习，在发挥自己优势的同时也能够提高自己的工作能力。

不管是杰克·韦尔奇还是任正非，作为成功企业的领导者，他们都在强调一个重要的观点，就是同事之间的竞争结果并不是“你死我活”，良性竞争能够使竞争双方共赢，而前提是竞争双方都能正确看待彼此之间的竞争关系，在竞争时心态平和，行为不极端化。

### 1.2　有竞争才会有发展

任何一个有发展空间的组织势必会存在竞争关系，同事之间的关系，本来就是存在合作又存在竞争，过分放大竞争心态，导致人际交往僵化实属下策，但心态过于平和，则不利于自己的发展。

奋斗者要想实现自己的事业理想，有一个强有力的竞争同事无疑是最大的助力。强劲的对手能够帮助提升个人能力，而且如果能在这个过程中处理好双方的关系，无疑在人际关系的处理能力上也能得到发展。所以要以积极的态度面对企业中的竞争关系和竞争对手，这样不仅个人能力可以在团队合作中得到锻炼，视野也会更宽。

2009年7月，华为执行新一轮的轮岗工作，周凯和另外一位从其他部门调过来的同事被安排到重要的岗位，由于在同一个岗位工作，他们的工作产生了交集，双方既存在合作关系，又存在竞争关系。周凯的这位同事是一位情商和智商都很高的人才，而且对待工作认真负责。周凯则掌握熟练的工作技术，各项事务都处理得得心应手。周凯虽然对自己的工作能力很自信，但这位优秀同事的出现还是给了他不小的危机感，他担心自己的工作地位会受到影响。

但一次集体会议让周凯意识到同事之间的竞争关系不是死局，而是让每个人都能得到很好发展的机会。周凯意识到自己既然掌握了技术，就应该把自己的技术之长发挥出来，在合作分工上他完全可以主攻技术方面，没有必要畏惧那位新来的同事。

而且周凯因为自己业务能力强，常常处于一种舒适的工作状态，没有丝毫压力的状态让他的工作停滞不前。周凯意识到这次的轮岗对他来说是个改变的机会，得到强力的合作伙伴就是工作的转机。果然，高手遇强则强，当季的绩效考核中，周凯和那位新来的同事包揽了部门前两名，全都拿到了丰厚的奖金。

职场竞争每时每刻都在进行，关键在于“竞”，比的是干劲，比的是能力，需要的是同心协力取得双赢的结果，绝不是在工作中以自我为中心，形成对峙的小团体，去“争”权力、“争”地位。

像周凯和他的竞争对手这样的良性竞争关系，不仅使双方都在能力上得到了很大的提升，还让公司的业务取得更好的成绩，这对竞争双方来说都是职业道路上的美好经历。

## 1.3 良性竞争有利于团队建设

恶性的竞争会导致冲突矛盾，从而影响企业内部的工作配合和团队效果。但没有竞争企业将失去活力，长此以往会成为一潭死水，激不起水花。所以，企业内部要提倡合理有效的冲突机制，即良性的竞争关系。企业要在为内部员工建立良性竞争关系的基础上设置良好的沟通机制，有助于预防冲突偏激情况发生，也能有助于发挥竞争双方最大的优势，促进团队的建设。

美国曾有一家钢铁厂面临倒闭危机，为了能挽回损失，将岌岌可危的钢铁厂重新建立起来，这家钢铁厂花费了巨大的财力、人力、物力，短短几个月的时间换了数个总经理来管理企业的事务，但对于走向破产的钢铁厂，没有一个好的解决方案，所有管理层的领导都一筹莫展，员工也都士气涣散，所有人都黔驴技穷只能等着工厂宣布破产清算。

这个钢铁厂仍坚持开员工大会讨论公司的各项事宜，新到任的总经理虽然没能采取有效措施改善企业的经营情况，但每次都认真参与会议的他发现公司每次公布决策制度时，没有人会提出任何反对意见，上级领导怎么说，以往怎么做，下面的员工就听从指挥，会议期间没有任何讨论，会议室经常被沉闷的气氛包围。

这位总经理果断改变了会议模式，由原来的领导发言制改为不分层级的讨论制，所有员工都有平等发言的权利，并且建立了一个员工之间的竞争关系，即如果谁能发现问题，并提出合理的解决方案且让其他人没有反驳的余地，这个人就成为方案项目的负责人，公司将在项目成功之后给予相应的权限和奖励。

新的会议制度一经推行，整个会议室的氛围变得热烈起来，所有与会人员都踊跃发言，争相对别人的提案进行反驳，有时候为了坚持自己的立场，双方甚至会吵得面红耳赤，为了赢得机会，每个人都绞尽脑汁地想解决办法。不管在会议室有竞争关系的员工争吵成什么样子，在离开会议室之前都会达成一个解决问题的共识，不论是否同意最后的这个方案，全体员工都会尽全力支持项目的进行。

一段时间后，奇迹出现了，这家钢铁厂逐步走出困境，起死回生，甚至在几年后进入了美国最优秀的四大钢铁厂之列。

这家濒临倒闭的美国钢铁厂能够起死回生，是因为竞争关系改变了死气沉沉的“一言堂”会议的氛围，激发了员工的工作热情，也是因为良性的竞争关系让企业注入了新的生命力和竞争力，企业的决策质量和水平都得到了极大的改善和提高。

可见，团队内部的良性冲突能够激发企业的内部活力，使得员工不断追求高标准和高价值，并建设出更好的团队。

## 2. 为奋斗者提供奔赴“上甘岭”的机会

度过前期的艰难时期之后，华为的规模越来越大，经营状况也越来越好，要打的恶战越来越少，要渡过的难关也越来越少，企业内部呈现出求稳的氛围，但作为一路走来都是在“战斗”状态的企业，任正非深知华为要屹立在市场上不被打倒，就必须持续奋战，任正非一直倡导的两点是：“在华为，不在于走得多快，更重要的是走得多远”以及“做事要捡最难的做”。

### 2.1 “遍地英雄下夕烟”

任正非说：“华为已经形成了能够凝聚十五万人的机制，但凝聚得太紧了，不够活跃，就需要耗散，形成新的活力。”为了让更多奋斗者在实战中成为华为的中坚力量，支持华为做到行业领先的龙头地位，任正非号召华为在人力资源管理上要让“遍地英雄下夕烟”。

任正非在一次会议上提到华为要形成“遍地英雄下夕烟”的人力资源管理模式，他列举了四个重点。

“第一，改革的目的是为了作战。”

任正非在会议上提到了瑞典的“瓦萨号战舰”，这艘战舰虽然装饰精美，做工讲究，但一出海就被海风吹散，经不起考验，而制造战舰的真正目的应该是作战。所以在华为内部，他也提到所有员工不能看起来能干，要在“作战”时发挥自己的能力，否则一切都是空谈。

“第二，我们拉长人力资源金字塔顶端时，要看到内生的新生力量，引进外来的‘蜂子’，也要以内为主。不给内部人员一种希望，内部人努力就不够。”

任正非认为华为的工作一直都是循序渐进的，在制定重要的战略决策时倾向于找资深的管理层来商讨，他提到要相信现在的年轻人，多给他们机会，让他们多体验，他们在奋斗中积累的经验不仅是个人的财富，还是企业发展的助力。

“第三，人力资源金字塔基座要异化，改变齐步走。我认为时代给我们的时间最多两年，如果人力资源政策调整不过来，就会面临大量人才流失。”

任正非说：“一个人在最佳角色、最佳贡献、最佳贡献时间段，要给他最合理的报酬。”他提醒华为在人力资源改革工作上一定要让各种角色都冲上“上甘岭”，抓住变革的转折机会，让各个年龄、各个专业的奋斗者都有机会在“上甘岭”突出重围，成为英雄。而华为要做的就是及时激励奋斗者。

“第四，时势造英雄，大时代一定会产生大英雄。”

任正非曾在汶川抗震救灾的文件中批示：“只要过了汶川救灾线，尿了裤子的也是英雄。”也就是说任正非希望所有华为奋斗者都能勇敢地上战场，即使没能很快取得成就，只要坚持战斗，就是华为的英雄。任正非提出，通过这样的方式，让全员都有上战场的意识。而华为对英雄不求全责备，接受英雄的缺点。在华为有一点点成绩就要被当成英雄，才能保证将来有千军万马上战场。

华为一直以来都鼓励奋斗者们上战场，并且给他们去“上甘岭”打仗的机会，任正非说：“不死就是将军，死了就是英雄。”以此来鼓励华为的奋斗者勇敢前行，在华为，只要坚持战斗，勇敢拼搏就是英雄。

任正非所说的“千军万马上战场”就是呼唤全体华为奋斗者去“炸碉堡”，成为华为的英雄。

## 2.2　抗灾救难，彰显华为精神

任正非说：“我们在职务上，在待遇上，在提升的机会上要向前方倾斜，因为前方碰到的例外情况比较多，需要有经验的员工。”

华为认为不能光用技能考核干部，要培养天天接受培训的机关干部，也不能忽视天天在沙漠里作战的干部，要重视前方的勇士，要给奋斗者上前线的机会，同时也要给这些前线的英雄更多职业上的机会。

2010 年 8 月 7 日晚，甘肃发生强降雨，引发了泥石流灾害，灾情严重导致当地的网络通信协议设备大规模损坏，华为第一时间组织通信抢救紧急保障组赶赴现场抢修灾区的网络设备，华为兰州代表处的王忠红等无线以及传输工程师一行六人临危受命，当天就赶往灾区。

王忠红等六人到达舟曲后，马上赶到客户的机房，当时机房已经被泥石流彻底掩埋，通信设备全部损毁，华为项目组迅速投入通信抢救中，与客户结成最紧密的伙伴，共同清理损毁设备，共同为新建站点选址，争分夺秒恢复基站通信。

华为无线工程师刘皓亭在灾区奔波途中，鞋底都在泥水沙石中磨出了洞，脚底更是磨出七八个水泡，但灾情严重，抢修工作迫在眉睫，他无法仔细处理伤口，只是随意贴了几个创可贴就又深一脚浅一脚地奔赴下一个受灾站点。

华为光网工程师刑德胜几乎两天两夜没合眼，就为了尽快完成网络割接，当时项目组的其他同事担心他身体吃不消，让他先休息一会儿，但刑德胜说："没有关系，网络顺利割接后才睡得着。"

同行的杨云亮和闫国良不懂通信技术，但在抢修过程中一直保护专家们出行，在大雨滂沱和道路坍塌的环境中开车带他们赶往一个又一个抢修点。他们两位甚至担任厨师，给项目组的成员埋锅做饭。任何需要帮助的地方他们都会及时赶到，虽然没能提供技术支持，但他们是华为项目组最好的后勤人员。

截至 2010 年 8 月 20 日，为期 13 天的抢救和恢复工作结束，华为配合运营商恢复了灾区所有通信，并为救灾指挥部和新闻媒体开通了专用传输线路。王忠红等现场保障人员完成一切工作后才功成身退，安全回到兰州代表处，之后王忠红等一行六人都得到了华为的嘉奖，并获得了不同程度的职位晋升的奖励。

华为重视奋斗者吃苦耐劳的精神，强调要优先从艰苦地区选拔人才，要从一线优秀团队中选拔人才。于是华为给奋斗者们提供了去海外偏远地区工作的机会，也给他们提供了去灾难现场抗灾救难的机会，而在这个过程中往往能让奋斗者学会冷静地面对灾难，激发出其快速解决问题的能力。

这些奔赴前线的勇士也会得到华为的嘉奖，华为为此建立了荣誉累积制度，即不管是在艰苦地区工作的奋斗者，还是灾难现场的一线员工，都要有更多机会、得到更多资源。

### 2.3 机会均等，舞台无限大

为了保证给员工提供均等的机会，任正非提出了“学位及地位均消失”的口号。他在《致新员工书》中写道：“实践改造了人，也造就了一代华为人。您想做专家吗？一律从工人做起，已经在公司深入人心。进入公司一周以后，博士、硕士、学士，以及已经取得的地位均消失，一切凭实际才干定位，已为公司绝大多数人接受。希望您接受命运的挑战，不屈不挠地前进，不惜碰得头破血流。不经磨难，何以成才。”

华为员工赵莹（化名）刚进入公司半年，所在的项目组和BT（英国电信）沟通的时候发现一个EMC和供电的交叉标准，标准写得很模糊，项目组的人也对此感到很陌生，但客户要求项目组尽快修订。于是，在项目组的推荐下，刚入职半年的赵莹接受了这项任务。

赵莹将部分同事的研究结果接过来，进行系统、全面地研究，完成了包括对外合作、费用申请到测试系统搭建、报告模板等一系列烦琐的工作。最终将一个模糊的标准做成了BT、KPN，甚至后来FT、DT客户都一致认可的测试报告，也开创了国内第一个可以全面测试该标准的实验室。

2007年9月该标准改版时，赵莹因为熟悉该标准被推荐到欧洲参加会议。作为一个新人，赵莹在BT、FT等电源专家面前发表了提案，并得到了广泛认可。

华为从不吝于给奋斗者机会，作为新人的赵莹就抓住了这个机会，成功攻下了“山头”。华为不拘一格降人才，给奋斗者提供奔赴“上甘岭”的机会，不仅是为了能帮助员工实现他的个人职业目标，还为企业自身的发展提供了更多可能性。

1991 年，胡红卫从大学毕业，“幸运”地成了华为的正式员工。入职以后，胡红卫的心里忐忑不安，因为他是中国科技大学的一名精密仪器专业的学生，而华为主要做通信产品，他担心在华为是否能够像专业对口的人一样，有得到重用的机会。可是，华为为他打开了通往成功的大门，专业不对口也并没有像他当初想象的那样成为障碍。胡红卫靠着自己的努力，从技术员和助理工程师起步，逐步做到工程师、项目经理，还担任过生产部经理、制造部经理、计划部经理等。

任正非在自己的文章中写道：“我们不仅在经济待遇上要提升能工巧匠的待遇，以逐步达到国际标准。当然我们的工作标准也要国际化，也要在政治上肯定他们，提升他们的地位，培养他们的自豪感与自信心。通过 QCC、合理化，他们也卷入了管理，也培养他们的技能。对他们的成绩要给予肯定，他们发明的方法，也可以用他们的名字来命名。”

为了培养更多“能工巧匠”，华为为所有奋斗者提供了均等的机会，让这些奋斗者都能勇敢地前往“上甘岭”战斗，在自己的事业舞台上发光发亮。

## 3. 加强自上而下的干部流动机制建设

华为一直以来都很重视干部的培养工作，为了让中高级干部能够应对各式各样的工作，华为让他们转岗跨界，去多个岗位轮换工作，让干部积累更多实践经验和管理经验，以适应企业未来业务的发展。

干部流动，尤其是中高层干部的有序流动是一项重要的战略举措，不仅能够让干部具备多方面的知识和一线的经验，同时能够避免同一干部在一个岗位待的时间太长久，形成“山头主义”，滋生腐败。

### 3.1 建立易岗易薪的人岗匹配模式

华为轮值 CEO 徐直军说：“我们在是按职位付薪还是按个人付薪上一直

存在误区，由于我司多年来评工资是直接评个人，因此几乎所有管理者和员工都自然而然地认为我司是按个人付薪。但是HAY公司为我司建立的薪酬体系是按职位付薪的体系，与我司多年来的事实理解相差很大。只有真正从按个人付薪转变为按职位付薪，此次人力资源变革才能真正落地，也只有真正做到按职位付薪，才能做到易岗易薪。我们只有坚决地执行易岗易薪，才不会造成高成本，也只有执行易岗易薪，才能使在岗的各级干部和员工珍惜本职工作。”

1997年，华为与HAY公司合作，初步建立了职位管理的概念。2003年，华为推行人岗匹配和易岗易薪，在制度上把职位管理弄清楚，再在公司里实行人岗匹配模式。

华为先与HAY公司交流职位管理的相关问题，制定了华为的评价标准，突出华为以责任为向导以及以成果为向导的特点。并且调整了整个价值体系，使得职位职级的评估更能体现华为的价值导向。随后，华为花了一年多的时间，重新梳理了整个公司的职位系统。

为了更好地实施易岗易薪的人岗匹配管理，华为在绩效管理上也采取了以级别定薪酬的模式。华为以工作岗位决定员工的级别，并以此为标准做职位评价。级别确定了后，依据员工的级别确定薪酬，华为将职位职级跟业界对标，确定薪酬定位。华为在人才管理上一直秉持一个理念，即一个人在某个岗位上作出了贡献，那么就能获得相应合理的回报。而在这个岗位上的薪酬区间是确定且透明的，能不能取得相应的回报，完全取决于个人能否胜任这个岗位，能否在岗位上干出成绩。而且如果岗位调整了，那么薪酬也会跟着变化，这就让员工的薪酬回报与责任贡献弹性挂钩。

华为“以岗定级、以级定薪”体现了员工承担责任同回报挂钩的导向，“人岗匹配、易岗易薪”体现了员工在岗位上的真正贡献与其回报挂钩的导向，这样就使企业“以责任为导向，以成果为导向”切实落地。

为了更好地实施易岗易薪的人岗匹配工作，让员工能够在不同的岗位学习到更多知识，锻炼出更多技能，华为建立了完善的组织管理和职级评估体系。

华为的易岗易薪并不是单纯地为了惩罚，而是希望员工在易岗易薪之后，能够唤醒自己的耻辱心，进而激发上进心。因此，华为从两个方面执行易岗政策，一是下岗学习，二是转岗学习，如图7.1所示。

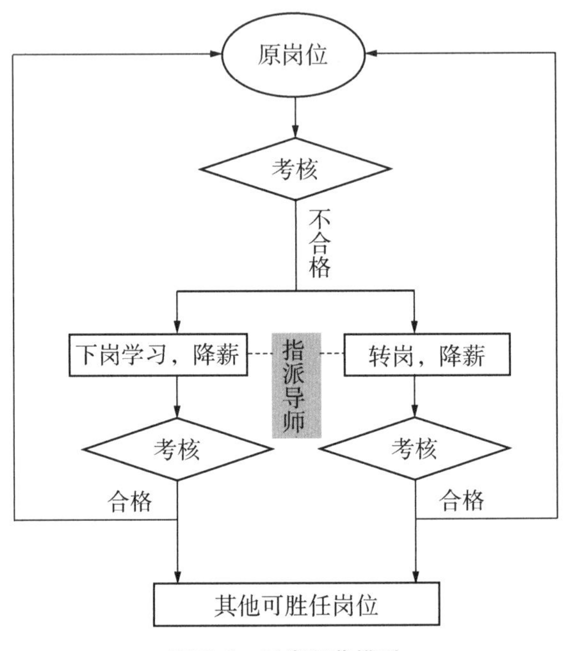


**图7.1　易岗易薪模型**

“人岗匹配、易岗易薪”的问题如果不能得到好的解决，企业容易丧失活力，也将阻碍企业未来的发展，只有建立了科学的人岗匹配模式，才能减轻组织管理的压力，保证企业的内部稳定。

### 3.2　推动干部循环流动

IBM伟大的CEO之一约翰·埃克斯说：“想让一个组织保持最大的活性，就是让所有人都流动起来。”

一个人的最佳工作年龄段不过十几年，科学的管理方式应当是将优秀的员工放到最适合他的岗位上，充分利用好他们的最佳工作时间段，让他们在工作中发挥最大潜能，并且能够从中学习知识，得到成长。这对企业的人力资源管理来说是一个很大的挑战，要做好人岗的最佳安排工作，就要让干部流动起来，培养干部能上能下的能力，这种战略性的人力资源的流动是企业可持续成长的保证。

华为专门出台了关于干部循环流动机制的相关文书《关于加强公司干部流动机制建设的决议》，其中提道：

第一，干部流动的实施要强调自上而下，要用制度化的运作来长期坚持干部流动。

①强调各层干部要流动，首先需从公司高层干部的制度化流动开始。只有高层干部例行流动了，才能进一步构建促进各层级干部流动的管理土壤。

②干部流动需以实际的业务战略及管理需求为方向，结合干部资格管理、任期管理、预备队训战等工作系统地开展。只有制度化的运作才能实现公司干部流动管理的持久性和有效性。

第二，干部流动要通过干部任期和干部资格管理等抓手予以落实。

①要通过任期管理促使干部的有序流动：

公司一层业务与职能部门主管的任期原则上应不超过10年；

公司产品线/子产品线及地区（大区）主管的任期原则上不应超过5年；

公司各SPDT和代表处主管原则上在同一岗位上的任期不应超过5年，但首次担任SPDT和代表处主管的应至少任职满3年。

②要通过干部资格管理牵引干部的主动流动：

面向未来，承担公司重大经营与职能管理的高层干部应具备综合的业务与管理经验。将进一步审视和修订公司干部资格标准，原则上公司高层干部应具有跨业务、区域和职能的成功实践经历。

第三，由公司人力资源委员会及片联干部管理部根据本决议的要求，修订相应的干部资格标准并建立相应的任期管理机制。

任正非说："变革就是要增加收入、多产粮食、提升一线战斗力，要通过干部循环来推进变革。现在是公司管理体系变革的关键历史时刻，要敢于撤换不能适应的干部，不能迁就干部。IPD变革就是先僵化，后固化，再优化，不换思想就换人。”

企业的变革要业务能力强的人才来推动，要发挥优秀人才的最大作用就要建立完善的干部流动机制，以高端人才的循环流动推进变革。正如任正非所说，企业面临关键时期，如果干部不能在原有岗位上做出推动企业发展的贡献，那么企业就要敢于撤换掉不合适的干部，并通过人才循环流动为每个人找到最适合的地方，发挥其最大的效用。

### 3.3 通过轮岗换位来激活干部

华为咨询顾问包政说：“要坚持‘干部轮换’，定期轮换。当时我们对华为做的最重要的制度安排，就是跨部门轮换。只有轮换才知道干部到底有没有事。何况我们长期不轮换，他已经养成了自己的习惯，把自己手下人培养出来，年纪轻轻在自己的岗位上就已经提前退休了，这就是干部的懈怠。”

轮岗制度保证了华为的组织结构动态化，也避免了干部的“提前退休”。在华为，所有干部的工作都有可能被调整，甚至会让干部接触完全陌生的工作领域，这要求所有的干部都能时刻保持一种饱满的精神应对高强度的学习以及工作，轮岗换位极大激活了干部的工作状态，让干部能充满活力地工作。

在华为，轮岗换位并不是简单的岗位轮换，它包括两种情况，第一种是业务轮换，第二种才是岗位轮换。华为的业务轮换是单纯地从提升原有业务能力的角度出发。例如让研发人员从事中试、生产、服务等，以便让研发人员掌握和领会技术商品化的内涵，并用于实践，同时这种交流也使技术人员对其他领域有所了解，以消除技术至上引起的偏见。岗位轮换则是伴随着绩效考核进行的，即不合格者降职，合格者升职。这一举措在许多外行人看来很平常，但华为在执行这一政策时，无论是规模还是力度，都是惊天动地的，其范围之广、频率之高令人难以想象。例如1996年华为市场部集体辞职事件，上至总裁下至普通员工，全部归零，通过竞聘的方式进行答辩，公司根据每个人的具体表现、发展潜力和企业发展的需要，重新对其任命。

任正非说：“要以轮岗制历练人才，要让所有华为人都动起来，既要有纵向晋升方面的移动，又要有横向拓展上的移动。”

这样的轮岗换位模式不仅可以激励员工学习更多的技能，拓宽职业宽度，对企业而言，其意义也是非同寻常的。

在华为，几乎没有员工没有换过岗位的，一般1～2年就要换一个岗位，一些特殊人员和特殊岗位的轮换甚至更加频繁。事实上，华为的轮岗换位制度与美国军队的用人制度十分相似，美国军队的岗位轮换非常普遍，在一个岗位任职，两年三年就轮换，最长四年轮换一次。就连美国的军事院校的机关人员和教员都是如此。美国军队的换岗理论是：如果一件事情熟悉到人闭着眼睛都能去干，人剩下的就全是惰性，没有创造力了。越对事情不太了解、不很熟悉，工作就越小心戒惧，在这种状态下反而成效更高、更富创造性。所以，必要的轮岗是激活成员活性的客观要求。

轮岗换位能够避免员工因为长期从事同一工作导致在事业上没有更大发展空间，防止企业内部的流程由于长期没有变化而僵化。适当的人才流动有利于人才的培养和企业的发展，但任意地调动员工工作也会造成不好的影响，任正非在1999年11月召开的华为新员工入职大会上说道：“公司应该允许员工有挑选岗位的机会，不用封建包办婚姻式的包办定终身，但过分自由也不好，不能无限制地调换岗位。”同时，任正非还强调，“轮岗换位也要注意在干部任用上的连续性，不能为了换岗而换岗，把企业搞得乱七八糟。”

## 4. 影响力来自其他奋斗者的内心认同

任正非说：“华为公司正处在一个顺利发展的时期，使用干部要更加注重品德，这里说的品德不仅仅包括思想道德、生活作风，而是一个广泛的概念，还包括责任心、使命感、敬业精神以及管理好团队的能力。”

实际上，很难用一个评价标准来判断干部的这些品德是否达标，所以华为很注重“群众的声音”，也就是说，选拔干部不仅仅看他的管理能力，还要看他在其他奋斗者中的影响力。

## 4.1 小胜靠智，大胜靠德

在华为大学门口，有一块大石头，上面写着“小胜靠智，大胜靠德”。华为相信，一个人事业上的小小成就可能是源自他的智慧，但一个人要成就大业，要依靠优良的品德。因为智慧能引导奋斗者走最快的那条道路，但品德能引导奋斗者走正确的道路。

刘洋在华为工作两三年之后，认为自己有足够的实力，比周围的同事更具备升职的条件，刚好有个项目组要换PL，刘洋信心十足，觉得公司肯定要提拔他了，结果他眼见身边的另一个同事成为项目PL，他觉得被提拔的同事样样都不如自己，却得到了公司的重用，憋闷的他逐渐开始消极应付工作，也开始怀疑是不是自己的价值没有在华为发挥出来，甚至动了离职的念头。

正在刘洋犹豫要不要离开华为的时候，项目组来了一个“新员工”，这个“新员工”虽然是刘洋所在项目组的新人，但他在之前的部门早已经是主管了。因为轮岗，他又回到了项目组和其他员工一起做开发工作。他进入项目组之后，什么事情都从基层做起，面对高强度的工作，他毫无怨言，而是在项目组苦心钻研，并且很快就成了技术上的专家。由于他的工作成效及人格魅力让他在项目组有着很大的影响力，他得到了周边同事的一致认可。

刘洋发现一个真正有资格担任管理工作的人不仅在工作能力上有过人之处，对他人的影响力也决定了他是否具备管理的能力。在此之前刘洋并没有认真考虑过自己是否适合做项目PL，只是觉得做PL是一种组织的认同和提升，所以就去追求。但从这个“新员工”身上，他意识到自己的不足，也逐渐发现一个人的影响力不是他所在的岗位赋予的，而是别人内心的真正认同。

刘洋不再盲目追求做项目PL，而是认真踏实地工作，最终从部门中脱颖而出，大家都支持他的工作，他也因此当上了PL，后来的上岗转岗也很顺利。

任正非说：“管理团队主要是管人，心理素质不好的人和生活作风有欠缺的人，都不要进入管理团队。”任正非认为一个人能成为团队的领袖，除了突出的领导力之外，需要靠品德来让团队成员信服。所以，华为一直以来对于干部的选拔都非常重视选拔对象在团队中的影响力。

### 4.2　坚守底线，才能赢得胜利

在职场上，不同部门之间常常存在工作职责的竞争，如果只考虑自身利益而做出损害他人利益、损害企业利益的事情，这样即使能取得一时的胜利，也不会被其他人认可，更不可能在职场上有长久的胜利。

华为深知企业干部须有品德、有底线，才能让员工跟随干部的步伐，使华为有强大的凝聚力，所以任正非常说："现在很多人强调技能，其实比技能更重要的是意志力，比意志力更重要的是品德。"

2012 年，林玲（化名）负责华为哥伦比亚代表处的收入核算工作，由于哥伦比亚收入经常反冲，且存货低周转现象严重，于是林玲核查了其收入情况，并基于问题梳理了改进措施，指导 PMO 完成自主管理。

林玲是个有些腼腆的女员工，工作时只关注眼下的事情，快速敲打键盘、处理邮件，不怎么和同事交流。但有一次工作上出现了问题，她不停地向业务部门发邮件问这问那，但交付主管根本不搭理她，于是这个平日少言寡语的女员工非常直接地找到了交付主管，充满火药味地问他："IFS 上线后，你们 LTE 项目为什么每月都在反冲收入?"当时交付主管都愣住了，半天才回答说："我们要完成指标啊!"

业务部门这种不守规则，只顾自身利益的做法导致财务在后端不得不花大量时间收拾残局，而且业务部门在使用系统时不按照流程操作，让后方结账时容易造成"死机"现象，最让林玲难以忍受的是，业务部门还在月底要求调账，因此财务核算部门就得加班忙通宵。

为了解决这些问题，林玲组织了两个部门之间的沟通会，会议开始的时候就像是辩论赛，双方火药味比较浓。但业务部门作为反方，也诚恳地指出现实情况难以完全遵从全球标准化流程，不能一刀切，改进要有个过程。双方逐渐达成共识，语气也渐渐和缓。交付主管在最后说道："我以前不了解不规范的处理会给后端平台带来如此大的工作量，而且不知道该怎么做。"林玲回答道："我会先观察学习业务流程，然后提出改进建议。"

过了一个月，改进措施落实到位后，交付主管高兴地跟林玲说道："你对我们帮助太大了，我们向 SSC 申请你出差一年，帮助我们建立规则，彻底梳理好业务问题。"

在业务部门与财务部门建立了良好的合作关系之后，双方工作都顺利地开展起来。某天，林玲突然接到交付同事的电话，对方通知她有重要事情，让她赶紧去财务办公室，林玲以为是工作上出了重大问题，立即奔赴财务办公室，当她走进办公室，竟然发现业务部门的同事给她准备了大包的零食以及一大束鲜花，得到认可的林玲非常开心。

从林玲的例子可以看出，即使在职责上和其他部门的同事存在竞争关系，但只要坚守底线、认真工作，就一定能得到所有人的认可。

## 4.3 绝对的公平是没有的，要有一定的承受能力

在职场上，真正绝对的公平是没有的，作为企业的职员，没有一定的抗压能力，很容易就会被淘汰。

华为一直反复向奋斗者们强调，在努力者面前，机会总是均等的。也许我们在职业道路上会遭遇许多让自己觉得委屈的事情，但"烧不死的鸟就是凤凰"。任正非时常敲打华为人："没有一定的承受能力，今后如何能做大梁?"有良好的抗压能力也是华为对干部的选拔条件之一。

截至 2013 年，李雅平已经在华为工作八年了，她在子公司、地区部、机关等部门都工作过。2005 年入职时，她被分到了慧通公司的财务部。当时与她同批进入华为的员工，只有她一个人被分配到子公司，虽然有些不平衡，但李雅平抱着既来之则安之的心态开始了她在华为的工作。李雅平作为一个新人，连 Excel 和 PPT 都用不好，她为了能够做好预算工作，利用晚上的时间练习基本功。此外，她还跟部门的老员工学习核算，并且积极与各业务部门沟通学习业务。在她的努力之下，她在慧通公司的预算工作总算是慢慢步入正轨。而公司对她的工作评价也在连续三个季度考评 C 之后给了她 A，这段

时间里，她最大的感悟就是要多学、多问、多做。

在慧通公司财务部工作两年后，李雅平被派往了拉丁美洲。2008 年，李雅平被分配到墨西哥工作的时候，已经成了经营管理小组的副组长，在她的带领下，经营管理小组很快完成了公司下达的经营目标。之后，她不满足于工作现状，想拓宽自己的业务，于是她主动申请到中美洲负责国家财务工作。到了 2009 年，她开始负责危地马拉等三个国家的财务工作，工作没多久，她发现三个国家的服务以及部分行政采购合同是以香港华为的名义签订的，存在潜在的风险，同时也增加了子公司所得税成本。她及时推动变更，避免了公司的损失。因为这项工作，李雅平得到了地区部的表彰。

2010 年 8 月，李雅平被调回到机关预算管理部。这个大家公认的“苦衙门”，负责统筹整个集团的预算预测，负责集团三张报表的平衡，是公司预算管理的 COE 行管部门。但她能够放手投入工作中去，跟以前相比能力上了一个台阶。看着身边一起来的同事，甚至来得晚的同事都陆续升为代表处的 CFO、共享中心的经理等，李雅平在羡慕之余安慰自己，目前的工作岗位很重要，而且只要努力下去，公司就会提供机会。2013 年 1 月，李雅平顺利被任命为流程 IT 管理部的财经部长。

李雅平之所以能成为华为的干部，除了出色的业务能力，还有她强大的心理支撑着她的前行。面对数次看起来“更苦”的工作，她都没有选择放弃，而是迎难而上，将心中小小的不平转化为自己工作的动力，这让她从众多华为人中脱颖而出。

## 5. 建立奋斗者激活机制

日本著名的经营管理专家土光敏夫说：“撑竿跳的横杆总是要不断上升的，不能跳跃它的人就应该尽快离开竞技场。”

土光敏夫的这一观点也体现在华为设置的奋斗者激活机制上。华为在培养奋斗者时，十分重视竞争与淘汰，认为这样才能使所有奋斗者有不进则退的危机感，并通过一些管理措施，让奋斗者能够坚持长期奋斗的工作状态。

## 5.1 华为历史上三次运动式负激励

众所周知，华为由一家作坊式的小公司发展成国际化的大企业，一直以来都强调“奋斗者精神”，但由于华为的工号文化以及持股制度，导致内部多次呈现出管理僵化，奋斗者不再“奋斗”的现象，为了激发华为人的奋斗精神，让他们重新有危机感，华为曾有过三次影响巨大的运动。

1995 年，华为从艰难的创业初期发展成初具规模的企业，但内部管理依旧和前期的管理模式没有差别，可华为当时处于高速发展时期，企业内部的员工人数与日俱增，以前的管理模式已经不适用于如此巨大的企业规模了，对此，任正非说：“华为初期的发展，是靠企业家行为，抓住机会，奋力牵引，而进入发展阶段，就必须依靠规范的管理和懂得管理的人才。”

于是 1995 年 12 月 26 日，任正非发表了《目前形势与我们的任务》的万言报告，拉开了市场部“集体辞职”的序幕。这份报告意味着当时的华为干部要向公司递交 1995 年的年度述职报告以及他们的辞职报告。这些干部将重新进入华为的竞岗活动中，所有人都要重新应聘，竞争上岗，而华为会根据这些干部的实际表现、发展潜力以及公司的发展需要在他们中选拔出新的管理干部。

1995 年华为的这次集体辞职活动，让所有的华为干部全部“归零”，重回同一起跑线，而后的竞争上岗，给了所有干部一个公平竞争的机会。而华为也首开“干部能上能下”的先河，被业内视为企业在转型时期顺利实现“新老接替”的经典案例。

2000 年，华为出台了《关于内部创业的管理规定》，这一规定的出台意味着凡是在华为工作满两年的员工都能够申请离职创业，华为将给予创业者所持股票价值 70% 的华为设备，并在半年内对创业者的工作进行保护扶持。

这也是华为第二次有组织的新老接替运动，将一部分资深的员工分割出去，华为拿出一笔费用来支持这些员工的新事业，既保护了离职员工的基本利益，也为华为维护好了周边的关系。

2007 年，华为公司要求工作满八年的员工向公司提交一份辞职申请，华为补偿 10 亿元鼓励包括华为元老级骨干在内的近万名员工辞职再竞岗，竞聘后与华为重新签订劳动合同。这也是 1995 年华为市场部集体辞职事件后，华为为了激励华为人坚持艰苦奋斗所做的又一“壮举”。

在艰难的发展期，华为依靠这样大规模的负激励让华为人重新竞聘上岗，极大激活了奋斗者的工作状态，但随着华为管理模式逐渐完善，竞争体系也随之改善，华为已经不再采取这种方式选拔人才了。不过华为早期的确因为在奋斗者中设置的这种特别的竞争与淘汰模式，渡过了变革时期的难关，让企业能稳健发展到如今。

## 5.2　战略预备队：让奋斗者获得新生

任正非说：“华为公司想不死，就要新生，要增强组织的血液循环，给优秀干部专家赋予新能量，然后走上战场，承前启后，英勇奋斗，战略预备队是最重要的转换中介。”

华为认为三十年是一个企业的重要时机，想要稳定持续发现，就要改变企业的组织、结构并且对企业的员工重新赋能，让他们重新竞争重要岗位，让人员流动起来，为企业创造更多可能性。华为设置战略预备队，就是为了激活组织，激活华为奋斗者。

首先，华为将战略预备队视为最重要的转换中介，高度重视战略预备队的建设。华为在任正非的建议下成立了战略预备队指导委员会，并且由他亲自担任指导员，三个轮值 CEO 任委员。战略预备队整个体系既包括市场，也包括研发、财经、管理、供应等所有体系。华为意在通过战略预备队将优秀的干部组织输送出来，让他们进行面向未来的训战结合，培养适应作战方法的能力，再把他们送到一线，重新参加战斗。

其次，由于人工智能的快速发展，未来将对企业的人力资源产生巨大冲击，华为内部的人事可能面临改朝换代，所以战略预备队就是要在业务转折过程中“转人磨芯”，即磨砺人、转换人、筛选人，华为秉持的理念是企业的胜利，而不是每个人都成功。所以经过训战仍跟不上公司发展的人将被华为放弃，跟得上华为步伐的人自然能获得成功。华为的战略预备队不是对每个人负无限责任，而是给每个人公平的机会进步。

最后，华为建立战略预备队，主要目的还是让组织“换血”，加强血液循环流动，任正非说：“你们上网去看一看华北大学。因为解放战争胜利太快了，为了接管全中国，毛泽东集中了两万营团干部在石家庄建立华北大学，校长吴玉章，是辛亥革命元老，副校长是成仿吾、林伯渠，他们都是后来的国家领导人，很厉害的。”而华为在进行一场比较大的组织结构改革，非常希望能够像当时一样集结两万营团干部为华为“打江山”，任正非强调，这两万营团干部中要有一万是“将军”，所以华为的战略预备队实际上是要给这些华为干部重新赋能，并从这些干部中选拔出符合华为发展的“将军”。

任正非说：“我们要在战略预备队中，通过一轮轮的筛选，选拔出其中最好的人。”战略预备队让前方的干部有更大的危机感，因为随时担心被人替代，这些干部会使出全身的力气去奋斗。与此同时，也给喷涌的新鲜血液一个提升的机会，战略预备队可促进血液循环流动，为华为找到真正有综合能力的领军人。

华为设置的战略预备队，实际上就是一个人才筛选中心，符合华为未来发展规划的奋斗者能获得更好的升职加薪的机会，而不符合华为要求的员工，将面临被淘汰的局面。战略预备队通过这样的竞争与淘汰机制，有效激活了奋斗者的战斗力，同时也给企业注入了活力。

## 5.3 干部内审，净化奋斗者队伍

任正非说：“在选拔中高层干部的过程中，要把干部个人品德看得高于一切，遵守纪律，有高的道德情操，忠于公司、忠于集体利益才是我们选拔的重要基础，而不能唯才是举，不能唯才选择。”

这也就是说，华为在设置干部的竞争机制的时候，不仅看中干部的职业能力与管理能力，更是直接将品德作为干部选拔的重点考察内容。为此，华为设置了干部内审，不仅仅是为了让干部能够专注于本职工作，更是为了净化管理团队。

当前中国的职业建设周期较短，企业法律建设不足，像华为这样体系庞大的企业，难以避免受贿、挪用资金、侵犯商业秘密等事件。为此华为建设了干部的内部审核机制，针对干部的授权行权、工作方法改进、行为规范等工作进行监察。

任正非在确定干部内审的条例时，提出以下几点：

第一，要明确干部内审的目的，调查工作不是为了整治干部，而是重在挽救干部。公司培养干部是为了公司的发展，审查是提醒干部将精力放在建设公司上，不要犯一些无法弥补的错误。在审查阶段不能“打草惊蛇”，弄得人心惶惶，要尊重人权。干部内审最终的目的还是要遴选出最有利于华为发展的干部。

第二，审查结束后的决策阶段，要坚决贯彻“集体决策，少数服从多数”的原则，不能由个人决定对干部的处理方式，个人不具备审批权。不能形成不良风气，听某个领导的要调查谁就调查谁，干部内审不能变成某些人铲除异己的工具。最终结果还是要通过集体投票来表决，且一旦立项必须出结果，对审查对象一定要深入调查，要能够解释清楚对审查对象的处理结果。

第三，调查过程要透明化，并且坚持“查处分离”的原则，对干部的审查工作要严肃，对干部要宽大处理，尽量包容。华为立项审查主要是为了净化队伍，警醒华为人不能犯错，而不是为了针对个别人量刑。但退赔系数要逐年提升，增加犯罪成本，并公示退赔系数，让所有人能清楚地知道犯罪成本高昂，从而产生威慑作用。

实际上，华为的干部内审也是为了对中高级干部进行关键行为的考核，并以此激励他们充分发挥组织的力量，更好地提高干部自身的领导能力和影响力。若是在审查阶段发现品德方面的错误或有工作懈怠的现象，他们极有可能要被淘汰出干部队伍。

## 6. 贯彻“末位淘汰制”

任正非说：“我们贯彻‘末位淘汰制’，只裁掉落后的人，裁掉那些不努力工作的员工或不胜任工作的员工。”华为推行的“末位淘汰制”意在提高职工的工作积极性，避免人浮于事。但末位淘汰也不意味着要开除员工，而是基于科学的管理，帮每个奋斗者找到合适的岗位。

### 6.1 提出者杰克·韦尔奇

通用电气公司的总裁杰克·韦尔奇在自传中写道：“有些人认为，把我们员工中底部的10%清除出去是残酷或者野蛮的行径。事实并非如此，而且恰恰相反。在我看来，让一个人待在一个他不能成长和进步的环境中，才是真正的野蛮行径或者‘假慈悲’。先让一个人等着，什么也不说，直到最后出了事，实在不行了，不得不说了，这时候才告诉他‘你走吧，这地方不适合你。’而此时他的工作选择机会已经很有限了，而且要供养孩子上学，还要支付大额的住房按揭贷款。这才是真正的残酷。”

杰克·韦尔奇很早就采取了“末位淘汰制”来管理企业员工，同时也取得了很好的成绩，他非常提倡要尽早让那些不适合自己岗位的员工找到真正的职业方向，避免给企业和员工自己造成更多的损失。

杰克·韦尔奇的管理模式被众多企业追捧，但也有一些小型企业对他的“末位淘汰制”持怀疑态度。他在自传中记载了一件事情，当时他正走在一条卖服装的街上，其中一家服装店的老板认出了他。这家服装店老板向杰克·韦尔奇请教管理之道，并问他：“把我的店做好，非要一段时间就淘汰落后者吗？”韦尔奇说道：“是的。”随后他解释道：“如果你想成为这条卖服装的街上的佼佼者，你就必须不断地淘汰落后的人，这样你才能成为这条街的赢家，除非你不想赢。”

和杰克·韦尔奇的管理方式一样，华为也通过实施“末位淘汰制”取得了很好的管理效果，华为的一位高层管理者曾经感慨道，实行“末位淘汰制”后，会发现组织在发生一些以前所没有的变化。员工行动迅速极了，新员工日常学习意识、危机意识浓了。

华为刚刚采取“末位淘汰制”的时候，也遭遇了像杰克·韦尔奇推行“淘汰制”时遇见的各种问题，有人认为“末位淘汰制”不仅不能起到正面的管理作用，还会因为威胁到员工的利益造成员工的负面情绪。

但任正非坚持推行“末位淘汰制”，这个制度的推行迫使部门考虑效率问题，华为的许多业务部门从系统、组织角度考虑业务重叠造成的资源浪费，并进行重新整合。

华为对营销计划体系和策划体系进行了整合，计划体系在一年内“淘汰”了绩效低的 12 名员工，剩下的员工做的事更多，但整体效率竟然提高了。许多原来无力做的工作，如市场空间分析等也都开展起来了。通过这样的组织整合，内部机构减少了，多余的协调和内耗也少了，但从管理上来看，华为成功地完善了整体的经营。

同时进行“末位淘汰制”的还有华为的国内营销干部部，这个部门撤销了产品行销部、市场财经部干部处，部门员工从 26 人精简为 20 人，并且强化了一职多能，改变以往工作分工过细的状态。由于以往工作分工过细，部门的人力资源浪费情况十分严重，员工也长期处于“沉淀”状态，组织的活力不够，但改善之后，整个部门的工作状态一下子被激活，不仅工作效率大幅提升，工作氛围也得到了改善。

实际上，末位淘汰制的推行迫使华为各个部门开始考虑效率问题，许多业务部门开始从系统、组织角度考虑业务重叠造成的资源浪费，并进行重新整合，实现了责任的落地。

任正非说：“通过‘末位淘汰制’，将压力传递下去。在这个时代，每个人都要进步，时代不会保护任何人。不要认为华为公司是五彩光环，我们已处于风口浪尖，未来将走向何方？没人知道。因此，我们各项工作都要导向多产粮食、增加土地肥力。”

## 6.2 鞭策奋斗者自觉适应公司的节奏

任正非在文章《能工巧匠是我们企业的宝贵财富》中写道：“由于市场和产品已经发生了结构上的大变化，现在有一些人已经不能适应这种变化了，我们要把一些人裁掉，换一批人。因此每个员工都要调整自己，尽快适应公司的发展，自己跟上公司的步伐，不被淘汰。虽然从华为公司总的形势看还是好的，但入关的钟声已经敲响，再把公司当成天堂，我们根本就不可能活下去。”

麦肯锡公司有一条“UP OR OUT”的规则，这个规则说的是“得不到晋升与发展的人就请离开”。而实际上，这也就是麦肯锡公司的“末位淘汰制”。麦肯锡认为公司若想为客户提供最优质的服务，更好地建设企业，只有在内部管理上实行优胜劣汰的选拔方式，让他们在这种“末位淘汰”的氛围里鞭策自己，提供更好的服务与产品。

因此，麦肯锡公司每年都有20%的员工离开，也就是说同期进入麦肯锡公司的100个人，在四年之后就只剩下20个人。而这些离开的员工中，有一部分是由于跟不上企业的节奏主动选择离开的，另一部分则是被“末位淘汰”的。

麦肯锡针对不同的员工有不同的要求，但在人员去留问题上有两点是一致的：第一，如果一个员工在绩效考核中连续处于后5%，公司会劝其离开；第二，如果一个员工在工作上长期没有长进，公司也会劝其离开。

在这样的制度下，麦肯锡的员工形成了一种自觉学习和努力工作的氛围，经过持续不断地学习和奋斗，他们接受知识的能力不断提升，业务能力也越来越强，公司也发展得越来越好。

由此可以看出，“末位淘汰制”是一项需要长期执行的人力资源政策，职员由于承受着可能被“淘汰”的巨大压力，时刻保持着危机意识，将勤于学习并投入工作之中，不仅为组织取得更好的业务成绩，使得组织保持活力，同时也让自己的各项能力得以发展，适应企业不断发展的节奏。

关于“末位淘汰制”，华为俄罗斯地区总裁万飚曾经评价说：“末位淘汰向员工传递着压力，督促其承担岗位责任，并自觉适应公司文化、节奏，不断提升个人业绩，对于员工是一件有益的事。”

2001 年，华为 UMTS 基站系统产品总监万飚任职期间发现有个别老员工长期不在状态，在绩效考核中成绩总是排在后面，于是，新上任的他依据华为的“末位淘汰制”，果断辞退那几名绩效考核成绩不好且工作状态也不好的老员工，同时他决定把剩余的员工转入待岗查看。

一开始，一些资深的华为员工以为万飚不过是新官上任三把火，时间久了就会习惯了，所以没多心，但到了第二次绩效考核，他按规定再次辞退了三名业绩情况不合格的员工，剩下的待岗员工都傻眼了，“末位就淘汰”这种压力模式给万飚团队全体员工的内心造成了极大的震动，同时一股强压传递到了团队每一名成员身上。

万飚项目组的全体员工意识到如果不能把业绩做好，就跟不上企业的整体工作节奏，很有可能被公司直接淘汰。从那之后，项目组的每个成员都努力学习和工作，努力适应公司越来越快的发展节奏。

半年后，UMTS 基站系统产品部门员工的产出得到了明显的改善。不仅万飚得到了升迁，基站的员工也都得到了很高的奖金。

显然，“末位淘汰制”的效果是显著的。对于管理者而言，坚持推行“末位淘汰制”，将危机感和责任感植入奋斗者的日常之中，能有效鞭策奋斗者不断努力，适应企业的节奏。在奋斗者努力的同时，企业的综合效益能够有效提升，员工也会在企业中得到很好的发展。

### 6.3　“烧不死的鸟是凤凰”

2000 年，任正非在讲话中说：“烧不死的鸟是凤凰，我希望树立一批真真实实烧不死的鸟作凤凰。有极少数的人是真正‘在烈火中烧’，如果说他们能站起来，那他们对我们华为人的影响是无穷的。”

华为坚持实施“末位淘汰制”，是因为一个企业仅有“优胜”显然是不够的，企业务必要表现出严肃的“劣汰”态度。这只是让员工有危机意识的方式，并不会真正让这些被“淘汰”的员工离开公司，而是给他们机会去别的岗位历练，凤凰要涅槃重生，员工也要在更适合的地方重新建立起事业的信心，开创另一番天地。

2001 年，尹玉昆入职华为，成为一名网优工程师，由于他出色的业务能力，2002 年至 2004 年间他经历了从网规网优经理、服务经理到客户经理的跨越。2005 年 3 月，他主动向上级申请去刚果开拓市场，在短短几年内不断突破海外市场，自己也从客户经理转身成为系统部主任，到 2010 年他已经成了华为刚果代表处的销售副代表。

变故发生在 2010 年底，时任地区部两位副总裁找到了尹玉昆，并告知他被干部末位淘汰了。当时的他作为一个干部正培养着一个团队，却得到了他没有资格管教别人的消息，事业上受挫的他在那个时候又被家庭矛盾困扰，最心灰意冷的时候他甚至产生了离职的念头。就在他浑浑噩噩、犹豫不决的时候，上级突然派遣他去往埃塞俄比亚，当时的埃塞俄比亚是华为的重点竞争市场，长期被友商独家垄断。尹玉昆如果接受上级的安排，意味着他要承担巨大的压力拿下埃塞俄比亚市场。最终，尹玉昆远赴埃塞俄比亚，他决定洗刷掉被“末位淘汰”的耻辱，重新开启自己的事业。

拿到埃塞俄比亚的工作任务之后，尹玉昆全身心投入工作之中，用更加严苛的标准要求自己。他制订了一个目标，就是要总结过往的经验和教训，务必拿下埃塞俄比亚的市场，再次证明自己的能力。

埃塞俄比亚的竞争十分激烈，日夜不分的奋战间隙，尹玉昆才意识到自己在刚果代表处六年，由于工作时间长，他对当地的工作环境十分熟悉，于是慢慢产生了惰性。而在埃塞俄比亚工作期间，他发现虽然当地竞争激烈，但这让他的目标感越来越强，同时巨大的压力激发了他的斗志，他决心在埃塞俄比亚干出一番成绩来。

尹玉昆在埃塞俄比亚的绝大部分时间，不是和项目组成员一起与客户商讨合作事宜，就是在办公室反复研究客户关系，分析对手信息，并制订竞争策略，拓展客户关系。

最终在北非地区部和埃塞俄比亚代表处的指导下，尹玉昆承担起了项目团队的日常组织和具体项目运作以及部分核心客户关系的维系工作，完成了华为交给他的重大项目和关键任务。值得一提的是，在被“末位淘汰”之后，尹玉昆不仅全面完成了公司下发的任务，还带领团队为华为获得了更大的市场份额。

“为什么这样折腾干部?”曾经有华为人表达了自己的质疑，认为“末位淘汰制”并不符合人性化管理。而事实上华为的“末位淘汰制”是变相的激励方式，让干部降职，去新的岗位适应，是为了让干部找到真正适合自己的事业舞台，避免一直在低绩效的状态中磨损了自己的精力。

更重要的是，华为相信“烧不死的鸟是凤凰”。干部要能上能下，不断挪“坑”，在不同的“坑”里历练，从而成为一名优秀的管理者。

# 第8章 奋斗者的自我成长

任正非说：『人生苦短，青春宝贵，不要蹉跎了岁月。梦想成大事，就一定要有「头悬梁、锥刺股」的精神。任何时间、任何地点都有自我培训的机会。要开放自己，广泛地吸收别人的营养，珍惜时间，珍惜机会，找到你自己的人生切入点，加强自我培训，超越自我。』

# 1. 将军是打出来的

任正非一直强调干部一定要从有成功实践经历的一线员工中选拔出来，华为也一直遵从“将军一定是打出来的”的选拔原则，让能打胜仗的士兵当将军。

企业首先要明确一点，就是选拔干部的最终目的是为了攻占山头，一个员工如果有成功的实践经验，也就意味着他知道如何能更快取得胜利，可以引领团队少走弯路，以最优的资源配置赢得最大胜利。所以，在企业管理人才的选拔工作上，要优先选出能打胜仗的员工。

## 1.1 要到小国苦练基本功

任正非说：“在小国要苦练基本功，以考促训，没有上战场做英雄的决心，不要到艰苦地区来。”华为认为不懂战争的人是不能指挥战争的，要对最艰苦、最基础的业务都有实践经验，才能快速找到解决难题的办法，才能够指挥队伍战斗并赢取最终的胜利。所以华为鼓励所有有志成为干部的奋斗者，要自发地去往艰苦地区积累基层经验。

1999 年，杨友桂一毕业就加入了华为，随后他一直在中国区工作，到 2012 年，他已经在 4 个代表处和系统部历练过，在这期间他任过客户经理、系统部主任、业务助理以及地区部代表等，提升了战略、客户关系、项目运作和团队管理的能力。

2012 年，杨友桂被调到联通系统部担任负责人，工作一直顺风顺水的杨友桂突然感到阵阵恐慌，他认为他在中国区的工作遇到了瓶颈，想要更好地发展必须有所突破，尤其是他希望自己将来能够承担更大的责任，走得更远，这就意味着他必须面对更大的挑战。接受公司的安排，担任一个系统部的负责人，在旁人看来已经是能够舒适地享受工作的职位了，但杨友桂决定跳出舒适圈，去更基层的地方打磨自己，于是他主动申请去往海外小国。

2012年9月，杨友桂到了沙特阿拉伯，因为宗教的原因，这个国家没有太多的娱乐项目，工作、生活环境都十分简单，能够聚焦工作。但是由于沙特阿拉伯的业务量特别大，STC系统部沙特阿拉伯子网又是华为最重要的子网之一，竞争异常激烈，所以项目组感受到很大的压力，杨友桂的团队几乎每天都熬到深夜，而且所有成员都长期处于战斗状态，经常片刻休息之后就要投入新一轮的业务之中。面对自然条件、业务压力和精神层面的三重挑战，杨友桂感受到从前在国内没有的紧迫感，但是他始终坚持带领团队依据高标准、严要求完成工作事宜，绝不因为任何原因放弃华为追求最极致的成果这一工作理念。

终于，杨友桂在2014年带领团队一次性拿回 $X$ 亿美元的合同，他突然发现自己有能力把几乎不可能的事情变成百分百的绝对事件。而在沙特阿拉伯工作的过程中，杨友桂最大的收获不在于拿下了高额合同，而在于发现自己在职业上的更多可能性。他意识到，只要自己敢于奋战到底，就能成为一个队伍当之无愧的领军人。

实际上，像杨友桂这样的中层干部，在大国工作的经历远远不足以使他成为一个全面的领导者，大国的流程化组织运作会让企业干部领会到企业管理的整体模式，但却不能很好地理解每个环节的意义。而小国很综合化，什么都涉及，而且每个环节都很具体，在小国中历练能让他们切实体会到各个环节在整体流程中的作用。小国很容易出英雄、出领袖，因为在小国中这些干部能够在实战中积累比别人更多的综合能力。

### 1.2　多产粮食才能当将军

任正非说："在华为，必须多产粮食才能拿高工资，多产粮食才能当将军。"华为一直给所有华为奋斗者传输一个观念，那就是愿意"打仗"不意味着一定能成为将军，要成为领军人，就要能够打"胜仗"，取得胜利果实。

实际上，华为的干部管理方式不是一般企业的"培养制"，也就是只要依照企业的培养方案好好学习管理知识，就能够成为企业的干部。华为一直以来都实施"干部选拔制"，就是从有成功实践经验的优秀人才中选拔出干部，要让真正懂战争的人指挥战争。

2004 年 2 月，蒋钰加入华为的时候还是一个没有任何职场经验的新人，上班第一天，车间主任就问他有没有兴趣维护 3001C 的无线基站。就这样，一个没有任何交付经验的新员工就作为维修部维修工这样的“兵种”匆匆上了“战场”。

3001C 的无线基站是华为的第一代无线产品，也是一款体积巨大、维保年限长的产品。维护 3001C 的无线基站对技能的要求非常严苛，当时车间主任对蒋钰说：“只要能搞定它，就能搞定所有的无线产品。”这不仅仅是巨大的挑战，对一个新员工来说更是不可多得的机会，于是蒋钰咬牙接下了上级的任务。

在一个月的学习之后，蒋钰终于开始着手基站维护工作，但忙碌了一整天的他发现维保年限长达十年的 3001C 的无线基站几年前就已经停产了，生产原材料的厂家也因为需求订单量的减少而停产，这给蒋钰的工作带来了很大的麻烦，他找不到维护工作中能替代受损器材的元件，他采取的第一个措施就因为缺少一个附带安装的五金小配件而“夭折”。

从那以后，蒋钰养成了搜集缺少配件数据的习惯，并且向采购部提出要针对维修作业中需求量大的小配件进行编码采购，降低停产物料成套“定制”的采购难度。他表示，在后续的维保工作中，只要出现需要补充元件的地方，就使用购买的编码配件，这样不仅节约了成本，还能提高元件的配对成功率，蒋钰最终成功完成了 3001C 产品的 100% 市场交付。随后蒋钰设计的这种方法被推广到了其他产品族，几乎每年都能为华为省下数百万的维保成本。蒋钰也因此由一个刚刚入职的新人成长为车间技师组长。

任正非说：“为什么要选拔有成功经验的人呢？不管大项目成功还是小项目成功，他们总有一个适合的方法论，他们不仅仅拥有知识，而是知识已经转换成为能力。”蒋钰之所以能从一个新员工转身成为一个领导，主要是因为他能够将自己的技能运用在工作上，并且切实做出成绩。

一个职员能够给企业带来“粮食”，就意味着他对于“如何打粮食”有成功的操作能力，这样的人只要在管理方法上稍作提点，就能将“打粮食”的操作技术普及给更多人，所以，能够多产粮食的人才能成为团队的领军人。

华为的维保工作为了能够追溯产品的质量，会对每一件维保产品贴标签标明相关信息。有一次蒋钰的维保车间出了个意外事件，当时打印人员将标签上的年份数字打少了一个零，因为他没有及时报废这个标签，随后装配人员就将这个标签直接贴在了模块上面。该产品族模块外还安装了塑胶外壳，挡住了合格证，因此，中途经过多个工序都没有把它给“揪”出来，直到检验环节这个错误才被发现。

蒋钰意识到维保工作只能保证每个工序零缺陷，而不能把质量的“关口”交给最后的送检人。因此，针对打印类标签，蒋钰新增了专检人员验证打印人员的标示，并且在原有上下工序互检的基础上，对每个产品进行复检。

同时，蒋钰归纳了以往缺陷重复率较高的问题点，用文档的形式让每个复检人逐条核对，把潜在的危机及时排除，使工段的检验直通率提升到了 99.76%。能够达到这么高的通过率无疑可避免产品回检带来的麻烦，事实也正是如此。后来蒋钰负责的工段一直保持安全生产零事故的纪录，而蒋钰也因为优秀的业务能力，成长为后备车间主任，从一个“兵头”变成了“将军”。

任正非说：“将军一定从实践中产生，要将是否具备基层一线成功实践、项目管理成功实践经验，作为选拔标准的排他条件。”企业选拔管理人才绝不是纸上谈兵，不能以技术标准来考核一个人是否能够担任管理工作，而要看他实际的业务能力，一个不能打胜仗的兵是不会成为将军的。

### 1.3　英雄是“上甘岭”上打出来的

拿破仑说：“很少可以找到愿意打仗的将军。”但要成为英雄，就必须去战斗。英雄是“上甘岭”上打出来的，也是被激发出来的，华为一直鼓励华为的奋斗者去冲锋陷阵，不论资历和学历，只要能够创造出成绩，就能成为华为的英雄。

华为早期的干部选拔方式十分激进，当时很多20岁出头的年轻人在华为一两年内被提拔3～5次，甚至有人在短时间内连续升职5次。

郑宝用26岁的时候就成了华为公司的二把手；李一男27岁的时候就成了华为的中流砥柱，由于毕业之后在华为的出色业绩，他没多久就直接被提拔为中研院院长以及华为的常务副总裁；1997年查钧入职华为，年仅44岁却被华为员工称作“查老”，主管着华为固定网络产品线，管理着1.4万人的研发团队。

更多的是入职华为不过3个月或不到6个月的研发工程师，很快就会成为华为的项目负责人，华为提供物质支持以及平台，所有的工作都要依靠自己，上级常常说的就是：“人你去找，事你去干”。而这些被“逼”上“上甘岭”的奋斗者在战斗中快速成长，许多人在华为工作20年，还不到40岁就成为全球通信领域颇具权威的技术专家、管理领袖。

任正非说：“战术有千万条，头一条就是肯打。”他激励所有有想法的华为奋斗者都勇敢地去“上甘岭”战斗，也正如上面所提到的成为通信领域专家的“华为英雄”，他们都是从战场上摸爬滚打之后有了后来的成就，获得了他们应有的荣誉与奖励。华为支持每一个奋斗者勇敢地实现自己的抱负，只要肯上战场，都是华为的英雄，都能离自己的目标更近一步。

## 2. 鼓励奋斗者独立解决问题

企业对公司职员最基本的要求，就是员工必须具备解决问题的能力，企业吸收人才是为了帮助企业解决各项事务以及种种问题的。华为在员工适应工作环境的初期给他们安排了导师，引导他们快速进入工作状态，但根本目的还是让他们快速成长，让他们能够自主解决工作中出现的难题。

### 2.1 “躲”着问题，永远不会成长

著名企业家李嘉诚曾经说过：“成功者绝不放弃，放弃者绝不成功！”一

个员工在工作中遇到困难就放弃，那么他永远都不可能成功做好任何一件事。

在职场上遇到困难和挫折是常见的事情，一味地躲避只能让麻烦越积越多，也会影响企业对这个员工的评价。更糟糕的是，这个员工的工作能力没有得到任何锻炼，不仅影响了他的职业发展，还会导致他在求职市场毫无竞争力。

华为的系统联调阶段刚开始的时候，武鸣就害怕工作过程中会出现各种各样难解决的问题，当各种麻烦纷至沓来之时，武鸣选择了逃避，他将所有难办的事情都推给自己的同事。在一次新版本的交付中，他抱着躲避问题的心态，不去主动排查或是解决问题，对软件、测试装备出现的问题能躲就躲，基本上依靠他人来完成交付。

产品开发的过程永远是不断解决问题的过程，这个问题解决了，新的问题马上又会出现，问题永远不会消失。武鸣的躲避解决不了任何问题，反而消磨了他的工作能力，也让同事以及领导对他的工作态度产生了负面看法。武鸣的研发工作一度陷入困境，他意识到这样下去会葬送自己的职业生涯，他决心努力奋斗，不再当一个逃兵。

一次，武鸣在生产保障某批次单板的装备测试时突然出现问题，当天晚上其他技术人员已经下班，而单板必须当晚测试完然后入库。武鸣只能自己独立解决，他把单板测试装备拆开一点一点查找，终于确认了问题所在，更换固件后测试恢复正常。武鸣看着自己的工作成果，心中的喜悦之情难以抑制，他深深地体会到了为工作奋斗以及完成挑战性工作的快乐。

从那以后，他开始自主解决问题，虽然产品开发行业的问题不断，但武鸣在一次次具有挑战性的工作中得到的锻炼使他受益匪浅，武鸣觉得那些折磨过自己的问题变得越来越可爱。

武鸣克服了一味逃避的短板，以正确的态度和从容的心态面对问题，从躲避一切麻烦的逃兵成为一名英勇的战士。

在职场上，要培养独立解决问题的能力，最重要的是调整心态。每个人在遇到问题的时候，都应该第一时间思考自己如何解决问题，而不是依赖他人的帮助处理一切麻烦。华为在这方面处理得非常好，在培养奋斗者的初期会安排一个导师引导奋斗者直面问题，防止他们遇事退缩，到后期就让他们独自处理工作上的事宜，让奋斗者能够真正地成长。

## 2.2 主管要鼓励奋斗者独立行动

作为企业的管理层人员，除了处理好企业的内部管理工作，还有一个重要的职责就是为公司培养更多独立的骨干。在这一点上华为对各级主管做出了明确要求，即一定要为员工完成从一般任务执行者到自我管理者的蜕变提供必要的帮助。

华为的王琦（化名）自从到了南非工作，连续几年都是零业绩，由于长期处于低迷的工作状态，王琦逐渐失去了独立处理业务的能力，每次都跟在主管身后，做一些辅助工作，在这样的工作模式下，王琦的工作情况没有丝毫改善。

王琦的主管没有放任他继续消沉下去，在一次和客户接触的时候，主管让王琦做 PPT 展示，当天客户一行八九个人到了现场，面对重要客户，王琦紧张得不敢说话，主管发现他过度紧张之后立即为他鼓劲加油，王琦感受到主管的支持，深呼吸之后开始了工作汇报。汇报过程中，主管不时地帮他解释几个要点，并调节现场紧张的气氛，在主管的帮助下，王琦顺利完成了工作汇报，但客户 CEO 没有表态，只说还有一个重要的会议就匆匆离场。

后续的联系果然如同泥牛入大海，王琦用电话、邮件、短信等各种方式联系客户，通通没有得到客户的回应。客户没有给任何的意见，也没有给华为合作的机会。当时王琦沮丧地想，是不是他真的没能力完成这项工作。

就在王琦犹豫要不要放弃的时候，他的主管和王琦交流了彼此的想法，得知王琦想彻底放弃这个项目，他的主管表示就是因为王琦太过依赖旁人的力量，不能独自应对客户，连做工作汇报都依赖别人的提示，这让客户觉得华为的员工不够专业。谈话最后，主管鼓励王琦独自接触客户，亲自上门给客户推广公司的产品，不管能否成功，都将有利于王琦的发展。

主管的激励，坚定了王琦的信心，在多次接触客户并多方面展示华为的产品之后，王琦终于找到机会卖了 2 万片 3G 数据卡给客户。拿到订单后，王琦立即跑到主管的办公室，近乎声嘶力竭地喊："我终于成功了!"

德鲁克鼓励员工自主决策，独立解决问题，他经常说："当一位员工能够主动思考如何执行，并为更好地执行而作出决策时，他已然成为一名管理者。"

而华为在这一点上，与德克鲁的观点不谋而合，华为认为凡事依靠主管、依靠上级的风气不能有，每一位奋斗者都要有独当一面的能力，所以华为的管理层时常鼓励奋斗者独立行动。

## 2.3　自主解决工作中的难题

华为在管理工作上倡导让员工独立解决问题，华为认为只有更加独立地完成工作，才能让奋斗者自己发现问题，自己找到定位，自己主动解决问题，并且激起员工参与工作的积极性。

任正非经常鼓励华为人去勇敢面对困难，并以职位的晋升来激励他们自主解决工作中的难题，他常常对华为人说："当你觉得这一级别的任务你都能独立完成的时候，不用你去申请，公司就会主动给你晋升。"

西伯利亚地区的诺里尔斯克城位于北极圈内，纬度为 73 度，国内天气预报中常报道："由于西伯利亚冷空气入侵……"说的就是这个地方，所以这是个极其寒冷的地区。2002 年，华为在西伯利亚地区的两个城市实施 GSM 工程，北部的诺里尔斯克城就是 GSM 工程中的一个城市。

叶树（化名）和赵东（化名）是 GSM 工程的负责人，他们抵达诺里尔斯克城的时候，这个工程的硬件基本安装完成，只剩下最后一个安装步骤，就是安装电池。华为方与用户协商之后，双方同意采用 UPS 电池暂时顶替，于是叶树和赵东开始了基本的软调工作。刚开始的那段时间天气较好，每天都有 4 个小时左右的白日时间，到了后半阶段，工程区的极夜现象越来越明显，除了 2 个小时能够见到日光，剩下的时间都是黑夜。

华为驻现场的 BSS 督导在叶树团队到达诺里尔斯克城之前就已经在当地工作了一个月，他告知叶树不用担心昼夜给工程带来的影响，过一段时间大家就都会习惯的。当时这个 BSS 督导带领的团队已经连续工作很长时间没有休息了。到了周末，督导会给俄罗斯的员工正常放假，但因为华为是第一次面对 GSM 工程，所以华为团队格外重视这个项目，华为人依然坚守在自己的岗位上。

在 GSM 工程中，电池是个大问题，叶树还在国内的时候，就已经开始关注这个项目的电池问题了，等到了俄罗斯，他发现 BTS 电池未能及时发货，导致 BTS 室内安装推迟至少半个月才能完工。因为基站的电池没有着落，叶树只能安排团队先安装除电池以外的室内部分。但一直到所有其他工作都圆满结束，电池都没能送到现场。叶树问询的结果是电池要再过半个月才能到达现场。

其他工作都已经结束，在没有电池的情况下，华为团队怕工程队窝工，叶树和地区部联系后反映了这个问题，地区部同意工程队先行离开。结果就在工程队离开的第三天，电池被送达现场，由于情况紧急，叶树来不及召回工程队，只好和赵东一同带着团队的员工亲自安装电池。

在华为团队的努力下，安装工作终于完成，在之后进行了调试工作，但电话通了之后，叶树发现 A 接口断链路问题频繁地出现，他和赵东都非常着急。不过，他们都没有放弃的念头，也没有向公司求助，而是决定独立解决这些问题，把问题消除在现场。终于，在他们苦守机房一个星期等待问题重现之后，找到了原因并进行了排除，叶树和赵东也因此获得了华为金牌个人奖，他们带领的团队也获得了金牌团队奖。

正是因为华为重在培养华为奋斗者自主解决问题的能力，华为奋斗者身上时常体现出坚韧不拔的精神。他们身上所体现的独立和坚持，让他们能够独立地清除所有障碍，解决业务上的难题，为自身发展以及企业的成功做出贡献。

## 3. 在团队中互相学习和进步

任正非说："我们在技术上没有领先优势，即便有些领先的地方，也仅仅是领先一小步，华为所能依靠的只有奋斗者团队，如果一个作战团队中优秀的只有一个人，这个人还不能成功地领导团队，那怎么可能取得胜利呢?"

为此，任正非指出，"在人才的培养和优化上，我们要兼顾到整体，要推进全员学习，保持个人与团队共同成长。"

### 3.1　加入学习俱乐部，交流心得

华为提出了"团队学习"的概念，不仅重视个人学习，更强调企业全员的合作学习和群体智力的开发。在此概念上，华为首先在新中研建立了"学习俱乐部"这种团队学习模式，意在促进俱乐部成员之间的互相交流、互相启发、互相学习、共同进步。

2008年6月，以新中研总裁李英涛为首的"罗马俱乐部"开始试运作，中研十一个业务领域的三级部门主管都参与进去的"罗马俱乐部"是新中研的第一个俱乐部，它围绕"罗马、表扬、太阳"的管理理念展开了深入的探讨和切实的管理改进。"罗马俱乐部"成功运行之后新中研又陆续成立了九个经理人俱乐部，这些俱乐部由同一级别但不同部门的主管组成，每个俱乐部大概有十几名成员，这十个俱乐部覆盖了所有三级部门主管、后备干部和重点培养的女干部近百人。每个俱乐部都有一个独树一帜的名字，代表着不同的交流主题，同时每个俱乐部都有一个独特的logo，将俱乐部的精神巧妙地传达给所有人。

每个月各俱乐部都会组织一次交流会，会议由AT成员亲自担任责任人，成员轮流主持，选址一般以茶社或咖啡厅等环境优雅的地方为主，充分营造放松和自由的交流氛围，让每个人都能畅所欲言，充分而自由地表达自己的看法，展现个人的管理智慧，和各个俱乐部的成员碰撞出耀眼的火花。

自从华为开展俱乐部交流学习活动，新中研定期开展话题紧紧围绕“管理理念”的交流会，通过充分讨论各类业务类问题，干部们透过业务看到了管理的本质，并且互相出谋划策为彼此的管理工作提供切实有效的帮助，及时交流管理心得并鼓励大家选用更优的管理方式。

这种俱乐部的学习模式，让俱乐部中的每一个成员都能彼此比较，发现对方身上的优势，以此达到俱乐部内部的互助。并且俱乐部中的每一个成员都能将团队的智慧融入个人理念中，更好地适应自己的业务模式，借用别人优秀的工作技巧和有效方法，更好地完成自己的工作。

华为的这种俱乐部学习模式，很好地发展了团体成员整体搭配与实现共同目标的能力。这种学习方式对企业与个体来说都是双赢的选择，也能带来双赢的结果。

## 3.2 乐于与身边的人分享，共同进步

松下幸之助曾经提出过“全民经营”和“群智经营”的管理理念，他强调公司的发展要集中全体员工的智慧，发挥全体员工的执行力，才能提升企业的整体力量。

松下幸之助提出的“群智经营”理念和华为的经营理念不谋而合，华为也在全面集中团队智慧的力量，重视团队全员的成长。要知道，一人之力不能支持一个企业的发展，所以华为倡导的是“乐于分享，共同学习，共同进步”。

华为的工程热物理专家李泉明是一个善于总结经验并且乐于将经验分享给他人的人，他有一个观点：“勤于总结是你成为技术专家的唯一天梯。”

李泉明认为一个不会写工作总结甚至不愿意写工作总结的人，很难在工作的时候有清晰的思路、严密的逻辑以及正确的方法。他希望自己能够成为一个杰出的工程师，所以他对自己的要求非常严格，由于不能记住工作时的每一个细节，所以他总是喜欢边工作边记录，重要的观点、数据、结论以及主要的公式都会记录下来，不仅经常翻看自己的记录本，而且每周每月都会

重新将零散的信息再次整理和归纳并记录成册。他认为这是对一个问题的逻辑梳理以及举证的过程，同时也是主动学习并且锻炼思维的一个机会。在这个过程中要以严密的逻辑将问题的来龙去脉都整理出来，自己对问题的看法需要翻阅资料去佐证。久而久之，李泉明发现自己做事的思路更加清晰明了，并且养成了将零散的知识串联成系统结构的习惯。

李泉明总是不吝于将自己的宝贵经验和知识分享给身边的所有同事，他认为只有分享才能体验到总结的乐趣。李泉明每次分享之前都会对自己要分享的内容进行深度总结，挖掘其中的关键点，查阅相关文献，引经据典把一个个零散的具体措施归纳成一种可推广的思路与方法，以保证每一次分享都具有深度、广度、独特性和趣味性。分享的过程包括做准备工作、讲解以及最后大家交流和互相学习，在这个过程中不管是李泉明还是其他的同事都能有所积累，在知识拓展、知识结构更新、知识的系统性提升等方面都有受益。

有些人会觉得将工作的体会心得分享给旁人，会让自己的竞争力变低，从而导致自己的价值降低。企业在构建学习体系的时候应该给奋斗者灌输一个理念，即分享的过程就是自己能力再次提高的过程，让奋斗者摆脱狭隘的自私利己想法，不仅要学会吸收团队的智慧，还要将自己的心得分享给团队，互相学习，共同进步。

### 3.3　组织团队成员系统学习

任正非说：“其实每个岗位天天都在接受培训，培训无处不在、无时不有。成功者都主要靠自己努力学习，成为有效的学习者，而不是被动的被灌输者，要不断刻苦学习提高自己的水平。”

华为重视对员工的培养，但更重视培养他们自主学习的意识。为此华为多次邀请高校的教授以及科学家在华为内部开展讲座，就是为了让华为人培养不断学习的习惯，除此之外，华为内部也时常组织华为人系统地学习。

2015 年，华为明确了供应链作为全流程物流 owner 的责任者，要求实现为客户创造价值，这意味着华为对供应链提出了更高的要求。于是西非供应链和重点优质客户研讨了相关的业务战略，华为针对客户的真正痛点，提出了保税仓、订单可视化以及系统对接等一系列打包的交易体验提升的整体方案。但是面对诸多的业务变革，想要成功实施方案并取得有效成果，业务技能就必须有相应的提升。华为西非地区部由此开始思考如何提升团队的整体业务技能，最后华为西非地区部决定要推行“自主学习，提升能力”的系统学习模式。

华为西非地区部采取了一系列的方法来让每位员工更好地识别自己的业务短板，首先采取的策略就是“别人眼里的自己才是最真实的自己”，通过自我批判以及众人的头脑风暴、业务沙盘演练等，总结出每个人的业务知识短板。由管理、物流、仓储、内控、清关五大业务模块成立业务专家团，由相应的专家为个人专门制订提升计划和实践机会。

另外，华为西非地区部每周都会有例行开课的供应链大讲堂，围绕变革业务焦点，帮助员工快速补齐最新业务知识短板。在这样集中解决问题的大讲堂中，华为的所有员工都系统地学习了供应链可视化、项目交付的大循环小循环可视化以及手机 App 的开发等内容。在大讲堂结束之后，学员们结合西非供应链可视化现状，给机关专家提供了宝贵的实践经验。这些员工学习起来十分投入，甚至到了晚上休息的时候还在热烈讨论相关的内容，形成了很好的学习氛围。

即使是周末，这些华为人都没有停止学习，他们将自主学习课堂搬到了户外，开放式引导培训加研讨，让大家都能开放思维，集中智慧解决问题。

华为西非地区部组织所有华为员工系统地学习，从 BCG 案例到供应商管理，从供应方案到特殊需求管理等，都有效实行了一个中方员工帮一个本地员工，一个中方员工带一个新人员工的策略，成员之间都毫无保留地分享知识，促进彼此更好地理解华为文化和供应链业务。通过这样系统的学习方式，华为西非地区部的组织凝聚力逐渐加强，也通过这样的方式有效完成了各项工作。

当今社会经济发展日新月异，新知识、新问题层出不穷，不管是组织管理者还是基层员工，都要不断学习、不断进步，以满足组织管理的需要。

华为早已意识到组织全员系统学习的重要性，任正非常说："学习，未来才是我们的。"华为在任正非的指导下，一直坚持组织华为奋斗者系统地学习，以此满足企业发展、组织发展的需要。

## 4. 任职资格与利益驱动有机结合

《华为基本法》中表明："华为公司视发展机会为公司可分配的首要价值资源。"也就是意味着华为认为给奋斗者最好的待遇不是物质上的满足，而是能给奋斗者更好的未来的发展机会。除了建立与奋斗者解决事情的能力以及取得工作成果的能力相关的价值分配体系，华为还建立了健全的体系，将奋斗者的任职资格与价值分配有机结合在一起。

### 4.1 奋斗者的工作能力决定所得报酬

众所周知，麦肯锡是全球最著名的管理咨询公司，客户聘用麦肯锡的团队为其服务时，需要给麦肯锡公司支付不菲的佣金。麦肯锡收到这笔高昂的服务资费之后会为客户制订一套物有所值的服务，为了杜绝敷衍现象，让每一个咨询顾问能够全心全意为客户服务，麦肯锡公司形成了独具特色的工作法则，即以创造一流成果为工作导向，让工作者的工作能力与所得报酬相对等。

日本著名管理学家大前研一加入麦肯锡公司后，凭借其杰出的表现，很快为自己赢得了升职加薪的丰厚回报。拿到高薪后，受到公司文化和前辈的影响，大前研一并没有自满，而是在前辈安格斯·卡宁厄姆的提醒下，认真思考一个问题：自己的工作能力，对得起所得报酬吗？

后来，思索这一问题渐渐变成了他固有的一个工作习惯。每天下班之前，大前研一都会反复和自己确认："今天完成的工作和所得报酬吻合吗？我现在的能力配得上我所取得的报酬吗？"如果感觉不妥，他便会静下心来，坚持将手头的工作进一步改进，以求取得更好的工作成果。当觉得自己的能力不足以胜任当下的职位以及配不上所得的薪酬时，他就会沉下心来多观察身边同事的工作情况，并向他们学习更多咨询管理的技巧。

随着大前研一的工资不断上涨，他的工作能力也越来越突出，这也让他在麦肯锡公司屡次升职。入职3年后，他的酬金就已经达到了平均每天150万日元。这在20世纪70年代的日本绝对是破天荒的，就算放在今天，这样的薪金水平，仍然是绝大多数工作者所无法企及的。但大前研一在这个过程中所培养出来的卓越的合理假设的能力、结构化思维的能力、逻辑推理能力、良好的沟通表达能力、团队协作能力等也是其他人远远达不到的。

麦肯锡之所以能够保持人才的层出不穷，就是因为麦肯锡愿意在员工身上投资，培养他们的各项能力，用高薪驱动他们工作，这样的利益分配机制为麦肯锡公司培养了无数位出色的专家。

在企业的管理中，常常有的现象就是“重赏之下必有能者”，所以企业要抓住关键点，依据奋斗者的工作成果和工作能力决定其报酬与职位规划，这样才能为企业培养更多能者。

## 4.2 任职资格管理体系

华为的中高层管理者很多都是在基层摸爬滚打过的。要从外界找到合适的管理者不是件容易的事情，最好的方式还是企业内部培养，所以华为十分注重对企业员工职业能力的培养。

为了让员工能够主动学习，提高自己，华为全面推行“任职资格制度”，并进行严格的考核，从而形成了对新员工培训的有效激励机制。实际上，华为的任职资格管理体系最早是从秘书开始做起来的，因为这套管理体系十分有效，华为逐渐建立了销售人员任职资格管理体系、研发人员任职资格管理体系等人才培养体系。

一般企业的秘书都比较年轻漂亮，处理的事务也比较简单。而华为的秘书体系要比别的企业复杂一些，在华为，十几个人及以上的部门就会配备一个秘书，这些秘书不单独处理某个领导的事务，而是负责整个部门与其他部门之间的业务沟通以及信息管理等工作。尤其是在早期，华为对内部的秘书体系进行了改革之后，华为的秘书就比其他企业的秘书更加特别了。

当时华为大概有五六十个秘书，整个体系非常庞大，但随着华为的迅猛发展，这些秘书开始考虑自己职业的未来发展情况，因为没有合适的发展通道，她们没有办法完全沉淀下来工作。于是有一些工作数年的秘书，因为和领导的关系比较熟了，就会向领导提出想要转换到别的专业职位上工作，以谋求更长远的发展。

因为太多秘书担忧职业的前景，为保证她们有一个积极的工作状态，华为将这些秘书划分为五个级别，要做到第四或第五级别才能转岗担任管理工作，而一级秘书则有一些基本的工作素质的要求，比如说打字的速度要达到多少，必须会Excel，要会编辑文件、统计数据等，这些要求都非常清楚，华为还会定期考核她们的工作情况。那时华为在食堂七楼设立了“秘书考场”，几乎每晚都有对秘书职业技能的考核，就在实施级别考核制度半年之后，华为的秘书的能力果然提高了很多，证明这套任职资格管理体系十分有效，于是就有了后来的销售人员任职资格管理体系以及研发人员任职资格管理体系。

华为素来有三大任职管理体系，分别是绩效管理模块、薪酬管理体系模块和任职资格管理体系模块，这三大模块是人力资源最主要的内容。

华为的任职资格制度的实施，不仅发挥了镜子的效用，让企业的员工照出自己的问题，能够及时完善自己，还能让员工从级别差距看出自己与他人的差距，弥补自己的不足。除此之外，由于设立了转岗需达到的最高级别以及考核内容，员工能够知道自己需要往什么方向前进，而新的管理岗位对于他们来说就是最大的利益，驱动着他们更加努力，取得更好的职位。

### 4.3　建立职能工资制，重视人力资本的投资

华为建立起了一套对能力进行分类、分级的任职资格体系来区分员工的能力差异，并在此基础上，通过严格的绩效考核，使用职能工资制度这个重要手段，根据员工的能力支付报酬，建立起一套提高员工能力以提高企业竞

争力的人力资源管理体系。

采用职能工资制就意味着同一批进入企业的员工可能收入差别有十万至二十万之多，所以在华为不存在“大锅饭”问题。华为就是通过这样的方式，来识别最优秀的奋斗者，给他们更多的资源、机会、薪酬和股票，以此牵引这些奋斗者不停地向上拼搏。

华为的职能工资制强调能力至上，通过每个人发挥出来的能力和做出的业绩分配公正的待遇。

华为建立的任职资格管理体系要求每个人承担职务的资格与能力应与其职位相符，而华为的职能工资制则以任职资格为框架，依据人事考核结果来运作，实现任职资格等级的晋升或降级，并依据职位的变化改变对应的薪点，达到提薪（降薪）的目的，将考核结果与工资晋升直接联系起来。

华为有职位评估机构，与其他企业有所不同的是华为不以年龄、工龄和学历等个人自然因素为评价标准，而是以个人的职务执行能力和实际的贡献作为工资的分配依据，不考虑其他因素，完全以确定职位应该具备的工作难度、对知识的要求来对员工进行评价。这个评价分为三个方面：第一，确定职位上的员工应具备什么知识能力，华为的评价体系从横向和纵向对其进行考察；第二，解决某个问题的难度，对此也将从横向和纵向两个方面进行评价，并且有一个百分比；第三，这个职位在公司的层面有多大的影响力，华为将对此有一个分数评价。

经过这三个方面的考察，华为将根据员工的情况给一个综合的分数。分数不同，级别不同，那么能获取的薪酬也就不一样。由于人力资源管理的各个模块是相关的，所以华为将考核的结果对应到工资的调整、奖金的分配上，员工的工资与其个人绩效和考核成绩挂钩。这样按照规则、制度来处理员工的职能与报酬，不仅能依据清晰的处理步骤快速处理好薪资分配，还能营造一个公平的工作以及薪资环境。

华为的职能工资制，使得华为对员工的工资支出不再表现为一种人工成本支出，转而成为人力资本投资。而对人力资本的投资，其回报率比任何物质资本的投资更高。它适应了当今企业重视知识、重视个人能力、强调员工不断进行自我开发的需求。

## 5. 坚持“全员导师制”政策

华为实行的“全员导师制”是一种互相学习、互相培训、互相帮助的学习方式，为了针对华为员工的技能进行深入的培训，华为几乎给每一位员工配备了一名“专家”导师。华为认为，所有的员工都需要导师的具体指导，“导师制”不仅能很好地指导员工工作，还能在上下级之间建立紧密的联系，加强相互之间的沟通。“全员导师制”就是一种有效培养员工能力，沟通上下级的形式。

### 5.1　建立“全员导师制”，传承宝贵经验

华为建立“全员导师制”是希望能够将专家的宝贵经验传承下去，摒除工作中可能出现的错误，复制成功。事实上企业中很多知识通过员工的记录和自学就能掌握，技能类的知识则不然，一个从事技术类工作多年的专家有自己成熟的处理问题的思路以及解决问题的技巧，这些是员工无法自己搜寻到的知识，要靠长时间的积累，但有了“全员导师制”，专家将自己的方法论传授给新员工，就能极大缩短新员工技能成熟的时间，为企业节省时间成本。

华为的某个产品在投入生产的时候，由于某个部分的零件出现问题，总是会影响产品的质量，所以 QCC（品管圈）在检测现场的时候仔细排查了原因，发现是该零件有毛刺影响了产品的质量，于是他自己买了一把锉刀，把有问题的零件的毛刺都锉掉，这样一来，投入生产的零件全部合格，产品的质量也得到了保障。但是这位 QCC 在退休之后，华为的生产车间发现同样的一批零件投入使用却生产出一大批不合格品，最后才找到原因，竟然是因为这位前 QCC 没有把自己的经验告诉后面的员工，才导致了不必要的麻烦。

任正非认为，仅仅依靠自己的总结和积累，员工获得的经验实在有限，且耗损了太多不必要的时间，最好的方式就是员工在摸索前进的过程中能够得到技能娴熟、知识丰富的专家的指导，让更多的宝贵经验传承下来。

因此，为了避免老员工的丰富经验被浪费，也为了加速新员工的成长，华为在员工赋能的过程中增添了“全员导师制”。

华为在新员工入职后会给他们指派一名导师。李琛（化名）进入公司没多久，华为就为他指定了一位导师，这位导师是有着数十年工作经验的专家，由于前期李琛在进行新员工的培训，所以一直没有机会和这位导师交流。培训结束之后，李琛终于找到机会和导师一起在食堂吃饭，并且就自己的工作和这位资深专家进行了交流，导师给他提了很多建议以便他更快地适应工作岗位，还分享了一些自己的工作经验帮助他快速熟悉业务，短短的 45 分钟，李琛深觉受益匪浅。

但那次短暂的聚餐之后，李琛再也没有找到合适的机会跟导师交流，在公司几乎也很少碰见他的导师，更谈不上向导师讨教工作经验。结果，李琛在连续几个月的时间里都不知所措，工作也做得很差。直到这位导师忙完了自己的工作，再次找到李琛，并且进行了长时间的交流，在这个过程中为李琛解决了很多工作上遇到的问题，才让李琛的一颗心安定下来，后来李琛在导师的帮助下渐渐熟悉了工作，最终成为能够独当一面的优秀员工。

从李琛的经历可以看出，华为实施的“全员导师制”是十分有效的帮助新员工适应新环境的方法，新员工入职之时如果不能很好地处理手头的事务，很容易产生自我怀疑，导致工作状态消沉。为了避免这样的恶性循环，“师傅领进门”的步骤是不能缺少的。

## 5.2 主动与前辈建立“师徒关系”

“全员导师制”是在导师和员工之间建立一种“导学”关系，由于彼此之间存在“一对一”的教导关系，导师会针对员工的个性差异因材施教，这样就保证了员工能够得到更好的帮助。但实际上，导师因为工作忙，不一定能够及时对员工的工作进行指导，这时候就需要员工自己主动出击，因为最了解自己短板和缺陷的人就是自己，针对这些不足找到最合适的导师，能够极大限度地实现自我成长。

麦肯锡公司一直以来都鼓励着“导师文化”，在麦肯锡咨询顾问职业生涯的前期，公司会给他们每一个人都指定一位导师，这位导师会对他们的工作和生活进行指导和监督。

艾森·拉塞尔攻克了MBA学位后，加入了麦肯锡纽约办公室，艾森·拉塞尔上班的第一天，公司就给他安排了一位业务能力非常强的导师，但初次见面之后，艾森·拉塞尔就再也没见过他的导师，原来他的导师因为能力很强，在他入职不久之后就被派去墨西哥的一个新办事处了。

在导师去了新的工作地之后，艾森·拉塞尔一度陷入迷茫，他不知道从何下手开始工作。后来，公司又为他找来了一位新的导师，但这位导师要带十来个“学员”，艾森·拉塞尔也没有机会和导师深入交流。

公司里有相似经历的同事见状提醒艾森·拉塞尔说：“艾森，你现在一定特别茫然，是这样吧？其实，导师制度只是一个形式，未必只有公司指派的人才能给你做导师！想要和其他成功的麦肯锡人一样，就要学会窍门，要知道，大多数聪明的咨询顾问都是主动去寻找自己的导师的。”

艾森·拉塞尔如梦方醒，立即开始了他的拜师生涯，不管和谁一起做项目，只要对方身上有他所不具备的优点和能力，他便会虚心向其求教。自从艾森·拉塞尔开始广交良师，每一次项目结束，他都能学到一项甚至几项新的技能，工作能力很快便得到了大幅提升。久而久之，更加重要的工作，更好的晋升机会以及更高的薪金待遇便会随之而来。

艾森·拉塞尔自己也说：“一个人从指派的导师那里能够学到多少要看运气，倘若想要突破运气的局限得到更多的指导，那么，你便必须出去主动寻找。”

华为的“全员导师制”中凸显出来的主动学习、完善自我的精神才是华为所倡导的，企业安排的导师制虽然体现的是“一对一”的关系，但奋斗者在工作实践中应该多看多听，主动与各级专家建立师徒关系，从他们身上找到自己身上所欠缺的能力，并多方面地完善自己。

## 5.3 及时沟通，向导师寻求帮助

华为自推行“全员导师制”以来，许多员工都从中获益，很快适应华为的工作环境，能够独立解决工作上的难题，但也有一些员工由于怯于与自己的导师联系，或者因为导师工作忙碌，没有及时与导师交流自己的工作情况，导致不能及时进入工作状态。

因此，华为的管理层在推行“全员导师制”的同时也向员工强调要学会运用沟通的力量，不沟通便无法解决问题。

2012 年 8 月，姜味入职华为，由于是新员工，没有相关的工作经验，对于很多工作姜味都不知从何着手。处于试用期的姜味对自己的工作状态感到急躁不安，每天都加班到很晚，希望能尽快上手工作，但是越是着急上手越是找不着出口。他按照在之前公司的工作思路，想找到一个固定的工作方式，于是他开始执行一套固定的流程：从对账单发送、催收到对账输出。但渐渐地他心里的疑问越来越多，他发现简单的套用工作模式是不能很好地处理所有事务的。

月尾的时候，姜味总结了自己一个月来的心得体会，也在总结中提到了自己的疑问和无法解决的难题。姜味的导师看到他的总结之后找到了他，导师肯定了他的一些工作建议和看法，并且和他沟通了更适用的工作方法。在多次与导师沟通交流后，姜味找到了工作的切入点，也认识到自己还欠缺哪些知识，以及如何弥补自己的短板。导师也总会在一旁耐心引导，让他打开视角看问题，培养分析问题、解决问题的能力，在导师的帮助下，姜味最终获得了试用期的优异评价以及账务“优秀新员工”的肯定。

华为在选择导师的时候要求是非常严格的，不仅要求导师有工作经验，还要求导师有业务能力以及管理能力，所以这些优选出来的导师平时忙于工作，有可能不会及时发现员工工作中出现的问题。因此，员工要懂得及时与自己的导师交流工作情况，遇见困难时要及时向导师反馈，只有建立起联系，才能发挥导师制的作用。

2014 年 5 月，唐玉桃加入了华为的生产车间，在导师的引导下她开始学习手机彩盒预配业务。导师向她演示了预配业务流程，她在一旁仔细观察导师是如何一步步将手机彩盒中的部件安装好的，她自认为这些步骤都烂熟于心，但真正自己操作起来，却一会儿这里忘记了放耳机，一会儿那里多放了保修卡。

频频出错的唐玉桃感到无比的困惑，她心想也许自己记错了其中的某个步骤，于是她想了个笨方法，就是反复翻看指导手册，将里面的内容都熟记于心，她心想这样总不可能再出错了。

唐玉桃没想到她在后续的工作中仍然频繁地出错，并且作业速率没有明显的变化。她发现死记硬背作业流程对提高作业质量和工作效率没有丝毫的帮助。唐玉桃每天无数次思考“如何提高作业质量和工作效率”的问题，但每每都想不到合适的方法。

消沉几日之后，她终于忍不住，在公司拦住了她的导师，并且将自己一肚子的疑惑全部倾倒出来，向导师请教解决方案。导师听了她的疑惑之后，耐心地把自己多年的实践经验娓娓道来，谈话的内容都是指导手册里面学不到的“武功秘籍”，她的导师告诉她：“首先你要一次性把事情做对，初期要追求操作的正确性，不能图快，确保每一个步骤做到位，然后慢慢加快操作速度；向零缺陷员工请教，观察和学习他们的作业方法；多学习违规操作案例，从别人的错误中学习成长。”导师的倾囊相授让唐玉桃受益匪浅，掌握了“独门秘诀”的她在短时间内迅速提升了自己的作业质量和工作效率。

尝到甜头的唐玉桃，爱学爱问的能量全都被激发出来了。遇到大大小小的问题，她总是虚心求教，有了问题就会主动联系导师，并且将导师的指导意见很好地落实到位。

2015 年 12 月 24 日，唐玉桃以 80% 的超高得票率当选“成长之星”，在短短一年半的时间里，她从一个什么都不会的新员工转身成为一个技能熟练的“小专家”。

华为的“全员导师制”是为了让有良好技术和管理技能的专家辅助经验不足的员工尽快提高业务技能，适应工作岗位的要求。唐玉桃就是和导师之间建立了牢固的支持关系才让她在短时间内就收获颇丰。要建立起导师和员工之间紧密的支持关系，就要像唐玉桃一样及时向导师反映自己的问题，寻求导师的帮助。

## 6. 积极培植对工作的热爱

实际上，任何组织中的战略制定都是由少数人负责的，但是要很好地理解战略并付诸行动实现战略的落地，就要求企业的全体奋斗者都具有共同的价值理念和使命感，并由此形成一致行动的共识与意志。而这种对企业目标的认同感和使命感，完全建立在奋斗者对其所做的工作的认同之上。企业只有最大限度地培养奋斗者对事业的热爱，才能上下一致，实现企业的战略目标。

### 6.1 建立“工匠精神”

在众多的日本企业中，经常出现一种“工匠精神”，这种精神的核心是树立一种对工作执着、对所做的事情和生产的产品精益求精、精雕细琢的精神，而不仅仅将工作当成赚钱的工具。“工匠精神”在企业上与下之间形成了一种文化与思想上的共同价值观，并由此培育出企业的内生动力。

1995 年，田峰进入华为公司之后，从基层工程师做起，数年间他做过服务、行销等工作，既在代表处和客户直接沟通过，也在机关做过事务性工作，既体会过中国边远乡镇的工作环境，也经历过国外的风风雨雨，但不管他做什么工作，担任什么职责，他始终坚持将工作做好，保持对产品精益求精的研发精神。

当时还是基层员工的田峰在湖南装机，那时华为的工程安装制度还在完善过程中，所以对装机的要求还不具体，也没有一个规范的标准，但田峰仍会很细致地将线头修剪得很整齐很漂亮，当时还未工作多久的田峰就因为这个工作细节得到了公司的嘉奖。

后来他被调到负责回款的部门，没有了签单交付带来的荣誉感和满足感，工作变得单调而重复，但田峰并不将手头的工作当成是一项简单的工作，而是依然保持积极的工作态度认真对待。他和团队一起仔细研究业界是如何管理回款的，并借鉴了其他企业的经验，引进了好的管理办法，并在之后成功地将其应用于华为的回款实践中。

因为田峰积极的工作态度以及认真踏实的工作状态，2009年他已经成为华为中国区的总裁。在一次会议上，他对所有华为的后备干部说道："随着公司的发展，我们工作、生活的环境会不断改善，我们的工具、方法会不断提升，但我们这种敬业、恪尽职守、一丝不苟、努力奋斗的精神不会改变。公司在成长时，需要一点一滴艰苦奋斗的积累来做大做强；当我们走向未来，奋斗精神仍然是公司永远的主旋律。"

稻盛和夫说："只有迷恋工作、热爱工作，才能长期坚持艰苦的工作，一以贯之，无怨无悔。"而华为的田峰正是因为对事业的热爱，让他一直都对工作报以负责的态度，也让他的事业道路一帆风顺。

## 6.2　热爱工作才能专注工作

任正非说："做工作是一种热爱，是一种献身的驱动，是一种机遇和挑战，多么难得，应该珍惜它。认真地做好每一件事，不管是大事，还是小事。目光远大，胸怀开阔，富有责任心，不计较个人的得失。"

只有热爱工作，才能不辞辛劳，不把困难当困难，埋头工作。一个人能一心一意地工作，就会获得力量，从而做出成果，而收获的喜悦往往能让奋斗者更加热爱自己的工作，从而生成一种良性循环。

1997年，贺炜成为华为的一名"码农"，由于精通多种程序语言，他在华为负责多个产品的开发与设计，曾经主导了IMAP产品的设计。在多年的工作实践中，他积累了软件架构、设计模式等方面丰富的研究和实践经验，后来还担任过南京研究所研究部经理，是中软架构设计六级专家。

在一次华为内部访谈活动中，有一位主持人采访了贺炜，问了他一个特别“央视”的问题：“你幸福吗?”当时贺炜毫不犹豫地回答道：“能够一直从事自己喜欢的软件开发，感觉很开心。”

当时主持人就笑了，贺炜见她不相信的样子，问她为什么要问这个问题，那个主持人回答道：“今天有不少写代码的人对编码并不热爱，业余时间也很少学习，从事这个工作主要还是因为丰厚的报酬。”

实际上，贺炜也曾经怀疑过自己是否热爱编程工作，因为与他同时期的很多优秀的软件人员，在技术处于一个良好的上升期时毅然选择走 PL 或 PM 路线。1999 年，他也成了研究部的经理，按理说他的工作重心应该转移到管理工作上，但他因为埋首于编码工作中，常常忘了对下级的工作情况进行反馈，他才意识到自己真正热爱的是编码事业，而不是管理事业，一番思考之后，他下定决心回到了自己喜欢的研发岗位。

贺炜回首他自 1997 年入职华为以来的工作历程，从一开始开发光网络的网管产品，他就对工作非常投入，有时候即使是写一个并不着急的程序，他都会不知不觉就熬过一个通宵。

贺炜编程的时候使用的是 C + + 语言，能够得心应手地写出他所需要的程序来，但后来他发现很多领域需要 Java 语言，于是他开始利用业余时间学习Java语言，从一些小功能程序开始，不断运行、调试，最后掌握了 Java 语言。后来某大产品需要使用 Java 语言进行前台界面编写，贺炜自然成为该产品的负责人。

贺炜因为热爱编程事业，甚至到了痴迷的地步，所以一步步拓宽了自己的事业道路，对此，他说道：“选择自己喜欢的、擅长的领域，能够持续投入激情，持续专注的领域，而不是觉得什么轻松或者薪水高就去做什么。”

稻盛和夫说：“自己就是工作，工作就是自己，达到这种程度，才是全身心地投入工作。”只有热爱一份工作，达到忘我的状态，才能忽视工作中时有的挫折和磨难。对于喜欢的事情，人总是予以最少的抱怨和最大的耐心，并坚持不懈地完成喜欢的事情。所以企业要培养奋斗者对于事业成功的渴望心，并由此培植他们内心对事业的热爱。

## 6.3　享受工作，体会工作的快乐

任正非说：“我认为自己从来都很乐观，无论身处什么样的环境，我都很快乐，因为我不能选择自己的处境。”很多时候，奋斗者要实现自己的事业理想，很有可能和任正非一样不能选择自己的处境，要面对一些自己不想处理的事务，但如果要能够像任正非一样成功实现自己的事业抱负，就要真正热爱自己的工作，就要懂得享受工作，自己找寻工作给自己带来的快乐。

随着华为产品全面进入各主流运营商，华为的海外事业越发蓬勃发展起来，于是华为派遣了大量华为人“出征”海外，开拓华为在海外的市场。

对于这些开拓者来说，海外的工作压力和工作环境让他们几乎喘不过气来，但他们并没有因此而沮丧，而是认真工作并享受工作过程，到了周末还会用享受海外的风光和美食犒劳自己——通常在周末的时候，所有华为人会聚集在一起，享受海外的风光和美食。华为的李欣东到尼日利亚三年了，对于西非艰苦的工作环境，他没有怨言，反而说：“我挺知足。自己能随着公司的国际化轨迹来到西非这么远的地方工作，本身就是令人激动的事。只要肯努力，成长机会很多。”

华为的十八万奋斗者中，曾有海外工作经历的不在少数，海外的孤苦环境很容易让人心生放弃的念头，而华为人在华为精神的影响下，会把出差当作一场旅行，从而有一个良好的工作心态，对待事物的心态也会自然而然地发生改变，面对原本沉闷而繁重的工作，也会觉得突然变得轻松起来。

孔庆丰评价自己被派去西非工作的那段经历时，用了“快乐”一词。作为一名服务解决方案销售经理，孔庆丰要独立负责多家运营商及企业网市场，此前没有相关工作经验的他几乎是从零开始摸索，重新学习了各项工作技能。

可是面对忙碌的工作，孔庆丰不仅毫无怨言，还主动承担了代表处生活委主任一职，在工作之余关心员工的生活状态，认真收集员工的建议，帮助员工改善饮食和居住环境。

在孔庆丰的努力下，他负责的项目运转情况良好，当地员工的伙食质量也稳步提高，这使得他颇有成就感。

孔庆丰是个典型的乐天派，西非环境艰苦，娱乐项目也不多，但是他每天都非常享受自己的工作和生活，并且以东北人特有的热情感染着身边的同事，整个项目组的工作氛围都非常轻松，工作效果显著。

经常奔走于世界各地的著名管理学家彼得·德鲁克曾说："我们要像旅行家一样出差，要利用出差所带来的优势，如果我要到夏威夷去做一次管理课程，那么，我一定会抽出一个下午的时间去沙滩晒晒阳光，吹吹海风，而决不埋头工作太久。"

就像那些成功者所做的，坦然面对出差，并以一个乐观积极的态度去勇敢地付诸行动，虽然它只是工作的一个组成部分，并不是我们要去致力一生的事业，但却可以成为我们享受工作的一种乐趣，何乐而不为呢？

# 参考文献


[1] 黄卫伟. 以奋斗者为本. 北京：中信出版社，2014.

[2] 黄卫伟. 以客户为中心. 北京：中信出版社，2016.

[3] 田涛，殷志峰. 枪林弹雨中成长. 北京：生活·读书·新知三联书店，2016.

[4] 田涛，殷志峰. 厚积薄发. 北京：生活·读书·新知三联书店，2017.

[5] 杨少龙. 华为靠什么. 北京：中信出版社，2014.

[6] 田涛，吴春波. 下一个倒下的会不会是华为. 北京：中信出版社，2012.

[7] 程东升，刘丽丽. 华为真相. 北京：当代中国出版社，2004.

[8] 汤圣平. 走出华为. 北京：中国社会科学出版社，2004.

[9] 张利华. 华为研发. 北京：机械工业出版社，2009.

[10] 文丽颜等. 华为人力资源. 深圳：海天出版社，2006.

[11] 吴春波. 华为没有秘密. 北京：中信出版社，2014.

[12] 周留征. 华为哲学. 北京：机械工业出版社，2015.

[13] 李玉琢. 一路直行我的企业理想. 北京：当代中国出版社，2013.

[14] 刘劲松，胡必刚. 华为能，你也能. 北京：北京大学出版社，2015.

[15] 德鲁克. 成果管理. 朱雁冰，译. 北京：机械工业出版社. 2006.

[16] 拉塞尔. 麦肯锡方法. 1 版. 张薇薇，译. 北京：机械工业出版社，2009.

[17] 大前研一. 专业主义. 2 版. 裴立杰，译. 北京：中信出版社，2010.

[18] 大岛祥誉. 麦肯锡工作法. 王柏静，译. 北京：中信出版社，2014.